Kohlhammer

Die Autoren

Richard Hammer, Diplom-Motologe, ist Gymnasiallehrer und Dozent der »deutschen akademie aktionskreis psychomotorik (dakp)«.

Jörg Schröder, Diplom-Motologe, ist freiberuflich tätig, und zwar als Dozent an der Universität Rostock, an der ev. Hochschule in Bochum RWL, an der Universität Köln sowie am Diakonischen Bildungszentrum Schwerin.

Michael Wendler ist Diplom Motologe und arbeitet als Professor für Bewegungspädagogik und Motopädagogik an der ev. Hochschule in Bochum RWL.

Richard Hammer, Jörg Schröder,
Michael Wendler

Bewegung als Lernprinzip für Förderung und Unterricht

Verlag W. Kohlhammer

Dieses Werk einschließlich aller seiner Teile ist urheberrechtlich geschützt. Jede Verwendung außerhalb der engen Grenzen des Urheberrechts ist ohne Zustimmung des Verlags unzulässig und strafbar. Das gilt insbesondere für Vervielfältigungen, Übersetzungen, Mikroverfilmungen und für die Einspeicherung und Verarbeitung in elektronischen Systemen.

Die Wiedergabe von Warenbezeichnungen, Handelsnamen und sonstigen Kennzeichen in diesem Buch berechtigt nicht zu der Annahme, dass diese von jedermann frei benutzt werden dürfen. Vielmehr kann es sich auch dann um eingetragene Warenzeichen oder sonstige geschützte Kennzeichen handeln, wenn sie nicht eigens als solche gekennzeichnet sind.

Es konnten nicht alle Rechtsinhaber von Abbildungen ermittelt werden. Sollte dem Verlag gegenüber der Nachweis der Rechtsinhaberschaft geführt werden, wird das branchenübliche Honorar nachträglich gezahlt.

Dieses Werk enthält Hinweise/Links zu externen Websites Dritter, auf deren Inhalt der Verlag keinen Einfluss hat und die der Haftung der jeweiligen Seitenanbieter oder -betreiber unterliegen. Zum Zeitpunkt der Verlinkung wurden die externen Websites auf mögliche Rechtsverstöße überprüft und dabei keine Rechtsverletzung festgestellt. Ohne konkrete Hinweise auf eine solche Rechtsverletzung ist eine permanente inhaltliche Kontrolle der verlinkten Seiten nicht zumutbar. Sollten jedoch Rechtsverletzungen bekannt werden, werden die betroffenen externen Links soweit möglich unverzüglich entfernt.

1. Auflage 2024

Alle Rechte vorbehalten
© W. Kohlhammer GmbH, Stuttgart
Gesamtherstellung: W. Kohlhammer GmbH, Stuttgart

Print:
ISBN 978-3-17-042377-0

E-Book-Formate:
pdf: ISBN 978-3-17-042378-7
epub: ISBN 978-3-17-042379-4

Inhalt

1	**Einleitung**	**7**
2	**Bewegung als Voraussetzung für menschliches Lernen**	**11**
	2.1 Bildung, Lernen und Bewegung	11
	2.1.1 Sich-Bewegen als relevanter Aspekt von Bildung	12
	2.1.2 Empirische Befunde zur Wechselbeziehung von Bewegung, Körperlichkeit und Lernen	15
	2.1.3 Lernbegleitende und lernerschließende Funktionen von Bewegung und Körperlichkeit	19
	2.2 Musterbildungen durch Bewegung, Wahrnehmung und Erleben	21
	2.2.1 Bewegungsmuster als Bausteine des Denkens	23
	2.2.2 Gedächtnisspuren – Bewegung im Kontext der Sinneserschließung	25
	2.3 Kernelemente sinn- und inhaltserschließenden Bewegens	26
	2.4 Erfahrung des eigenen Körpers in Bewegung	29
3	**Der Körper als Fundament des Lernens**	**31**
	3.1 Zur körperlich-leiblichen Fundierung des Lernens	32
	3.2 Körperlichkeit und Embodiment als emotionale und kognitive Aktivierung kindlicher Lernprozesse	33
	3.3 Lesen, Schreiben und Rechnen mit dem ganzen Körper	42
	3.4 Bruner's Theorie zur Wandlung von Darstellungsqualitäten (E-I-S-Prinzip)	50
	3.4.1 Der Prozess Spüren-Wissen-Erkennen im Kontext interaktiver Wahrnehmung	54
	3.4.2 Explizites und implizites Wissen	55
	3.4.3 Implizite Erkenntnis	56
	3.5 Sinnhaftes Handeln in mehrperspektivischen Situationen ...	56
	3.5.1 Standortgebundenheit und Perspektive	58
	3.5.2 Sinnhaftigkeit und Intentionalität	59
	3.5.3 Dialektik als Denken und Handeln in Prozessen	59
	3.6 Zur Gestaltung von Lernsituationen	60

4	**Theoriegeleitete Praxis für Unterricht und Förderung**		63
	4.1	Handeln-Sprechen-Schreiben als didaktisch-methodische Leitlinie für den Schriftspracherwerb im Fachunterricht Deutsch	63
	4.2	Entdecken und Eintauchen in Form und Schriftzeichen	77
	4.3	Bewegungs- und körperorientierte Zugänge für den Mathematikunterricht in der Grundschule	87
		4.3.1 Bedeutung früher Mengen-Zahlen-Kompetenzen für die schulischen Mathematikleistungen	88
		4.3.2 Bildungsstandards für den Mathematikunterricht an den Grundschulen	90
		4.3.3 Körperbezogene Basiskompetenzen für mathematische Operationen	96
	4.4	Pränumerische, geometrische und sachrechnenbezogene Erfahrungen als Grundpfeiler der Numerik in körper- und bewegungsbezogenen Lernprozessen	99
		4.4.1 Numerik als Unterrichts- und Förderthema	110
		4.4.2 Sachaufgaben in der Mathematik	118
	4.5	Gesellschaftliche und naturwissenschaftliche Phänomene, Metaphern und Abstraktionen über Bewegung erfassen (Sachkunde)	120
		4.5.1 Die »Sachen« des Sachkundeunterrichts	122
		4.5.2 Zur Geschichte des Sachunterrichts	122
		4.5.3 Didaktische Dimensionen des Sachunterrichts	124
		4.5.4 Körper- und bewegungsorientierte Gestaltungsmöglichkeiten in »kontextzentrierten« Lernsituationen	127
	4.6	Physik und Naturphänomene als Teil von Sachkunde	138
		4.6.1 Bedeutung der Physik für kindliche Lernprozesse	140
		4.6.2 Zugänge zur Physik durch Lernen in Bewegung	143
5	**Kritischer Rück- und Ausblick: Wirksamkeitsbedingungen für bewegungsorientierte Lern- und Förderprozesse**		153
Literaturverzeichnis			155

1 Einleitung

Die derzeitigen Schulformen sind nach wie vor davon geprägt, Lernen als Resultat von Lehre bzw. Unterricht höher zu schätzen als ein durch Interesse geleitetes, selbst gesteuertes, beiläufiges oder informelles Lernen über eigene Bewegungshandlungen. Es gehört zum Selbstverständnis derzeitiger Lernkultur, dass Räume für selbst entdeckendes Lernen oft gar nicht erst geöffnet werden, weil die Lernzeit ganz der Anhäufung expliziten Wissens gewidmet wird.

Bewegung und Körperlichkeit der Akteur*innen in Unterricht und Förderung in der Grundschule zu integrieren, lässt sich aktuell zwischen Stagnation und vorsichtiger Innovation (Laging 2017, S. 7) verorten. So finden zwar Konzepte wie »Bewegte Schule« (Illi 1995), »Bewegter Unterricht« (Köckenberger 2010) oder »Bewegtes Unterrichten« (Laging 2015) vereinzelt vorsichtige Anwendung, sind aber nicht breitenwirksam genug, um vom ständigen Sitzen wegzukommen, um überschüssige Energien abzubauen und/oder bessere Konzentration durch Bewegungspausen zu erlangen.

In vielen Ländern Europas wird das Konzept des bewegten Lernens vorwiegend als Präventionsfaktor für die körperliche Gesundheit verstanden und teilweise umgesetzt. Kognitive Leistungsfähigkeit durch Bewegung (lernerschließend) und mit Bewegung (lernbegleitend) zu verbessern, ist aber meist zweitrangig (Fuchs/Andrä 2020, S. 138). Dieses Prinzip in allen Unterrichtsfächern einzusetzen, ist dementsprechend nicht weit verbreitet. Laut einer Analyse im internationalen Vergleich beschränkt es sich im Wesentlichen auf Mathematik und Sprachunterricht (ebd., S. 125). Hier fehlen ganz offensichtlich Beispiele für die Umsetzung von Bewegung als sinnorientiertes Lernprinzip.

Anliegen der Autoren ist es, mit »Bewegung als Lernprinzip« für Unterricht und Förderung neue Ideen und veränderte Lernräume zu schaffen, die eine reflexive Selbstbegegnung der Lernenden ermöglichen. Mit diesem Buch soll die Relevanz eines derartigen Lernprinzips für alle Bildungs- und Entwicklungsprozesse von Kindern theoretisch untermauert und praktisch dargestellt werden. Zu diesem Zweck gilt es, Lerngegenstände mehrperspektivisch zu entschlüsseln – und zwar in ihrer Wechselwirkung von Bewegung mit kognitiven als auch körperlichen Dimensionen.

Für Unterricht und Förderung bedeutet sinn- und inhaltserschließendes Bewegen, kognitive Inhalte über Bewegung als symbolische Lernhandlung zu ergründen und zu verbinden. Da Erkenntnisprozesse bei Kindern im Grundschulalter noch häufig an konkrete Anschauung gebunden sind, können Sachverhalten über Wahrnehmung und Bewegung Gestalt gegeben werden. Das Gedächtnis ist nicht nur auf Sprache angewiesen (Klemm 2002, S. 4), sondern kann auch aus der Vorstellungskraft über Bewegungshandlungen schöpfen. Körperbewegungen und/oder Körperdarstellungen können zu inneren Resonanzen und Interaktionen anregen und die Vorstellungskraft schärfen, so dass Kinder auch in eigenständiger Sinnhaftigkeit auf verinnerlichte Bewegungsmuster zurückgreifen und Zusammenhänge herstellen können (Krause-Sauerwein 2014, S. 12).

Weiterentwicklung bewegungsorientierten Lernens

Zu diesem Zweck gilt es, Lerngegenstände unter verschiedenen Aspekten zu entschlüsseln – und zwar in ihrer Wechselwirkung mit kognitiven als auch körperlich/leiblichen Dimensionen (▶ Kap. 3.1). So erfasst bewegtes und sinnerschließendes Lernen die jeweilige Gestalt von Lerngegenständen aus unterschiedlichen Perspektiven auf der einen, die jeweilige leibliche Wahrnehmung, eigene Erfahrungen und subjektive Motivation der Lernenden auf der anderen Seite, ebenso wie die wechselseitige Beziehung beider Seiten. Bei sog. »sinn- und inhaltsbezogenen Aneignungshandlungen« wird dabei konsequent auf das lernförderliche E-I-S-Prinzip von Bruner (1974) zurückgegriffen, um Inhalte in den verschiedenen Unterrichtsfächern in den drei Darstellungsebenen *(enaktiv – ikonisch – symbolisch)* aufzubereiten. So werden beispielsweise für mathematische Erkenntnisse enaktive Repräsentationen durch konkrete oder vorgestellte Handlungen erzeugt (Laufen und Längenabschätzungen). Ikonische Repräsentationen stellen Sachverhalte durch bildliche Formen dar (z. B. im Zeichnen von unterschiedlichen Längenmaßen) und symbolische Repräsentationen umfassen Sprache, Schriftsymbole und andere Zeichensymbole, die z. B. die mathematische Logik beinhalten (Stangl 2022, o. S.).

Inhaltserschließendes Bewegen bedeutet demnach für die Grundschule, kognitive Inhalte über Bewegung und Körperlichkeit als symbolische Lernhandlung zu ergründen. Lernen kann daher nicht allein aus der ergebnisorientierten Perspektive von Lehrenden betrachtet werden, sondern als Prozess, der Lernende mit einbezieht. Denn die jungen Generationen benötigen eine Bildung, die ihnen erlaubt, ihre Zukunft in Gesellschaft mitzugestalten. Dabei kann es nicht um eine (geschlossene) Instruktionspädagogik gehen, sondern um eine (offene) Befähigung zur Krisenbewältigung durch Bildung und Entwürfe neuer Horizonte. Eine nach Humboldt »freiest mögliche Wechselwirkung zwischen Ich und Welt« impliziert methodisch, zeitlich und sozial »ungegängelte« Welterfahrung. Sie verlangt nach Aufgaben, mit denen eine Welt aus Sicht der gesellschaftlichen Subjekte in Ordnung gebracht werden kann (Gruschka 2008, S. 15).

Grundvoraussetzung für diesen Paradigmenwechsel in kindlichen Lernprozessen ist, die vorherrschende Trennung zwischen Körper, Seele und Geist zu überwinden und die Körperthematik als Konzeptbaustein und als Praxis zu integrieren. Damit muss die gängige Auffassung von Bewegung als einer irgendwie gearteten physikalischen Aktivität einer Ortsveränderung in Raum und Zeit (vgl. SGW 2021, o. S.; ÖGP 2020, S. 1) um ein anthropologisches Grundverständnis erweitert werden. Es gilt, Bewegung und Wahrnehmung als eine Erkenntnisform zu begreifen, die im körperlich-leiblichen Vollzug ein Sinnverstehen hervorbringt. »Aus anthropologischer Perspektive sind Bewegungen körperliche Handlungen des Menschen zwischen Subjekt und sozialer materialer Welt, sie sind intentional auf etwas gerichtet und zugleich Aufführungen ihrer selbst; sie sind flüchtig und nur im Vollzug erlebbar« (Laging 2017, S. 13).

Es wird dabei vom Prinzip der Bildung als Selbstbildung und damit von einem aktiven Prozess der Lernenden ausgegangen. Lernen ist demnach mit Bewegungshandlungen verbunden. Es fordert Eigenaktivität und selbsttätiges Handeln von den Lernenden (Beins 2007, 40 ff.). Das Kind, als lernendes Subjekt wird auch als Akteur der eigenen Bildung und Entwicklung gesehen (Laging 2009a, S. 4). Lernen ist keine passive Informationsaufnahme, sondern eine aktive Tätigkeit des Lernenden (Gisberts et al. 2008, S. 23).

Zudem vertreten wir Autoren die These, dass *jeglicher* Könnens- und Wissenserwerb körperlich-praktisch vermittelt ist. Lernen gilt als Erfahrungsprozess, in dem sich Subjekte in sinnerschließenden Situationen selbst bilden, indem sie befähigt werden, auch über Wahrnehmung und Spüren Erkenntnisse zu entwickeln. Sie ermöglichen es Kindern, kompetent in Handlungssituationen »mitzuspielen« und sich auch reflexiv, kritisch oder manchmal auch subversiv zu ihnen zu verhalten, um einen eigenen Lösungsweg zu finden (Alkemeyer/Brümmer 2019, S. 1).

Im zweiten Kapitelteil (▶ Kap. 2) wird die Bedeutung von Bewegungshandeln auf Lern- und Entwicklungsprozesse von Kindern beschrieben. Dabei wird Bewegung als erster und wichtigster Zugriff des Kindes auf die Welt ausgewiesen – ein Zugriff, der ein aktives Wahrnehmen, Erleben, Erfahren und Handeln ermöglicht. Kinder bewegen sich erkundend auf der Suche nach Erkenntnis und Verständigkeit; sie versuchen und wagen sich in neue Bewegungssituationen, muten sich damit freiwillig das Nicht-Gekonnte, das Fremde zu; Kinder ahmen Bewegungen nach, deuten sie neu und entwickeln eigene Bewegungsformen. Bewegung, Körper und spielerische Eigenaktivität werden daher als zentrale Medien des frühkindlichen Lernens angesehen. In zielgerichteten Bewegungshandlungen findet ein impliziter und expliziter Dialog mit Personen und Gegenständen in Situationen statt. Die damit verbundenen Lernprozesse beinhalten kognitive, emotionale und soziale Aspekte des Erfahrens und Denkens.

Im dritten Kapitel (▶ Kap. 3) wird der Körper als Fundament des Lernens – als Ausgangspunkt wie als Gegenstand der Erfahrung – betrachtet. Handeln und Wirken kann der Mensch nur durch seinen Körper. Um einen Gegenstand zu erschließen, erfasst Lernen sowohl seine Form, unterschiedliche Perspektiven als auch die leibliche Wahrnehmung und die Haltung zu ihm, und zwar inklusive seiner Rückwirkung (»indem ich den Gegenstand verändere, verändere ich mich selbst«). Damit kann ein Gegenstand nicht auf ein vom Subjekt unabhängiges und außerhalb von uns existierendes Ding reduziert werden, sondern ist Bestandteil einer mehrperspektivischen und unterschiedlich »aufgeladenen« Lernsituation. »Den eigenen Körper wahr zu nehmen, ihn kennen zu lernen, ihn anzunehmen und ihn angemessen einzusetzen, ist eine wichtige Grundvoraussetzung für alles Lernen – auch für das schulische Lernen« (Beigel 2007, S. 52). Deshalb ist ein Blick auf körperliche Prozesse beim Lernen unabdingbar.

Im vierten Kapitel (▶ Kap. 4) werden Körperlichkeit und weitere Rahmenbedingungen inhaltserschließenden Lernens und das Spiralprinzip von Bruner (1974/2002) mit seinen drei Darstellungsformen auf die Unterrichtsfächer der Grundschule Deutsch, Mathematik und Sachkunde (einschließlich naturwissenschaftlicher Phänomene) angewendet und mit Beispielen zur Praxisgestaltung in Unterricht und Förderung illustriert. Für das Fach Deutsch und den Schriftspracherwerb wird das Konzept Handeln-Sprechen-Schreiben als Leitlinie grafomotorischer Förderung vorgestellt. Anknüpfend an das mathematische Vorwissen von Vorschulkindern werden für das Fach Mathematik exemplarische Zugänge für die Förderung und für den Unterricht in der Grundschule aufgezeigt. Der Weg zu den Naturwissenschaften geht aus von der »intuitiven Physik« und führt durch Erfahrungen in der Natur und in gestalteten Situationen in der Turnhalle zu physikalischem Grundwissen im Bereich der Mechanik. Der multiperspektivische Charakter des Fachs Sachkunde lädt dazu ein, die zu erlernenden Sachverhalte naturwissenschaftlicher oder sozialer Art auch in Bewegung zu erschließen – subjektiv erlebnishaft, symbolisch und/oder in darstellendem Spiel.

Um die großen Herausforderungen unserer Zeit zu bewältigen, bedarf es eines Bildungs- und Schulwesens, das – im doppelten Sinne – aufbricht. Es muss den Lernenden Gelegenheiten bieten, reale Herausforderungen zu meistern, Verantwortung zu übernehmen, mit Risiko und Scheitern umgehen zu lernen (vgl. Schule im Aufbruch 2022). Es bedarf einer Lernkultur, die es ermöglicht, den eigenen Körper (wieder) zu entdecken und auch über seine vielfältigen spürbaren und symbolischen Bewegungsformen das Wissen der Welt zu erschließen, verbunden mit der Fähigkeit, in Gemeinschaft mit anderen Probleme zu lösen sowie die eigenen Potentiale zu entfalten.

Wir wünschen Ihnen viel Vergnügen in der Auseinandersetzung!
Richard Hammer, Jörg Schröder und Michael Wendler

2 Bewegung als Voraussetzung für menschliches Lernen

2.1 Bildung, Lernen und Bewegung

In Deutschland haben die Begriffe Bildung und Lernen ihre eigene Tradition. Aber in der aktuellen Diskussion mehren sich die Auffassungen, nicht nur gesellschaftliche und naturwissenschaftliche Sachverhalte, sondern auch Selbstbildungspotentiale als Ausgangspunkt kindlicher Bildungsprozesse anzusehen. Bildung wird verstanden als bewusster, aktiver, reflexiver und handlungsbezogener Prozess der Auseinandersetzung des Menschen mit sich selbst, wie auch mit seiner gegenständlichen, sozialen und kulturellen Umwelt. Dabei bildet sich sein Selbst- und Weltverständnis ebenso heraus wie Sozial- und Handlungskompetenz (Buboltz-Lutz et al. 2010, S. 27). Zentrale Merkmale von Bildung sind Reflexivität und darauf bezogenes Handeln. Bildungspolitiker*innen, die unter Bildung lediglich aktive Aufnahme- und Verarbeitungsprozesse von Informationen verstehen (vgl. KfJS BW 2014, S. 8), wird ein komplexeres Bildungsverständnis ermöglicht. Ein solches setzt Beziehungen voraus, in denen – meist über Sprache – Bilder entstehen und Rückmeldungen über die eigenen Fähigkeiten (z. B. emotionale, kognitive oder soziale) und Fertigkeiten (Klavierspielen, Fußballspielen, Sprechen, Lesen, Schreiben, Rechnen) gesammelt werden (Detes 2015, S. 7). Eine wesentliche Voraussetzung für Bildung ist, dass die Einzelnen darin einen Sinn für eigenes Handeln entdecken (ebd.).

Insofern ist zu unterscheiden zwischen der gesellschaftlichen Funktion des »Gebildet-Werdens« und dem »Gebildet-Sein« als subjektives »Begreifen« in der tätigen Auseinandersetzung mit der Welt. In Abgrenzung zum bisher üblichen Verständnis von Anleitung und Anweisung kristallisiert sich ein neues Bildungsverständnis heraus, das die bisherige Verwissenschaftlichung des Lernstoffs um die subjektive Dimension erweitert (Brandle-Bredensteck 2010, S. 118).

Lernen ist Grundlage für Bildung. Mit Faulstich (2013) wird Lernen »kritisch-pragmatistisch« gefasst, d. h. als praktische Tätigkeit (statt rein mentale Aktivität), als kontextuell gerahmt (statt isoliert) und als sozial (statt nur individuell) (Faulstich 2013, S. 213 f.). Innerhalb dieser Sichtweise beschränkt sich auch Lernen nicht auf die Instrumentalisierung und Reproduktion von Wissen, sondern beinhaltet selbstgesteuerte, emotional motivierende, kreative und kommunikative Prozesse in der aktiven Auseinandersetzung mit der Mitwelt (Voglsinger 2016, S. 42). Dem Vorwissen des Lernenden kommt in dieser Sichtweise entscheidende Bedeutung zu, da neues Wissen stets im Bezug darauf konstruiert wird und die Aktivierung von Vorkenntnissen, ihre Ordnung, Korrektur, Erweiterung, Ausdifferenzierung und

Integration im Prozess des Erkenntnisgewinns die entscheidende Rolle spielen (Stangl 2010, o. S.). Durch Lernen werden individuelle Konstrukte aufgebaut, verknüpft, reorganisiert und modifiziert, und zwar stets unter dem Prinzip der aktuellen und zukünftigen Zweckmäßigkeit. Letztere stellt dabei als gesellschaftliche Notwendigkeit einen organischen Bezug zur sozialen Mitwelt her.

Menschlicher Bewegung als Bestandteil von Bildungs- und Lernprozessen wird in unserer Kultur eine untergeordnete Bedeutung beigemessen und damit nachhaltig unterschätzt. Entsprechend wurden Theoriediskurse zur körperlichen Bewegung und leiblichen Erfahrung lange Zeit vernachlässigt, ignoriert oder marginalisiert (Laging 2020, S. 181). Gleichzeitig verweisen Erkenntnisse der pädagogischen Anthropologie schon seit längerer Zeit auf die Bedeutung von Bewegung in Bildungsprozessen. Die Marginalisierung von Bewegung hängt auch damit zusammen, dass sie z. B. in der Motorikforschung lediglich als Wechselwirkung mechanischer Kräfte zwischen Organismus und Umwelt gilt (Meinel 1998, S. 33). Gleichzeitig wird Bewegung und Bewegungsförderung u. a. auf Aktivitäten der Skelettmuskulatur und Zusammenziehen oder Anspannen der Muskeln verengt (Pfeifer et al. 2016, S. 19). Die komplexe Verflechtung von Bewegung, Wahrnehmung, Gefühlen, Erfahrungen, Einsichten und absichtsvoll gestaltete Handlungen geht bei diesem verkürzten Begriffsverständnis verloren.

Aus sport- und bewegungspädagogischer Perspektive bedeutet Bewegung den ersten und wichtigsten Zugriff des Kindes im Vor- und Grundschulalter auf Möglichkeiten der Entwicklung seiner Selbst. Kinder setzen sich mittels ihrer Bewegung mit der Welt auseinander, eignen sich die Welt qua Bewegung an. Indem sie sich bewegen, bilden sie sich. Die Erkenntnis der Weltelemente und ihrer selbst stehen in engem Wechselbezug. Bedingung der Möglichkeit, um Mensch-Welt-Bezügen Bildungsrelevanz zuschreiben zu können, sind Situationen, die eine selbstständige Reflexion des Subjekts herausfordern oder zumindest zulassen (Giese 2014, S. 476).

Bewegung, Körper und spielerische Eigenaktivität werden daher als zentrale Medien des (früh-)kindlichen Lernens angesehen. In zielgerichteten Bewegungshandlungen findet ein impliziter und expliziter Dialog mit Personen und Gegenständen in Situationen statt. Die damit verbundenen Lernprozesse beinhalten kognitive, emotionale und soziale Aspekte des Erfahrens und Denkens, die miteinander verbunden werden. Der besondere Bildungsbeitrag von Sich-Bewegen liegt in dessen speziellen Möglichkeiten als »leiblich-sinnliche Wahrnehmungs-, Erkenntnis- und Gestaltungsquelle« (Prohl 2010, S. 144). Bereits in frühkindlichen Entwicklungs- und Bildungsprozessen kommt dem Sich-Bewegen eine zentrale Bedeutung zu: als Weltzugang, Entwicklungsbedingung und Persönlichkeitsentwicklung (Krist 2006; Fogel 2011; Gallagher 2012; Prohl 2010, S. 182).

2.1.1 Sich-Bewegen als relevanter Aspekt von Bildung

Vor allem in der Kindheit bilden Bewegungshandlungen die Basis, sich die Welt räumlich-dinglich und in ihren personellen Bezügen zu erschließen (Fischer 2009, S. 58). Als Grundkategorie vermittelt Bewegung soziale und körperliche Erfahrungen. »Über seinen Körper erlebt das Kind seine Fähigkeiten, aber auch seine Grenzen; es lernt sie zu akzeptieren oder sie durch Üben zu erweitern« (Zimmer 2010, S. 76). Im Bewegen erleben Menschen ihre körperliche Existenz und zugleich erschließen sie die Welt durch Bewegung, d. h., das Einwirken auf die Welt findet in der erlebten Körperlichkeit seine Resonanz (Laging 2017, S. 7f.). Im konkreten Handeln erfahren wir etwas über die soziale und dingliche Welt und über uns selbst. »Unsere Identität gewinnen wir insofern erst im Handeln in der Reflexivität mit der Welt« (Laging 2017, S. 12).

»Bewegung« ist nicht zu verengen auf Fortbewegungsarten und sportlich-physische Betätigungen, sondern schließt auch Tätigkeiten, wie z. B. malen oder ein Instrument spielen, mit ein. Auch Gefühle und körpereigene Prozesse wie Herzschlag und Blutkreislauf können als eine Art »innere« Bewegung gefasst werden. In Abhängigkeit von Lebensbedingungen, Lebensalter und jeweiligen Situationen kommen der Bewegung unterschiedliche Bedeutungen zu. Gerade in der frühen Kindheit ist der explorativ-erkundende Bewegungsaspekt bedeutsam, weil Kinder hier Erfahrungen machen, die ihnen etwas über sich selbst und ihren Körper und über die gegenständliche und personale Beschaffenheit der Umwelt verraten. Bewegung als interaktive Dialogform macht sie zu einem Medium der Förderung von Kommunikation und Integration, von sozialen Kontakten und gesellschaftlicher Eingebundenheit und Partizipation.

Für Kinder stellt Bewegung also einen wesentlichen Zugang zur Welt dar: Durch das Medium Bewegung erwerben sie vielseitige Erfahrungen über sich selbst und die Umwelt und erweitern so ihre Handlungsfähigkeit. Für die Entwicklung von Kindern werden folgende Funktionen der Bewegung differenziert (Zimmer 2004, S. 17f.; ▶ Abb. 1).

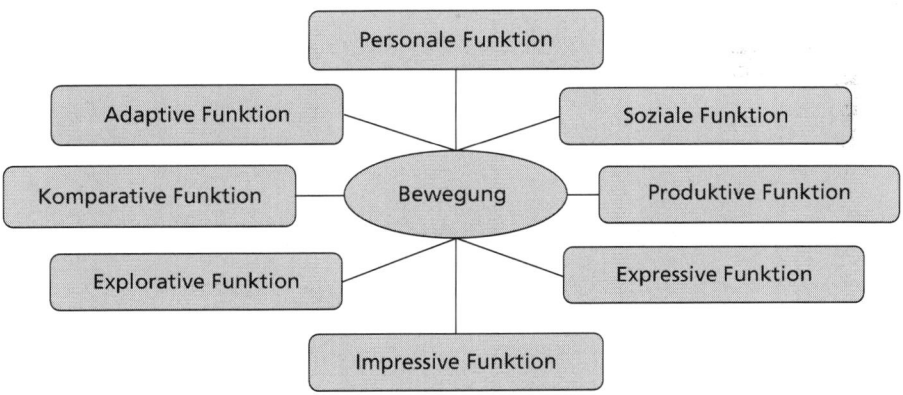

Abb. 1: Übersicht: Funktionen der menschlichen Bewegung

Die Differenzierung der Funktionen von Bewegung ist eine rein analytische Trennung. Mit ein und derselben Tätigkeit können mehrere Funktionen verbunden sein. So kann es z. B. sinnvoll sein, aus Ärger mit seiner Peergruppe einen Waldlauf (adaptive Funktion) zu machen und sich mit anderen Läufern zu messen (komparative Funktion). Diese Erfahrung kann nicht nur etwas im Körper des*der Läufer*in hervorbringen, wie etwa das Wissen um die eigene Leistungsfähigkeit (produktive Funktion), sondern auch Empfindungen wie Lust, Erschöpfung, Energie auslösen (impressive Funktion), die in Bewegung körperlich ausgelebt und verarbeitet werden (expressive Funktion). Bewusstsein und die Kenntnis dieser Funktionen haben Konsequenzen für die Auswahl der Bewegungsangebote im Hinblick auf die Bedürfnisse der Zielgruppe und die Ziele der Förderung (Zimmer 2004, S. 20).

Die jeweilige Bewegung in Bezug auf etwas verleiht dem Subjekt je nach Situation einen individuellen Sinn, ebenso wie die Umwelt/Gesellschaft, die durch die jeweils aktuellen Werte und Normen Rahmen und Bewertung der Bewegung beeinflussen. Das gilt besonders für das Sich-Bewegen von Menschen mit Beeinträchtigungen, bei denen subjektive und gesellschaftliche Lebenswirklichkeit häufig in einem Spannungsfeld liegen.

Nach dem immer noch vorherrschenden kognitionswissenschaftlichen Verständnis ist »Wahrnehmung« ein linear-kausaler Prozess, der von einem ursächlichen Objekt seinen Ausgang nimmt: »Reize« oder »Sinnesdaten« werden weitergeleitet, neuronal verarbeitet und schließlich im Gehirn repräsentiert. Wahrgenommen werden nicht reale Dinge, Menschen oder Vorgänge, sondern nur Bilder, Vorstellungen, Symbole als deren Stellvertreter im Bewusstsein. Subjekt (Innenwelt) und Objekt (Außenwelt) bleiben dabei grundlegend voneinander getrennt. Demgegenüber betrachten interaktive Konzeptionen Wahrnehmung als eine aktive, intentional motivierte Erschließung der Mitwelt. Wahrnehmend steht ein Lebewesen nicht der Welt gegenüber, sondern ist immer schon in ihr tätig und in sie verstrickt. »Wahr-nehmen« kann nur ein Wesen, das sich auch zu bewegen und etwas zu ergreifen vermag. Was ein Lebewesen wahrnimmt, ist so auch abhängig von seiner Bewegung. Und *wie* es sich bewegt, hängt wiederum auch ab von seinen Wahrnehmungen. So bilden z. B. »grundlegende Raumerfahrungen […] die Basis für die Entwicklung des Orientierungsvermögens, für die Begriffsbildung und den Umgang mit Zahlen« (Zimmer 2004, S. 12). Verschiedene Raum-Lage-Positionen vermitteln Beziehungen zum eigenen Körper sowie zu Objekten der Umgebung. So geschehen Bewegungen nicht von selbst, sie werden aber auch nicht nur vom Menschen gesteuert. Wirklichkeitsveränderung und Selbstveränderung werden als tätig vermittelte Einheit begriffen.

Der Blick auf diese Einheit ist daher grundlegend für Unterricht und Förderung und so scheint der Blick auf leibliche Resonanzböden für schulische Lern- und Bildungsprozesse aus zwei Gründen dringend geboten zu sein:

1. Zum einen droht den Schulen durch Bildungsstandards eine noch stärkere Abkehr von leibhaftigen Erfahrungen und
2. zum anderen kann eine stärkere Bewegungsorientierung Bildungs- und Lernprozesse nachhaltig fördern (Laging 2017, S. 24).

Sinnlich-leibliche Erfahrungen entstehen etwa dann, wenn Kinder sich z. B. tastend mit Formen, Zahlen oder Buchstaben auseinandersetzen und diese dann in Bilderbüchern oder Geschichten wiederentdecken. Die sinnliche Auseinandersetzung erzeugt leibliche Resonanz und Sinn für das eigene Handeln. Durch diese sinnlich-ästhetische Erkenntnisweise bringt das Kind sich selbst und sein Wissen auf der

Grundlage vorgängiger Erfahrungen hervor, die über Bewegen und Wahrnehmen im leiblichen Resonanzraum verortet sind und dort leiblich reflektiert werden. Erst die Bewusstwerdung eines solchen leiblichen Welterfassens macht die ästhetische Erkenntnis einer bewussten und sprachlichen Kommunikation zugänglich und ist als eigene Erkenntnismöglichkeit unterhalb der Schwelle des diskursiven Denkens einzuordnen (ebd., S. 24 f.).

Lernen beginnt dort, wo das Vertraute seinen Dienst versagt und das Neue noch nicht zur Verfügung steht. Lernen als Erfahrung ist nicht allein Medium kontrollierter Verhaltensänderungen. Erfahrung lässt sich weder an- noch abschalten. Für die Initiierung und Begleitung von Lernprozessen ist es unabdingbar zu fragen, wann und warum Menschen lernen. Diese Fragen sind von Bedeutung für jegliche Lernbemühung und -anstrengung und ebenso für die Problematik, ob und wie es ein Lehren geben kann, welches das Lernen fördert – eine Vermittlung im doppelten Sinn: die Art und Weise, wie sich mit und ohne Unterstützung anderer das zu Lernende angeeignet wird (vgl. Faulstich/Grotlüschen 2006, S. 56). Bei Schwierigkeiten oder Hindernissen, d. h. bei Erfahrung in einer auch widerständigen Welt, kann Routine des Handelns zum Problem werden, das Um-Lernen notwendig macht.

2.1.2 Empirische Befunde zur Wechselbeziehung von Bewegung, Körperlichkeit und Lernen

Zahlreiche Studien belegen die Zusammenhänge von Bewegung und Lernen. Sie zeigen, dass spezifische Bewegungsaktivitäten die Lernfähigkeit beeinflussen können. So wirken sich sehr unterschiedliche schul- und unterrichtsinterne bewegungsorientierte Angebote positiv auf (Lern-)Verhalten und Lernvoraussetzungen bzw. kognitive Leistungsfähigkeit der Schüler*innen aus (Beudels 2013, S. 73 ff.). In ihrer Untersuchung der Aufmerksamkeitsleistung von Kindern dreier Schulklassen zeigen Dordel und Breithecker, dass im Verlauf des Schulvormittags zwischen den Kindern, deren Schulalltag eher bewegungsaktiv ablief, und jenen, die am herkömmlichen Unterricht teilnahmen, z. T. hochsignifikante Unterschiede zu beobachten sind (Dordel/Breithecker 2003, S. 77). Signifikante Korrelationen zwischen Konzentrationsleistungen und Körperkoordinationen ergaben sich auch in einer Studie von Graf et al. (2003) bei 668 Grundschüler*innen. Ebenso belegt sind auch langfristige Effekte von Sport und Bewegung auf das schulische Leistungsniveau. Castelli et al. (2007) konnten bei Dritt- und Fünftklässlern einen positiven Zusammenhang zwischen allgemeiner Fitness und Erfolgen in Rechnen und Lesen nachweisen. Schneider und Guardiera (2011, S. 318 f.) beobachteten, dass schon nach einer moderaten, aber regelmäßigen Aktivität von 15 Minuten auf dem Fahrradergometer klare hirnphysiologische Veränderungen im sensorischen Kortex und in temporalen Arealen stattfinden, die der Sprache zugeordnet werden.

Körperliche Aktivität ist generell verbunden mit erhöhten Konzentrationsleistungen (Hillmann et al. 2009) und mit schulischer Leistungsfähigkeit (Coe et al. 2006). Nach Teuchert-Noodt (2000) führen Lernen und Bewegung zur Veränderung neuronaler Strukturen: Bei Lernprozessen werden in den Strukturen des

Gehirns Informationen erzeugt, weil durch die Ausschüttung von Neurotransmittern neue synaptische Verbindungen entstehen. Sie sind bei wiederholter Beanspruchung besser eingerichtet und werden auf Dauer gestärkt (ebd., S. 49 ff.). Forschungsarbeiten von Assaf und Johannsen-Berg (2015, zit. in Fields 2021, S. 68) belegen zudem eine aktivitätsabhängige Zunahme der Myelinschichten (weiße Substanz um die Nervenfaserbündel), welche die Leitungsgeschwindigkeit um das 50- bis 100-fache erhöht.

Bewegung unterstützt Lernprozesse in mehrfacher Hinsicht: Sie führt zu einem besseren Adaptationsniveau im zentralen Nervensystem, stärkt die synaptischen Verbindungen, führt zur verbesserten Durchblutung des Gehirns und regt Prozesse der Erhaltung und Neubildung der neuronalen Netze an (Hollmann 2004, S. 7 f.). Bewegungsaktivierung in Lernprozessen kann demnach eine lernbegleitende und eine lernerschließende Funktion haben (Janzen 2021, S. 31).

Die durchgeführten Metaanalysen kommen trotz unterschiedlicher Fokussierung auf sportliche und/oder motorische Aktivitäten zum Ergebnis, dass positive Zusammenhänge zwischen körperlich-sportlicher Aktivität und kognitiven Leistungen anzunehmen sind. Auch wenn die Ergebnisse verschiedener Studien sehr unterschiedlich sind, gilt unbestritten, dass Bewegung in den frühen Jahren in einem strukturell engen und unlösbaren Zusammenhang mit Lernen steht (Beudels 2016, S. 54).

Weiterführende Studien zum verkörperten Lernen

Der Zusammenhang zwischen Bewegung und Lernen wird im deutschsprachigen Diskurs erst (wieder) in jüngerer Vergangenheit thematisiert. Die Welt zu erfahren und zu erkennen, wird über einen direkten körperlichen Umgang mit den Dingen und problemlösendes Lernen unter Zuhilfenahme des eigenen Körpers als Wahrnehmungsprozess oder sprachliche Symbolisierung möglich. Gleichwohl wurde die inhärente Verknüpfung von Wahrnehmung und Bewegung sowie Denken und Sprechen schon von v. Uexkülls Funktionskreis (1973) und von v. Weizäckers Gestaltkreis (1986) vorweggenommen (Fuchs 2012, S. 18). Wissenschaftliche Impulse kommen vor allem aus der neueren Hirnforschung und insbesondere aus der Neurodidaktik, die von einer dynamischen Einheit zwischen Körper, Gehirn und Geist ausgeht (vgl. Arnold 2009, S. 194).

Eine Studie des Max-Planck-Instituts für Kognitions- und Neurowissenschaften in Leipzig bestätigt, dass Gesten das Lernen von (fremder) Sprache erleichtern kann, weil Bewegungen im Gehirn ein komplexes Netzwerk aktivieren, das, im Gegensatz zum audiovisuellen Lernen, Wörter nachhaltiger im Gedächtnis verankert (Macedonia 2013, S. 35). Besonders hilfreich für das Behalten sind Körperbewegungen, die den Wortinhalt abbilden (z. B. Zähne putzen) (ebd.). Abbildung 2 (▶ Abb. 2) verdeutlicht, dass im Falle gleichzeitiger Bewegungsausführungen Neurone in den für Sprache zuständigen Hirnbereichen ebenso wie in motorischen Kortexarealen sowie im Kleinhirn im Falle gleichzeitiger Bewegungsausführung »feuern«. Darüber hinaus zeigt sich eine vermehrte Aktivität im Parietalkortex, der Reize verschiedener Sinnesmodalitäten miteinander verknüpft (ebd., S. 34).

2.1 Bildung, Lernen und Bewegung

Es wird sichtbar, dass auch Hirnbereiche im Bewegungshandeln aktiviert werden, die nicht direkt für Sprache zuständig sind, wie etwa das Kleinhirn, somatosensorische Kortexareale oder Körpererkennungsareale.

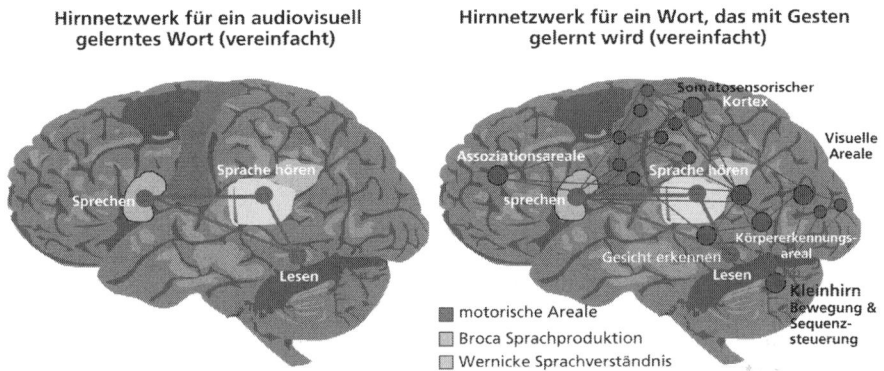

Abb. 2: Vergleich zwischen bewegungsunterstütztem und audiovisuellem Lernen von Wörtern und deren Bildung von Netzwerken im Gehirn

Auch das Erlernen von Fremdsprachen profitiert von begleitenden Bewegungen und Gesten. In einem Vergleich zwischen Kontroll- und Experimentalgruppe wurden Schüler*innen unbekannte Lateinvokabeln über einen Zeitraum von 13 Wochen nach »traditioneller« und nach bewegungsbegleitender Lernmethode angeboten. Für »Xystus« (der Blumengarten) wandern bei der Experimentalgruppe die Arme langsam von unten nach oben, wobei sich die Hände öffnen wie ein Blumenkelch. Dazu wird das Wort Xystus leise und gefühlvoll gesprochen. Jedem zu lernenden Wort wird ähnlich des o. g. Beispiels eine Bewegung zugeordnet. Alle Schüler*innen lernten 20 ihnen bis dahin unbekannte lateinische Vokabeln in jeweils zwei Unterrichtsstunden. In den nachfolgenden sechs Wochen wurden die Vokabeln fünfmal jeweils fünf Minuten lang wiederholt, je nach Gruppe entweder bewegungsbegleitend und szenisch oder traditionell. Nach 13 Wochen erinnerten sich die Schüler*innen der Kontrollgruppe noch an 3,5 der 20 Vokabeln. Die Schüler*innen der Gruppe, die ihre Vokabeln mit szenischen Bewegungen und Gesten lernten, wussten noch durchschnittlich 16 von 20 Vokabeln (▶ Abb. 3).

Die Studie zeigt die große Überlegenheit von Wortschatzarbeit, die mit Körperlernen verbunden ist. Eine Schülerin fasste ihren Lernerfolg so zusammen: »Wenn man's alleine macht, ist's sehr aufwendig. Aber für die Wörter, für die man's lernt, da nützt es dann auch was. Weil: Diese Wörter vergisst man nicht mehr« (Städtler et al. 2020, S. 95).

Auch Ionescu und Glava (2015) konnten in einer Studie mit vier- und fünfjährigen Kindern aufzeigen, dass sie mehr neue Wörter lernen, wenn Pädagog*innen sie neben dem Hören zusätzlich visuell, taktil und motorisch am Lerngeschehen beteiligen. Das spricht einerseits für die Rolle, die die sensorisch-motorischen Systeme für das Sprachenlernen haben, andererseits haben Laut- und Gestenkommunikationen und das Zuordnen sprachlicher Symbole für Lernprozesse gleichsam

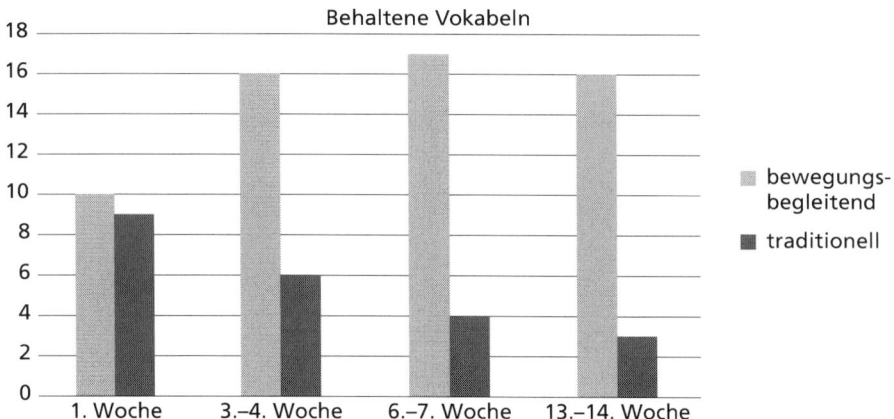

Abb. 3: Unterschied zwischen behaltenen Vokabeln der Experimental- und Kontrollgruppe (Daten aus: Städtler et al. 2020, S. 95)

eine hohe Bedeutung. Arbeiten des Psycholinguisten Mc Neill (zit. in Wachsmuth 2006) konnten eindrucksvoll aufzeigen, dass Kinder schon mit 16 Monaten über ein Wort-Gesten-Repertoire verfügen, bevor sie sich artikulieren können. Zunächst als »vorsprachliche« Zeigegesten von Kleinkindern (da, Wauwau, haben) halten sich Gesten lebenslang, um Abstraktes und Metaphorisches mit Armen und Händen zu verkörpern (Wachsmuth 2006, S. 43 f.). Goldin-Meadow (2003) versteht das Gestikulieren als Teil kognitiver Tätigkeit, die von den Händen permanent begleitet und unterstützt werden (Fingerhut et al. 2013, S. 18). Von Mc Neill werden Gesten als »Fenster des Denkens« bezeichnet (ebd.) und so wächst zunehmend die Überzeugung, dass sensomotorische »begleitende Verkörperungen«, wie z. B. Rechnen mit den Fingern, kein Anzeichen für eine Minderbegabung sind, sondern eine Schlüsselfunktion zur Durchdringung und zum Verstehen komplexer Sachverhalte einnehmen, wie z. B. Mathematik zu verstehen (Bohler 2016, S. 3). »We ›see‹ a representation of fingers in our brains when we calculate« (ebd.). In ihrem kürzlich erschienenen Forschungsbericht gehen Bohler und Mitarbeiter*innen davon aus, dass der mathematische Zahlenstrahl als inneres Bild abgelegt ist und dass sich Schüler*innen aufgrund ihrer Erfahrungen mit ihrer eigenen Umwelt (links – rechts; nah – fern; mehr – weniger etc.) (inner-)räumlich daran orientieren (Bohler et al. 2016, S. 2 f.).

Den Einfluss körperlicher Aktivität auf mathematische Lernprozesse konnten auch Golden-Meadow et al. (2009, in: Janssen/Richter 2016, S. 224) nachweisen, indem sie Grundschulkinder zufällig auf drei Gruppen mit folgenden Aufgaben verteilten: Lösung einer Rechenaufgabe ohne weitere Instruktion, unter Nutzung der Hände und unter Nicht-Nutzung der Hände, wobei die Hände nicht auf das richtige Ergebnis hinwiesen. Die Ergebnisse zeigen, dass die Kinder, die lernen, die Gesten richtig einzusetzen, eine höhere Anzahl mathematischer Probleme korrekt lösen konnten im Vergleich zu den Kindern, die Gesten nur teilweise richtig einsetzten, und jenen, die gar keine Gesten benutzten (ebd.). Die positiven Effekte körperlicher Aktivität in Lernprozessen kamen aber auch dadurch zustande, dass die Kinder der Gestengruppe sich stets den Zusammenhang verbal bewusst machten (ebd.).

Basisnumerische Fähigkeiten (Schätzen und Vergleichen von Mengen) konnten in einer auf die Theorie des verkörperten Wissens bezugnehmende Studie bei 49 Zweitklässlern signifikant verbessert werden, wenn sie an die Aufgaben aktiv mit ihrem Körper und mit räumlicher Orientierung (links – rechts, weniger – mehr, höher – niedriger) durch das Abtreten der Zahlenwerte auf einer Zahlenmatte herangeführt wurden (Link et al. 2014). Eine Verbesserung stellte sich jedoch nur dann ein, wenn das numerische »Training« mit integrierter räumlich-körperlicher Bewegung stattfand, welche die unterschiedliche Gewichtung der Zehner-Einer-Struktur körperlich erfahrbar macht. Die Ergebnisse dieser Untersuchung unter Experimentalbedingungen verdeutlichen, dass für die beobachtete Verbesserung der Genauigkeit des mentalen Zahlenstrahls nicht nur der numerische Inhalt der Aufgabe eine Rolle spielt, sondern besonders die körperliche Aktivität und Erfahrung der Unterscheidung von Einern und Zehnern lernfördernd wirkt (ebd., S. 274).

2.1.3 Lernbegleitende und lernerschließende Funktionen von Bewegung und Körperlichkeit

Die unterschiedlichen Untersuchungen zeigen die besondere lernerschließende Funktion von Bewegung und Körperlichkeit, weil sie die Aufgabe unmittelbar mit Bewegungsaktivitäten verbindet. Eine eher lernbegleitende Funktion erfolgt durch allgemeine Bewegungsaktivierung. Im Unterricht und in der Förderung sind diese beiden Funktionen aber nicht immer voneinander abzugrenzen, sondern gehen ineinander über (Laging 2015, S. 2). Das nachfolgende Schaubild (▶ Abb. 4) zeigt in einer analytischen Betrachtung das Zusammenspiel von Bewegung, Körperlichkeit und Lernen und was sich noch weiter ausdifferenzieren lässt.

Bewegte Lernorganisation meint die grundsätzliche oder zeitweise Auflösung des gemeinsamen, für alle gleich geltenden Unterrichts und führt andere Arbeitsformen ein. Die erfordern ein differenziertes Arbeiten an unterschiedlichen Aufgaben mit verschiedenartigen Arbeitsmaterialien an vielfältigen Orten und in wechselnden Gruppierungen. Sie ist immer Bewegung verbunden, weil der Arbeitsplatz gewechselt wird, Materialien geholt, neue Lernorte aufgesucht oder neue Gruppen zusammengesetzt werden. Anstatt den Klassenraum nur als reinen Sitzraum zum Zuhören zu verwenden, sind Lernlandschaften und Lernstationen erforderlich, die helfen, das jeweilige Thema aufzuschließen (ebd., S. 3).

Bewegungspausen ermöglichen eine kurze Abkehr von der Erschließung eines Themas. Das Aufstehen und Herumgehen sind ebenso möglich wie eine Fußmassage mit Noppenbällen oder das Entspannen durch Ausstreichen oder Abklopfen des ganzen Körpers (ebd., S. 4).

Lernen *in* Bewegung wird machbar, indem Lernsituationen nicht nur im Klassenraum, in der Turnhalle oder im Außengelände stattfinden. So können beispielsweise an der Wand im ganzen Klassenraum Zettel mit Aufgaben (alle auf

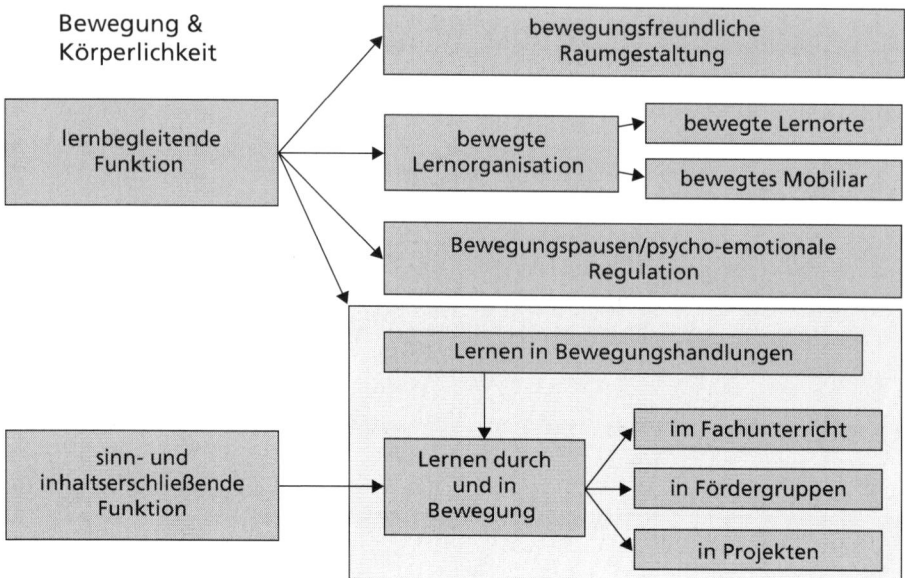

Abb. 4: Lernbegleitende und lernerschließende Funktion von Bewegung (nach Laging 2015, S. 2)

rotem Papier) und deren Lösungen (alle auf blauem Papier) positioniert werden. Die Schüler*innen müssen die Aufgaben und Lösungen einander zuordnen. Im Fach Deutsch können verschiedene Bilder oder Textbruchstücke im Raum verteilt werden. Die Schüler*innen gehen herum, suchen eine logische Reihenfolge und malen oder schreiben einen Text an ihrem Platz zusammen (sie müssen sich den Inhalt also auf dem Weg einprägen und sollen nicht direkt an der Wand abschreiben) (Laging 2015, S. 5 f.).

Beim sinn- und inhaltserschließenden Lernen sind die Lernenden aktive Forscher*innen ihrer Weltaneignung. Diese konstruktivistische Sicht berücksichtigt die grundlegende Bedeutung von emotionalen, sozialen und körperlichen Prozessen beim Lernen (▶ Kap. 3). Sinn- und inhaltserschließendes Lernen in Bewegung ist dadurch immer subjektiv bedeutsam, allerdings müssen aus Sicht der Schüler*innen Anlässe so gestaltet sein, dass sich Bewegungshandlungen darauf beziehen lassen. Der Prozess, wie ein*e Schüler*in zu einem Ergebnis kommt, muss subjektiv erlebt und reflektiert werden können, wobei der*die Lehrer*in Anregungen geben kann.

Gleichzeitig steht der sich bewegende und lernende Mensch in enger Verbindung mit der ihm umgebenden gegenständlichen und sozialen Mitwelt, von Eindruck und Ausdruck, von der eigenen Wirkung auf die Welt und der Rückwirkung auf das Selbst, mit produktiven und explorativen Momenten und dem Spannungsverhältnis von Gewinnchance und Verlustrisiko (Krause-Sauerwein 2014, S. 132). Um die eigenen und aktuellen Handlungskompetenzen zu erweitern, muss beim Lernen das Gekonnte überschritten werden, so das, was vorher selbst geplant und kreiert wurde, als auch das, was im Prozess entsteht. Dazu ist ein gedanklicher Entwurf – ein Bewegungsentwurf – nötig, der eine Projektion des Selbst, der ganzen Person in einen unbekannten Raum hinein ist. Dieser Entwurf ist immer auch Selbstentwurf, der über das Selbst und die aktuellen Handlungskompetenzen hinausgreift, worin die Chance des Erfahrungsgewinns, aber auch die Möglichkeit zu scheitern, liegt (ebd.). Lernprozesse basieren damit nicht nur auf projektiven Selbstentwürfen. Die Erfahrungen sind Rückwirkungen des aktiven Handelns und verknüpfen neue Erfahrungen mit alten. In Verbindung mit dem inneren Sprechen in der Anwendung der Selbstentwürfe und der Verbindung mit der gegenständlichen und sozialen Welt hat das hier favorisierte Lernen immer einen dialogischen Charakter.

Bevor ein Kind über Bewegung ein Weltbild entwerfen kann, braucht es präreflexive Erkenntnisfähigkeiten, die bereits in seinem Körper, in seinem Wahrnehmen und Handeln vorhanden sind, noch bevor es beginnt, in einem strengeren Sinn zu denken (Schäfer 2003, S. 76f.). Diese Art einer impliziten, präreflexiven Erkenntnistätigkeit versteht sich so, dass das Kind Verarbeitungsmuster, praktische Handlungsmuster, Möglichkeiten der Sinnstrukturierung und Sinngebungen benötigt. Damit kommt es in seiner Umwelt zurecht, kann aktiver sein und an Tätigkeiten, die um es herum oder die an ihm selbst geschehen, teilnehmen. Als Strukturierungsmuster werden sie zunehmend Teil des kindlichen Körpers, sie lagern dem kindlichen Organismus ein (Dietrich 2011, S. 13).

2.2 Musterbildungen durch Bewegung, Wahrnehmung und Erleben

Menschliches Handeln vollzieht sich grundlegend als Tätigkeit in Bezug auf natürliche und gesellschaftliche Gegebenheiten. Indem ein Mensch sich bewegt, macht er körperlich/leibliche Grunderfahrungen über Bewegung und zielgerichtete Sinneserfahrungen. Schon Landgrebe macht darauf aufmerksam:

> »Indem wir uns bewegen, nehmen wir wahr, wird der eigene Leib und die Dinge erfahrbar. Um einen taktilen Eindruck zu erlangen, muss ich mit den Händen zufassen. Um ein Ding richtig sehen zu können, muss ich den Kopf drehen, die Körperhaltung ändern usw. Das Elementarste, was der Mensch vermag, ist ein Sich-bewegen-können inmitten seiner umgebenden Dinge. Er hält sich inmitten ihrer auf, indem er *sich* zu ihnen verhält, *Verhalten* meint also die selbst gesteuerte Bewegung inmitten der Dinge, und zwar zunächst ganz wörtlich genommen als Sich-nähern, Sich-entfernen, Hand-anlegen etc.« (Landgrebe 1977, S. 81).

Körperbewegungen bilden bei einfachen Lebewesen wie auch bei Menschen von Anfang an und andauernd »geistige« Muster (Storch/Tschacher 2016, S. 46f.). Diese Muster beziehen sich sowohl auf die eigenen körperlichen Bewegungen als auch auf Situationen, die mit anderen Menschen und Objekten zu tun haben. An Objekten ist dabei von Interesse, wofür sie praktisch verwendet werden können und mit welchen Mitteln sie sich bearbeiten lassen. Mit einer Bewegung erfahren Individuen etwas über diesen Gegenstand und über sich selbst. Insofern sind Bewegungsmuster als »subjektive« Disposition der Akteur*innen komplementär auf die Beschaffenheit der »Objekte« bezogen. Die Muster werden dabei weder von den Objekten vorgezeichnet, noch werden sie von den handelnden Individuen geschaffen. In sie gehen sowohl die Eigenart der Objekte als auch die Gesamtheit der persönlichen Erfahrung ein (Neubeck 2017, S. 23 f.). Die Besonderheit des menschlichen Handelns besteht also darin, dass fast alle menschlichen Bewegungen erlernt werden müssen, indem sie selbst entdeckt oder in sozialer Interaktion von anderen Menschen nachgeahmt werden. Dazu muss zunächst eine innere Kopie in Form von Vorstellungen aufgebaut und mehrfach wiederholt, d. h. eingeübt, werden (▶ Abb. 5).

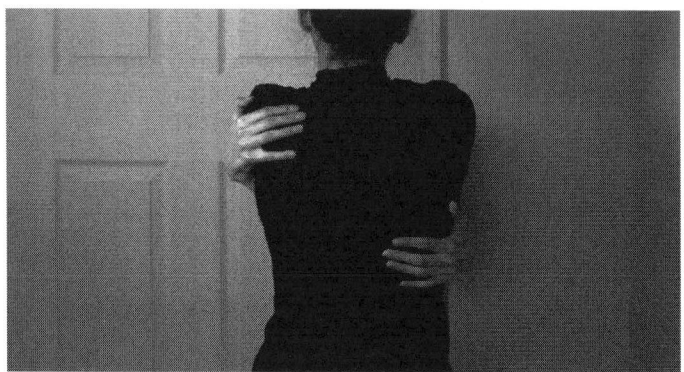

Abb. 5: Beispiel für eine psychische Musterbildung im Denken, Fühlen und Handeln

Neurophysiologisch betrachtet wirken derartige Bewegungsmuster, indem sie Bewegungen formen, ohne sie im Detail festzulegen. Auf diese Weise können sie sich optimal an wechselnde Bedingungen anpassen. Die flexiblen Grundmuster bestimmen, wie die jeweilige Bewegung ablaufen kann. Dabei ist keine Bewegung identisch mit der anderen. Bei gleicher Ausgangsstellung ist eine bestimmte Bewegung durch Schwerkraftverhältnisse, durch die Reichhaltigkeit der biologischen, persönlichen und gesellschaftlichen Bedingungen etc. in jedem Bewegungsakt zwar »gleich«, aber doch minimal anders. Beim Abspeichern werden aber nicht die tatsächlichen Abläufe aller Bewegungen, sondern nur ihr jeweiliges Prinzip bzw. ihr Muster zugrunde gelegt: Die Fülle der Wahrnehmungen wird auf die wesentlichen Elemente reduziert. Auf diese Weise hat die Musterbildung offensichtlich die Funktion, Wahrnehmungen und Bewegungen ökonomisch abspeichern zu können (Bernstein 1967, zit. in Jantzen 1988, S. 47). Bei Bewegungen kommt noch die Möglichkeit hinzu, dass sie leichter an wechselnde Bedingungen angepasst werden können. Muster sind quasi »abstrakte« Reduktionen, mit denen konkrete Bewegungen und Bewegungsprogramme gesteuert werden.

Die Beispiele sind aus der Gestaltpsychologie bestens bekannt: Jede*r kann sich gewissermaßen selbst dabei zuschauen, wie sich die Teile der Wahrnehmung zu einer Ganzheit zusammenfügen, z. B. wenn horizontal durchgeschnittene Worte oder durcheinander gebrachte Buchstabenfolgen automatisch ergänzt oder richtiggestellt werden (siehe Kasten). Wenn neue Bewegungen beherrscht werden, werden sie im Körper abgespeichert. In Situationen, in denen die neu erlernte Bewegung als nützlich erscheint, kann sie dann automatisch bzw. gewohnheitsmäßig eingesetzt werden.

> **Können Sie lesn?**
>
> Gmäeß eneir Sutide eneir elgnihcesn Uvinisterät ist es nchit witihcg, in wlecehr Rneflogheie die Bstachuebn in eneim Wrot snid, das ezniige, was wcthiig ist, ist, daß der estre und der leztte Bstabchue an der ritihcgn Postoiin snid. Der Rset knan ein ttoaelr Bsinöldn sien, tedztorm knan man ihn onhe Pemoblre lesen. Das ist so, wiel wir nciht jeedn Bstachuebn enzelin leesn, snderon das Wrot als gseatems (nach Göbel 2018, o. S.).

»Bei wahrgenommenen Bewegungen gehören zum Muster nicht nur der reine Bewegungsablauf, sondern auch die Auslöser der Bewegung, welche Ziele mit der Bewegung erreicht werden sollen, und die Bedingungen, unter denen die Bewegung gelernt wurde. Lernen besteht letztlich darin, dass für ein bestimmtes Lernfeld (z. B. Geige- oder Schachspielen) geeignete Muster gebildet werden« (Neubeck 2017, S. 20).

Dies gilt auch für körperliche Interaktionen: So erkennen nach Johnsen (1987) Menschen in ihren Interaktionen mit der Welt immer wieder vorkommende sensorische Muster, die in Form von Bildschemata gespeichert werden. Diese Bildschemata sind durch die körperliche Bewegung, Manipulation von Objekten, Wahrnehmung von Druck, Zug und externen Kräften, die graduelle Zustandsveränderung etc. allen Menschen zugänglich, weil sie aus den sensorischen Erfahrungen abgeleitet werden können und keiner weiteren (sprachlichen) Elaboration bedürfen (Johnsen 1987, zit. in Suñer Muños 2016, S. 6). Wenn sich nun die Welt für uns nur in der fortwährenden Interaktion mit ihr konstituiert, wenn wir also immer schon handelnd in der Welt sind, dann gibt es kein getrenntes »Inneres« mehr, welches das »Äußere« abbilden, rekonstruieren oder repräsentieren könnte. An die Stelle von Repräsentationen treten daher erworbene und flexible Muster der Interaktion mit der Umwelt (Fuchs 2017, S. 69 ff.).

2.2.1 Bewegungsmuster als Bausteine des Denkens

Nach Neubecks Analyse wird auch das Denken von Mustern geprägt. »Denken vollzieht sich zunächst in Form des aktiven Handelns; über die praktische Bewältigung von Problemen gelangt das Kind dann zu ihrer gedanklichen Beherrschung« (Breithecker 2001, S. 212). Konkretes Handeln und unmittelbare leiblich-körperliche Rückmeldungen führen zur formalen, verinnerlichten Handlungskompetenz. Denken kann so als verinnerlichtes Handeln aufgefasst werden. Das menschliche Denken schafft also mit seinen eigenen Schöpfungen und Handlungen etwas Äußeres, welches auf ihn selbst wieder zurückwirkt. Konkretes Handeln und unmittelbare leiblich-körperliche Rückmeldungen sind verbunden mit Musterbildung. Alle gegenstandsbezogenen Begriffe sind auf das Handeln bezogen. Deshalb konnte Jean Piaget sagen, dass die ersten Worte für ein Kind »Befehle« sind. »Das Wort ist zunächst an eine Handlung gebunden – es ist Bestandteil der Handlung. Später kann es allein die Handlung auslösen« (Piaget 1976, S. 16 f., zit. in Neubeck 2017, S. 42). Neubeck schlägt daher einen neuen Ansatz zum Verständnis des Denkens vor: Denken beginnt oft damit, dass man vor einer Aufgabe steht, die nicht ohne weiteres mit erlernten Bewegungen oder Handlungen bewältigt werden kann. Folglich muss eine passende Bewegung gefunden werden. Um handwerkliche Probleme, strategische Schachzüge oder Algorithmen für EDV-Programme zu entwickeln, prüft das Denken alle verfügbaren Bewegungsmuster, die für das akute Problem als geeignet erscheinen. Wenn für das beabsichtigte Ziel noch kein festes Bewegungsmuster vorhanden ist, muss die Bewegung in der inneren Vorstellung ggf. aus Einzelbewegungen neu zusammengesetzt oder zunächst erst gelernt werden. So ruft z. B. die Aufgabe, einen Holzstab zu teilen, die Bewegungsmuster des Sägens, Schlagens oder Brechens hervor. Es wird dann geprüft, welches Bewegungsmuster angesichts der Stärke des Stabes Erfolg versprechender erscheint. Oder wenn ein Haus gebaut werden soll, werden im Planungsprozess alle potentiellen Bewegungen der Reihe nach vorgestellt, die nach der Erfahrung für den Bau erforderlich sind. Dabei wird z. B. klar, welche Materialien benötigt werden und bei welchen Arbeiten die Unterstützung durch andere Menschen gebraucht wird. Die Prüfung, ob bestimmte Bewegungen zur Lösung eines Problems geeignet sind, wird als Denken erfahren.

Je mehr Muster an Erfahrung oder Bewegung gesammelt werden, desto mehr können sie mögliche Handlungs- und Denkweisen neu zusammensetzen. Dieser Prozess des Vergleichens, Mischens und Neu-Konstruierens spielt sich sowohl unbewusst als auch in der Vorstellung ab. Im Spielen, Gestalten und Planen werden Erfahrungs- bzw. Bewegungsmuster flexibel an neue Situationen angepasst (Schäfer 2011, S. 142).

Auf diese Weise werden im Denken nicht Begriffe verknüpft, sondern Bewegungs- und Handlungsmuster. Daraus leitet Neubeck die Hypothese ab, dass Bewegungsmuster die eigentlichen Bausteine des Denkens, der Begriffsbildung, sozialer Verhaltensweisen und der jeweiligen Persönlichkeitsentwicklung sind. Begriffe und Handlungen erhalten ihre Bedeutung dadurch, dass sie sich auf bestimmte Bewegungsmuster beziehen und dass das Denken ein Bestandteil des Handelns, also des körperlichen motorischen Systems ist (Neubeck 2012, S. 2).

Die meisten Begriffe für Objekte wurden ursprünglich von den Aktivitäten abgeleitet, die im Umgang mit den Objekten ausgeübt werden. So geht z. B. der Begriff »Wand« auf »winden« zurück. Um eine Wand herzustellen, musste früher ein Flechtwerk gewunden werden, das mit Lehm ausgefüllt wurde. Da Objekte mit ihren Eigenschaften nur insofern für die Menschen eine Bedeutung haben, als sie für ihre Lebenserhaltung wichtig sind, wird in diesen Begriffen immer auch mitgedacht, wofür sie nützlich sind und was mit ihnen gemacht werden kann. Man kann z. B. den Begriff »Ziegelstein« nicht denken, ohne bewusst oder unbewusst mitzudenken, dass Ziegelsteine für den Bau von Häusern gebraucht werden. Im »Feststellen« des Denkens wird aus einer Vielzahl von Möglichkeiten jeweils eine einzelne herausgegriffen und festgelegt (Graumann 1965, S. 20 f.).

Dass Begriffe auf Bewegungsmuster verweisen, ist besonders bei den Verben offensichtlich. Im Duden-Herkunftswörterbuch kann für fast jedes Substantiv nachgelesen werden, wie es ursprünglich aus einem Verb (»Tu-Wort«) abgeleitet wurde. Dies trifft auch für die Begriffe zu, die aus der Substantivierung von Verben entstanden sind (z. B. Erkenntnis oder Wahrnehmung). Aber auch den Begriffen für Objekte und ihre Eigenschaften liegen letztlich Bewegungsmuster zugrunde. Offensichtlich besteht z. B. zwischen den Mustern für Gegenstände und für Bewegungen kein wesentlicher Unterschied. Bei beiden geht es darum, welche Bewegungen mit etwas auszuführen sind, um ein bestimmtes Ziel zu erreichen. »Selbst wenn in Sätzen ohne Verben von Tatsachen gesprochen wird, wie z. B. dass am Himmel ein Vogel ist, wird zwangsweise die Bewegung des Fliegens mitgedacht, da dies mit zum Muster des Vogels gehört« (Neubeck 2017, S. 21 f.). In diesem Fall beschreiben »Muster« keine Oberflächen, sondern die innere Gestaltung des Handelns. Obgleich Begriffe einen direkten sinnlichen Bezug haben, sind sie abstrakte Gebilde, da sie auf abstrakte Bewegungsmuster verweisen. Die Begriffe sind zwangsläufig mit Vorstellungsbildern verbunden, da sie auf Bewegungen bezogen sind, die in Raum und Zeit ablaufen und mit bestimmten Zielen verbunden sind (Neubeck 2017, S. 22).

Wenn beim Denken nicht Begriffe, sondern Begriff gewordene Bewegungsmuster verknüpft werden, können letztere als die eigentlichen Bausteine des Denkens betrachtet werden. Und Begriffe erhielten ihre Bedeutung dadurch, dass sie sich auf bestimmte Bewegungsmuster beziehen. Denken kann somit aus bewegungsorientierter Perspektive als Probehandeln aufgefasst werden.

Im Denken nehmen wir Abstand vom Hier und Jetzt des sinnlich Gegebenen: Erste Eigenschaft dessen, was wir »Denken« nennen, ist die Vergegenwärtigung: »Nicht-Gegenwärtiges – sei es Vergangenes oder Zukünftiges oder rein Mögliches – stellen wir innerlich vor uns hin, stellen es uns vor« (Graumann 1965, S. 19 f., zit. in Holzkamp 1976, S. 362). Um Aufgaben zu lösen, können durch inneres, vorgestelltes Probehandeln geschickt verschiedene Bewegungen koordiniert und/oder erlernte Regeln miteinander verknüpft werden. Mit den verinnerlichten Mustern können im Bewusstsein Als-ob-Handlungen vollzogen werden. Man kann so tun, *als ob man* eine andere Person wäre, *als ob man* sich in einem anderen (z. B. emotionalen) Zustand als dem aktuellen befinden würde, *als ob man* eine bestimmte Handlung wirklich vollziehen würde. Man kann aber auch so tun, *als ob ein Gegenstand* etwas anderes wäre, *als ob eine Situation* anders wäre, oder *als ob etwas der Fall* wäre, *was nicht der Fall ist*, usw. Neben dieser Unterscheidung lassen sich die verschiedenen Formen von So-tun-als-ob auch in Bezug auf ihre situationsbezogene Anwendung, auf Perspektiven und Absichten der handelnden Subjekte voneinander abgrenzen (Summa 2017, S. 175). Sich die eigenen eingefahrenen Bewegungs- und Handlungs- und damit auch Denkmuster bewusster zu machen, neue bisher unbekannte Lösungswege auszuprobieren und damit im Probehandeln seinen Handlungsspielraum zu erweitern, ist oft eine beglückende Erfahrung mit tiefgreifenden Auswirkungen in den Alltag hinein.

2.2.2 Gedächtnisspuren – Bewegung im Kontext der Sinneserschließung

Bewegungs- und Handlungsmuster werden nicht nur innerhalb des für Motorik zuständigen Teils des Gehirns gebildet. Mit jeder Bewegung werden alle mit ihr erlebten Sinneswahrnehmungen verbunden: Wenn ich über dem Knie einen Ast zerbreche, spüre ich die Anspannung der Muskelgruppen in Schultern, Armen, Händen, Rücken und Beinen, die Oberfläche und Widerstandskraft des Astes auf meiner Haut, höre das knackende Geräusch, wenn der Ast zerbricht und spüre die folgende Entspannung. Entsprechend »feuern« die zuständigen Gehirnareale für Kognition, Wahrnehmung und Bewegung gleichzeitig – vielfältig belegt von den kognitiven Neurowissenschaften (Kiefer/Pulvermüller 2012, S. 805 ff.; Kiefer/Trumpp 2012, S. 15 ff.). Was wir in der jeweiligen Aktion spüren, sehen, hören, fühlen, riechen und schmecken, hinterlässt dauerhafte Spuren im Gedächtnis. Emotionen, Stimmungen werden ebenso aktiviert wie vorreflexive Wissensbestände, Körpererinnerungen und tiefensensorische Wahrnehmungen. Nur durch eine einzige Wahrnehmung (Geruch von Zimt) kann z. B. eine früher erlebte Gesamtsituation als »déjà vu« vor dem inneren Auge auftauchen (Omas Apfelkuchen – Familie an einem Tisch – Garten – Hund – Vogelgezwitscher etc.) und die damaligen Gefühle hervorrufen. »Eine strikte Trennung und Gegenüberstellung von Kognition einerseits und Emotion und Motivation andererseits gilt heutzutage […] als überholt […]« (Wilutzki et al. 2013, S. 552).

Alle diese Gedächtnisspuren schaffen wiederum die Basis für die Bildung von Begriffen: Die Studien von Hauk u. a. (2004) z. B. zeigen, dass gelesene oder gehörte Worte für Aktionen wie z. B. »Lecken«, »Greifen« oder »Kicken« jeweils Areale im motorischen Kortex aktivieren, die die realen Aktionen von Zunge, Fingern, Beinen steuern. Für Gerüche wurde das Entsprechende gefunden: Wenn man das Wort »Zimt« liest, werden dadurch Aktivitäten im olfaktorischen Kortex, d. h. im Zentrum für Geruchsempfindung, erzeugt. Das Gehirn scheint einen nicht vorhandenen Zimtgeruch zu simulieren, um das durch Schriftzeichen vorgegebene Wort zu verarbeiten. Sogar in Bereichen abstrakten Wissens wie der Mathematik, von der man bisher immer geglaubt hatte, dass sie der reinen Welt des Geistes entstammten, spielen bildhafte und verkörperte Elemente eine Rolle (Lakoff/Nunez 2000, zit. in Storch/Tschacher 2016, S. 42).

Günther und Frisch (2015, S. 132) betonen einen Paradigmenwechsel (von der Orientierung an Methoden hin zum Kind) und dass die Aneignung der Wirklichkeit und Lebenswelt der Kinder in ihrer symbolischen Form auch noch in der Schule gefördert und gefordert werden soll.

2.3 Kernelemente sinn- und inhaltserschließenden Bewegens

In der analytischen Betrachtung wurde gezeigt, wie sich im Bewegen und Handeln, in der Begriffs-Bildung und im Denken, im Kontakt mit Dingen und in Interaktion mit Menschen Muster herausbilden, die aufeinander aufbauen und miteinander vernetzt sind. Sie sind flexibel in neurologischen Netzwerken »abgespeichert« bzw.

wohnen dem jeweiligen Körpergedächtnis inne. Sie schlagen sich im Leib/Körper und im Verhalten nieder – als Ergebnis wie Ausgangspunkte aller Erfahrungen und Ausdrucksweisen der subjektiven Entwicklung. All diese Erfahrungen bleiben Erinnerungen in bildhaften Episoden und erlebten Szenen. »So entwickeln sich Vorstellungen von einer Wirklichkeit, die man erfahren und sich vertraut gemacht hat. Vertraut machen heißt nichts anderes, als diese Wirklichkeit in inneren Mustern zu strukturieren, die man wiedererkennen kann« (Schäfer 2004/2005, S. 3).

Der untrennbare Zusammenhang von Bewegungs- und Denkmustern eröffnet Chancen, sinnhaft Lerngegenstände und Sachverhalte über Bewegung und Körperlichkeit/Leiblichkeit auf sich zu beziehen und allein oder mit anderen zu erschließen, zu erfahren, zu erforschen, zu verstehen und sich anzueignen. Indem die Wahrnehmungs-, Repräsentations- und Verarbeitungsmuster den individuellen Körper über die biographische Erfahrung in elementarer Weise strukturieren, entstehen – analog der Prozesse der frühen Selbst-Bildung von Kindern – auch beim späteren Lernen in Institutionen implizite und explizite Lernerfahrungen bzw. Erkenntnisse:

> »Wie ich wahrnehme, ob und wie ich das Wahrgenommene in szenischen und bildhaften Zusammenhängen in mir vergegenwärtige, welche Rolle ich dabei den Empfindungen und Emotionen zubillige, in welchem Ausmaß ich Imagination und Phantasie in das denkende Verarbeiten einlasse, inwieweit das rationale Denken nicht nur logisch, sondern auch mit einem Stück erfahrener Wirklichkeit verbunden wird, in welchen Bereichen dieser Verarbeitungsmöglichkeiten ein Individuum Schwächen oder Stärken entwickelt« (Schäfer 2001, S. 112)

– all dies kann dem Lernen dienlich sein.

An dieser Stelle kommen nun auch wieder die Bruner'schen Formen der Repräsentation von Wissen ins Spiel: Enaktiv repräsentiert wird eine ausgewählte und durch konkretes Denken vorgefundene Wirklichkeit, z.B. eines »Gegenstandes«, durch konkrete oder vorgestellte Handlungen. Ikonisch repräsentiert werden Sachverhalte, die auf unterschiedliche Art und Weise in Verbindung mit dem Gegenstand gebracht werden (z.B. durch bildliche Formen). Symbolisch repräsentiert werden Gegenstände oder Erfahrungssituationen, die durch Zeichen und Sprache, in gemeinschaftlich abgestimmter Konvention in bestimmter Weise aufgefasst bzw. verstanden werden (Tomasello 2002, S. 129). Kinder können über ihre Erlebnisse und Erfahrungen reden und in der Schriftsprache schreiben.

Was heißt nun inhaltserschließendes Bewegen bzw. sinn- und bewegungsorientiertes Erschließen von Lerninhalten?

Mit »Inhalten« bzw. »Lerngegenständen« werden Sachverhalte bezeichnet, die noch nicht im Sinne pädagogischer Zielvorstellungen ausgewählt und präzisiert worden sind. Ob ihnen pädagogische Bedeutung abgewonnen bzw. zugesprochen werden kann, hängt von der Gestaltung der Situation ab. Inhaltserschließendes Bewegen kann sowohl darauf hinauslaufen, die Struktur von jeweils fachspezifischem Wissen in Bewegung zu übersetzen als auch umgekehrt, Bewegungsmuster in ihren begrifflichen und theoretischen Verdichtungen wiederzuerkennen. Das durch Bewegungserfahrung gespeicherte implizite Wissen ist nicht nur im Sport oder im Tanz mobilisierbar, sondern

> »kann durch Bewegungen aller Art hervorgeholt werden und neue, un- oder außergewöhnliche Erfahrungen eröffnen; es kann gleichermaßen als einverleibtes Gewohnheitswissen solche Erfahrungen auch be- und verhindern. Hier zeigt sich sein bewahrendes wie erneuerndes Potenzial« (Klinge 2019, S. 2).

Um einen Gegenstand zu erschließen, wird beim Lernen sowohl seine Form, unterschiedliche Perspektiven als auch die leibliche Wahrnehmung und die Haltung zu ihm erfasst, und zwar inklusive seiner Rückwirkung (»indem ich den Gegenstand verändere, verändere ich mich selbst«). Damit kann der Gegenstand nicht auf ein vom Subjekt unabhängig und außerhalb von uns existierenden Dings reduziert werden, sondern ist Bestandteil einer mehrperspektivischen und unterschiedlich »aufgeladenen« Lernsituation. In ihr werden Erfahrungsanlässe in und durch Bewegung geschaffen.

Das inhaltserschließende Bewegen bietet Kindern den Erfahrungsraum, Vorstellungen im Sinne eines schöpferischen Vor-Entwurfes zu entwickeln. Es hat kreatives Potential, das auf konstruktive Nutzung des Imaginären zurückgreift, da zu Sachverhalten adäquate Bilder geschaffen werden. Das bildhafte, anschauliche Sich-Vorstellen-Können im ikonischen Modus offeriert für Kinder eine große Chance, mit abstrakten, schwer zugänglichen Inhalten operieren zu können. Direkte Erfahrungen machen die Schüler*innen nicht von »top-down«, sondern die Erfahrungen sind durch »bottom-up-Prozesse« geprägt (Gerrig/Zimbardo 2008, S. 152). Bottom-up-Prozesse lassen sich besonders gut durch inhaltserschließendes Bewegen realisieren, da die Schüler sich über die Bewegung mit elementaren Inhalten, wesentlichen Basisdaten oder auch spezifischen Kriterien eines Themas oder Gegenstandes konfrontieren, sich damit auseinandersetzen müssen und durch diesen Prozess Inhalte grundlegend erfahren werden können. Auf diese inneren Vorstellungen bzw. inneren Bilder kann ein*e Schüler*in dann als eine konkrete Operation bzw. Handlungsmuster zurückgreifen. Über den konkreten Bezug können die inneren Bilder mit dazu beitragen, Erkennen und Verstehen nicht nur von konkreten, sondern besonders auch von abstrakten Sachverhalten zu fördern, um damit mögliche tragfähige Wissenskonzepte zu bilden. Damit ist Bewegung ein Weg der Erkenntnis (Balster 2006, S. 341 f.).

Erfahrungslernen als subjektive Erschließung der Welt

Die genuin subjektive Perspektive auf die Welterschließung kann mit dem Begriff »Erfahrung« umrissen werden. »Erfahren« stammt etymologisch von »Fahren« als jede Art des Sich-Fortbewegens im Raum. Das Präfix »er« meint ein Er-reichen, Er-langen, Er-folg als Durchhalten bis zu einem Ende. Ursprünglich ein Durchreisen eines Landes hatte es schließlich die Bedeutung von Kennen-Lernen. Seit dem 15. Jh. ist das Prinzip »Erfahren« mit »bewandert sein«, »klug sein«, belegt. Im Alltagssprachgebrauch bedeutet »Erfahren«, sich mit einer Sache eigenständig zu befassen und sich ggf. intensiv damit auseinanderzusetzen. Damit wird das eigenständige

Durchleben des Neuen bzw. Fremden zu einem konstitutiven Merkmal von Erfahrung.

Etwas zu erfahren, verweist auch auf die Bedeutung bzw. auf den jeweiligen Sinn des Erfahrenen. Der Begriff »Sinn« leitet sich ab aus dem Althochdeutschen »Sinan«, was »auf dem Weg sein« bedeutet (Condrau 1989, S. 48). Die Sinnfrage hängt insofern mit der Sinnen-Frage zusammen, als sie danach fragt, ob man auf dem rechten Weg ist. Dies herauszufinden, geht nur, »wenn sich die Sinne der jeweiligen Situation öffnen und alle impliziten Erfahrungen in die Entscheidungen einfließen. Die Antwort kann nie abschließend sein, da die Entwicklung der eigenen Person offen ist« (Neubeck 1992, S. 189).

Es ist nicht zufällig, dass zwischen dem philosophischen Sinnbegriff und den körperlichen Sinnen eine begriffliche Identität besteht. Im Prinzip ist der Mensch »verurteilt zum Sinn« (Merleau-Ponty 1966), als stete Aufforderung, Situationen mit Sinn zu versehen und entsprechend zu handeln. Von anderen Erfahrungen zu hören, ist lediglich eine vermittelte, aber keine eigene Erfahrung. Authentische Erfahrungen müssen am eigenen Leib gemacht werden. Erfahrungen sind unter diesem Aspekt nicht übertragbar. Andererseits erlaubt uns Sprache, Erfahrungen zu kategorisieren, sie mit individueller Bedeutung zu versehen und zu transportieren. Indem individuelle Erfahrung mitteilbar wird, erlangt sie eine potentielle über- oder interindividuelle Komponente, da sie immer in gesellschaftliche Prozesse und in ein soziales Gefüge eingebettet ist. Damit sind die Möglichkeiten, Erfahrungen zu machen, nicht unendlich, sondern immer historisch kulturell und sozial in bestimmten Grenzen vordeterminiert und prinzipiell auch kollektiv verfügbar.

> »Sprache typisiert die Erfahrungen auch, indem sie erlaubt, sie Kategorien zuzuteilen, mittels derer sie nicht nur für mich, sondern auch für meine Mitmenschen Sinn haben. So wie Sprache typisiert, so entpersönlicht sie auch. Denn die typisierte Erfahrung kann potentiell von jedem, der in die entsprechende Kategorie fällt, erfahren werden« (Berger/Luckmann 1980, S. 40).

2.4 Erfahrung des eigenen Körpers in Bewegung

In der Art und Weise, wie wir uns bewegen, spüren wir, wie wir beschaffen sind, in welcher Gefühls- oder Stimmungslage wir uns befinden, wie wir zu uns selbst und anderen »stehen« und wie wir verwoben sind mit Empfindungen, Gedanken und Gefühlen vor dem Hintergrund von in der eigenen Biographie Erlebtem. Dies geschieht unwillkürlich, kann aber auch bewusstgemacht und gesteuert werden (z. B. über Körpersprache und Bewegungsverhalten in Situationen und in Bezug auf andere Menschen).

Als genuiner Modus des Lernens spielt »Erfahrung« im Bereich Bewegung und Sport seit jeher eine zentrale Rolle: Das Zu-Lernende kann – ob beabsichtigt oder nicht – im Wesentlichen nur über subjektive Bewegungserfahrungen angeeignet werden. Für den Sportpädagogen Grupe sind unmittelbare Erfahrungen »oft wirksamer als Worte und Empfehlungen. Erfahrungen ermöglichen Lernprozesse, und nicht selten sind sie Ausgangspunkt und Grundlage von Urteilen, Erkenntnissen und Einsichten« (Grupe 1995, S. 21). Dies geschieht im sportlichen und spielerischen Bewegungshandeln, in »Erziehungs- und Bildungsprozessen im und durch Sport« oder in der Vergegenwärtigung des Erlebten als Körpererfahrung (Funke-Wieneke 2001, S. 314). Eine solche wird dann möglich, wenn für eine begrenzte Zeit die eigene Aufmerksamkeit auf das gerichtet wird, was im Körper bzw. in Körpersegmenten vor sich geht. Die Schulung der Bewusstheit für den eigenen Körper schärft die Fähigkeit, Formen des Sich-Bewegens bei sich und im Kontakt mit anderen sowie Bewegungszusammenhänge fokussiert wahrzunehmen (Funke-Wieneke 2004, S. 223).

Erfahrung und Reflexion

Qualitatives Erleben ist ein Ensemble von sinnlichem Wahrnehmen, Wollen, Fühlen und Handeln. Erst Reflexion macht das unmittelbar Erlebte zur Erfahrung (vgl. Jung 2005). Das denkende Subjekt kann sich durch »Reflektieren« auf sich selbst rückbeziehen – entweder sinnlich-unmittelbar oder begrifflich-kognitiv (Roscher 2010, S. 74 ff.). Allerdings hat das Nachdenken in der Reflexion »immer etwas Nachgeordnetes, Abgeleitetes, welches das ursprüngliche Fühlen nicht mehr erreichen oder abbilden kann. Das gedankliche Erfassen kann nicht so nahe, so dicht an der Sache sein wie das Fühlen [...] selbst« (Winter 1992, S. 12). Dies entspricht z. B. auch der Erfahrung des »Flow«-Erlebens: Sobald man versucht, dieses Gefühl zu erfassen, wird der »Flow« quasi unterbrochen. Das, was man in Gedanken fassen möchte, ist bereits vergangen. Auslöser für Reflexionsprozesse sind nach Dewey »(a) ein Zustand der Beunruhigung, des Zögerns, des Zweifelns und (b) ein Akt des Forschens oder Suchens« (Dewey 2002, S. 13).

Im Handeln tauchen Probleme auf, welche Unsicherheit erzeugen, Erstaunen machen und Suchen anspornen. Im Denken wird Bekanntes reorganisiert oder Neues durch Lernen angeeignet. Das Denken nimmt seinen Ausgang von einer Situation, die mehrdeutig ist, Alternativen enthält, ein mögliches Dilemma darstellt. Schwierigkeiten und Hindernisse veranlassen, innezuhalten. So ist Erfahrung nicht steuerbar, sondern vollzieht sich als Widerfahrnis, das im Vollzug selbst nicht fassbar ist und erst nachgängig reflektiert werden kann (Waldenfels 2004, S. 66).

> *»Tell me and I forget,*
> *Teach me and I may remember,*
> *Involve me and I learn.«*
> Benjamin Franklin (1706–1790), Präsident

3   Der Körper als Fundament des Lernens

Denkprozesse entstehen nicht unabhängig von Bewegungsmustern sensomotorischer Funktionen, der Sprache, der Wahrnehmung und der Vorstellungskraft. Konkret handelt es sich um ein unteilbares System dynamischer Wechselbeziehungen, dessen Faktoren sich nur theoretisch voneinander trennen lassen. So entwickeln Kinder ihre intellektuellen Fähigkeiten nicht nur durch Bildungsprogramme, sondern in konkreten Handlungen, in denen sie begreifend ihrer gegenständlichen und sozialen Mitwelt begegnen. In derartigen Lernprozessen erobern sich Kinder ihre Erkenntnisse über die vielfältigen Gegebenheiten schrittweise über den eigenen Leib bzw. Körper. In erwachender Achtsamkeit wird der Körper zunehmend zu einem festen Kristallisationspunkt für Orientierung (Lebens-, Rechen-, Lese- und/oder Schreibraum u. a.), Selbstverwirklichung und Lebensbejahung (Trumpfheller 2004, S. 7). Körperliche und sensomotorische Funktionen, Sprache, Wahrnehmung und Vorstellungskraft bilden die Grundlage für Bewegungsmuster als Voraussetzung für Denkprozesse.

Die besondere Problematik der Körperlichkeit des Menschen liegt darin, dass sie aus unterschiedlichen Perspektiven betrachtet werden kann: sowohl als Leib wie auch als Körper sowie als beides zugleich. Der menschliche Körper ist dabei nicht nur ein Gebilde aus Gliedern, Muskeln und Organen, sondern als Leib ein Ensemble von Empfindungen und Erfahrungen (▶ Kap. 3.1). Diese werden verinnerlicht: »Unser Körper merkt sich alles. Was wir je gelernt, erfahren, erspürt und erlitten haben, ist in ihm wie in einer Landkarte verzeichnet« (Fuchs 2006, S. 1). Wie der Mensch sein Erscheinungsbild konstruiert und Gegebenheiten des eigenen Körpers akzeptiert, wie er seinen Körper beachtet und mit ihm umgeht, trägt zum körperlichen Wohlbefinden, zur psycho-physischen Gesundheit und damit entscheidend zum Selbstgefühl und zur Ich-Findung bei (vgl. Bielefeld 1991). Alles, was wir wahrnehmen oder tun, hinterlässt eine Spur und wird im Körper-/Leibgedächtnis (als Träger unserer Lebensgeschichte) aufgenommen (ebd.).

> »Über seinen Körper erlebt das Kind seine Fähigkeiten, aber auch seine Grenzen; es lernt sie zu akzeptieren oder sie durch Üben zu erweitern. Seine zunehmende Geschicklichkeit, Kraft und Schnelligkeit erweitern seinen Bewegungsraum und damit seine Handlungsmöglichkeiten« (Zimmer 2002, S. 76).

Ein angemessenes und vielfältiges Angebot an sensorischen, bewegungs- und körperorientierten Herausforderungen erhöht aufgrund der Vernetzungen zwischen Körper, Gefühl und Gehirn die Chance, ein umfangreiches Wahrnehmungsvermögen und entsprechende Bewegungsmuster zu entwickeln (▶ Kap. 2.2.1). Darauf kann der Körper als praktisches Wissen zurückgreifen (Abraham 2013, S. 27). Dieses implizite Wissen (▶ Kap. 3.4.2) kann, wenn die Entwicklungsvoraussetzungen günstig und die körperlichen Angebote sinnvoll sind, ein unverbrüchlicher, die Identität generierender und absichernder Schatz sein. Es ermöglicht den Menschen überhaupt erst, ein vielgestaltiges, bewegliches und kreatives Denken zu entwickeln (ebd.).

Denken, Fühlen und Handeln könnten sich ohne Körper überhaupt nicht aufbauen und ausbilden. Dabei stellen Empfindungen und Gefühle ein Bindeglied zwischen Organismus und Gehirn dar: Gehirnaufbau und -architektur sind zwingend auf den sich bewegenden und sinnlich nach innen und außen ausgedehnten Körper angewiesen (ebd., S. 18f.). Ohne Körper kann der Mensch nicht existieren. Der Körper ist die materielle Existenz eines jeden Lebewesens und ohne Körper können sich Menschen nicht bewegen (Jansen/Richter 2016, S. 209). So bildet der Körper jedwede Grundlage für Bewegung und Lernen.

3.1 Zur körperlich-leiblichen Fundierung des Lernens

Die Theoriefähigkeit des phänomenologischen Körper-Leib-Begriffs wurde in der westlichen Philosophietradition lange skeptisch betrachtet. Erst im Zuge der Ergebnisse und Erkenntnisse der Embodiment-Forschung konnte die lange Marginalisierung überwunden werden. Die Dimensionen von »Körper« und »Leib« wurden als konstitutiv für unseren Selbst- und Weltbezug anerkannt (Eberlein 2016, S.10).

So werden mit dem Doppelbegriff Körper/Leib zwei verschiedene »Seiten« der leiblichen Existenz benannt: zum einen als subjektiver, tragender und erfahrender Leib, sich per Wahrnehmung und Bewegung zur Welt vermittelnd; zum anderen als Körper, der sich im dinglichen Stoffwechsel mit der Natur instrumentell seine Welt schafft. Als solcher kann er auch als organischer Körper in den Blick genommen und mithilfe naturwissenschaftlicher Methoden untersucht und analysiert werden.

Für Plessner *ist* der Mensch sein *Leib* und er *hat* diesen Leib gleichzeitig als seinen *Körper* als etwas Gegenständliches (Plessner 1981, S. 360ff.). Beide Seiten gehören untrennbar zusammen. Der eigene Leib fungiert als stumme Basis unserer Beziehungen zur Welt: wie z.B. mit den Augen beim Sehen, den Ohren beim Hören, mit dem Kehlkopf beim Sprechen. Alle lebendigen Prozesse und Tätigkeiten können nicht gehabt, besessen oder gemacht, sondern nur gelebt und erlebt werden – das Einschlafen und Aufwachen, das Gehen und Stehen, das Sprechen und Tanzen, das Lachen und Weinen, das Lieben und Hassen.

Es ist dem Menschen nun möglich, sich auf beide Existenzweisen auszurichten. Indem man ein Stück Holz betastet, spürt man gleichzeitig das von »außen« betastete »Objekt« als Körper und sich selbst als von »innen« fühlender Leib. Die berührende Hand wird von der Gestalt und Struktur des Gegenstandes geleitet, während umgekehrt seine Struktur durch die Bewegungen der Hand erschlossen wird. Beide Formen gehen ineinander über, in ihnen bewegen wir uns ständig hin und her. Indem ich etwas ertaste, kann ich dem Tastsinn nicht entweichen.

Körperliche wie leibliche Phänomene finden also in der alltäglichen Praxis statt, ohne dass der Mensch zwischen »Körper haben« und »Leib sein« trennt. Er ist sowohl objektiver Bestandteil der Welt als auch subjektive Existenz. Die widersprüchliche Einheit von »Leib-Sein« und »Körper-Haben« zeigt sich in bewegter und sinnhafter Praxis:

> »Die ›Zweideutigkeit‹ verweist immer auch auf einen Spielraum, eine Vielfalt von Verhaltensmustern, Regelungen, Interaktionen, die nicht deterministisch zu bestimmen sind. Die damit verbundene Ambiguität des Leibes bestimmen den Menschen als Existenz, die nie ganz Objekt, Physis, Sache oder Naturding und nie ganz Subjekt, Psyche, Bewusstsein oder geistiges Wesen ist« (Waldenfels 1992, S. 141).

Konkret handelt es sich beim Verhältnis von Leib und Körper um ein unteilbares System dynamischer Wechselbeziehungen, dessen Faktoren sich nur theoretisch voneinander trennen lassen. Dieser doppelte Charakter kann Ausgangspunkt wie auch Gegenstand von Lernprozessen sein. Auf Basis ihrer leiblichen Verfasstheit können Menschen durch Erfahrungs- und Lernprozesse auch ihre Körperlichkeit wahrnehmen und kennenlernen. Dadurch versetzen sie sich in die Lage, auch ihre Handlungsmöglichkeiten angemessen einzuschätzen und einzusetzen.

Die lebendige Beziehung in Lernprozessen zwischen »Sache« und Subjekt schließt immer auch die Körper-/Leiblichkeit, die Sinne und das Gefühl ein (Euler 2010, S. 136). Um Zusammenhänge zu verstehen, bedarf es einer aktiven Auseinandersetzung des wahrnehmenden, denkenden und handelnden Subjekts. In diese Auseinandersetzung gehören sowohl das Herum- und Ausprobieren, die Erfahrung von Sackgassen wie auch die lustvolle Bestätigung des Vermuteten, die gelungene Rekonstruktion, die plötzliche Einsicht (ebd., S. 134).

Wissen expliziter und impliziter Art (▶ Kap. 3.4.3) braucht die körperlich/leibliche Fundierung, um aufgenommen, verstanden und verankert zu werden. Die sensorisch-kognitive Seite von Lernprozessen muss auch das emotional-affektiv geprägte Leib-Erleben berücksichtigen. Dies gelingt aber nur dann, wenn den Lernenden die Chance zur emotionalen Beteiligung und zum konkreten leiblich-sinnlichen Erleben eingeräumt wird bzw. sie auf implizite leiblich-sinnliche Erfahrungen zurückgreifen können. Der gesamten Kindheit einschließlich der Jugendphase kommt dabei eine Schlüsselrolle zu, immer wieder Gelegenheiten zu bieten, sich leiblich-affektiv auf die Welt einzulassen (ebd., S. 28).

3.2 Körperlichkeit und Embodiment als emotionale und kognitive Aktivierung kindlicher Lernprozesse

Körper und Gehirn stehen in einem engen Wechselverhältnis zueinander, körperliche Erfahrungen werden als eine Art kartierter Abbildungen im Gehirn verankert (Damasio 2010, zit. in Jansen/Richter 2016, S. 209). Die Frage nach dem Wechselspiel zwischen Körper und Geist, aber auch Körper, Geist und Seele, ist eine alte philosophische Frage, die eine mögliche Trennung oder Einheit von eben diesen drei Komponenten berührt (ebd.). Insbesondere das gegenseitige Wechselspiel von Körper, Kognition und Psyche ist Gegenstand der Embodimentforschung. Ihr Ziel ist es, ein neues Verständnis von Entwicklung auf Basis des Körpers zu konzipieren – ein Verständnis, das frappierende Ähnlichkeiten mit den Erkenntnissen der Leibphänomenologie aufweist (▶ Abb. 6).

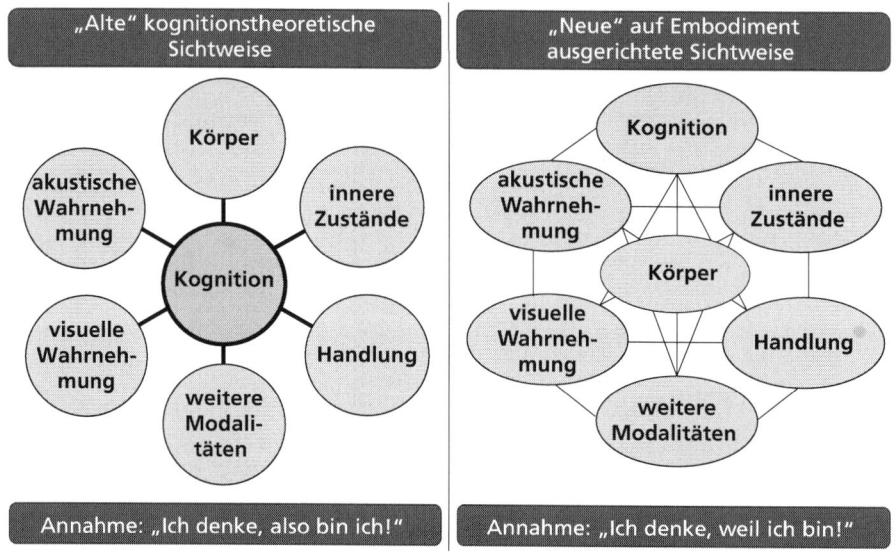

Abb. 6: Alte und neue Sichtweise nach Rieger/Wenke (2016)

Die Grundannahme von Embodiment besteht darin, dass kognitive Prozesse nicht ohne Bezug auf einen jeweiligen Körper (Verkörperlichung) und einen spezifischen Kontext (Situiertheit) erklärt werden können: Kognition, Bewegung/Körper und Umwelt stehen in einem dynamischen Wechselverhältnis. Dabei wird davon ausgegangen, dass die Psyche den Körper beeinflusst und der Körper die Psyche (Tschacher 2018, S. 14 f.).

Dass der Körper mit etwas beladen ist, das sich durch ihn zeigt (Kognition, Psyche, Affekt, Erinnerung u. a.), verdeutlicht Jessel (2017, S. 110) mit Bezug auf Koch (2013, S.18). Mit den deutschsprachigen äquivalenten Fachtermini wie etwa Verkörperlichung, Verkörperung, Körperlichkeit etc. wird der Blick auf das Lebendige, Dynamische, Qualitative verstellt, die wiederum unser leibliches In-der-Welt-Sein konstituieren. Der Körper sei von Anfang an da und Bewegung mache ihn erst spürbar, Embodiment könne dem Leiblichen ohne die fundamentale Bedeutung von Bewegung nicht gerecht werden (ebd.). Daher beinhaltet Embodiment nach Koch (2013, S. 22) Leibphänomene, bei denen der Körper sich ständig in Wechselwirkungen mit Denken, Wahrnehmen, Lernen, Gedächtnis, Intelligenz, Problemlösen, Affekt, Einstellung und Verhalten befindet. Bi-Direktionalität steht

3.2 Körperlichkeit und Embodiment als emotionale und kognitive Aktivierung

dafür, dass Affekte und Verhalten sich ebenfalls wechselseitig durchdringen (▶ Abb. 7). Damit schließt auch das Embodiment-Konzept die expressive wie auch die impressive Seite mit ein.

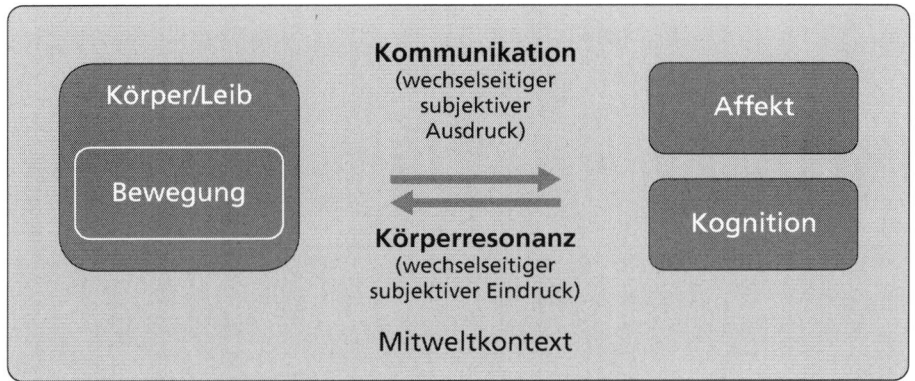

Abb. 7: Bi-Direktionalität von Bewegungs- und Körperhandeln und affektiv-kognitiven Systemen (nach Koch 2013, S. 41)

Aus Perspektive des Embodiment gilt daher grundlegend, dass psychische und kognitive Variablen ausdrücklich mit Bezug auf den Körper zu sehen und zu untersuchen sind. Die Begriffe »Psyche« und »Körper« sind zu unterscheiden und hängen gleichzeitig untrennbar zusammen. Die Theorie des Embodiment geht davon aus, dass psychische Prozesse immer im Körper eingebettet sind (Storch et al. 2010, S. 15). Sie versteht sich als interdisziplinäre Wissenschaft. Embodiment verbindet Erkenntnisse der Neurowissenschaften, Philosophie, Biologie und Sozialwissenschaften sowie Motologie/Psychomotorik und Kommunikationspsychologie.

Dass der Körper sprichwörtlich der Spiegel der Seele ist, gilt auch umgekehrt: Die Seele dient gewissermaßen als Spiegel des Körpers/Leibes (Tschacher/Storch 2012, S. 164). Psychische Vorgänge sind also stets in körperlich-leibliche Prozesse eingebunden (ebd.). Rückwirkungen von Körper- und Bewegungshandeln auf das Affekterleben wurden erst in Forschungen zum Körperfeedback experimentell untersucht (Koch 2013, S. 41f.). Diese Studien belegen, dass Körperpositionen, -haltungen und -bewegungen Emotionen und Kognitionen auslösen oder verstärken können.

Bekanntestes Beispiel ist die unterschiedliche Aktivierung der lachrelevanten Gesichtsmuskeln von Strack et al. (1988, zit. in Storch 2018, S. 40f.), um den Zusammenhang von Aktivität der Gesichtsmuskulatur und Emotionen nachzuweisen. In dieser Studie mussten die Versuchspersonen einen Stift mit der nichtdominanten Hand (Gruppe 1), einen Stift mit den Lippen (Gruppe 2) und den Stift mit den Zähnen halten (Gruppe 3), um scheinbar Ersatzfunktionen für die Fähigkeit, einen Stift zu halten, zu untersuchen (ebd., S. 42). Mit dieser Cover-Story sollte verhindert werden, dass die Versuchspersonen die tatsächlichen Untersuchungsabsichten (Führen Auswirkungen von Aktivitäten mit dem Mund zu Veränderungen im emotionalen Erleben?) durchschauen konnten. Die Teilnehmer*innen der Gruppe, die den Stift mit den Lippen halten musste, empfanden im Anschluss dargereichte Cartoons als weniger lustig, weil die zum Lächeln benötigten Muskelgruppen durch die von außen geforderte Gesichtsaktivität gehemmt wurden. Wird der Stift jedoch mit den Zähnen gehalten, so wird ein Lächeln simuliert und der Lustigkeitsfaktor deutlich erhöht (Storch 2018, S. 43). In einem ergänzenden Experiment ergab sich sogar ein entsprechender Effekt ohne Vorlage des Stimulusmaterials, so dass die Autor*innen folgerten, das allein schon die Wahrnehmung einer körperlichen Veränderung (Aktivitäten mit dem Mund) zu einer Veränderung im emotionalen Erleben führt (Hauke/Spreemann 2012, S. 47).

Weitere Studien zur Frage der Auswirkungen bestimmter Körperhaltungen in nonverbaler Kommunikation (z. B. Carney et al. 2010) belegen, dass beispielsweise dominanzorientierte Körperhaltungen ein deutliches Gefühl von Macht bei der jeweiligen Person erzeugen können. Ebenso zeigen sie messbare Ausprägungen von Risikobereitschaft durch derartige Körperhaltungen – verbunden mit einer Erhöhung des Dominanzhormons Testosteron und einer Abnahme des Stresshormons (Hauke/ Spreemann 2012, S. 46). Auch Koch (2013, S. 97 ff.) beschreibt eindrucksvoll, wie Bewegungsformen Affekte, Einstellungen und Gedächtnis beeinflussen können. Schon eine bestimmte Körperhaltung kann eine Kaskade an psychophysischen Veränderungen bewirken und Personen in einen Zustand versetzen, der sie beispielsweise zum Beginn eines Lernprojektes motiviert und sich positiv auf das Ergebnis auswirkt. Bestimmte Positionen des Körpers erzeugen entsprechend angepasste Atemrhythmen, Kontraktionen bestimmter Muskelgruppen und Emotionen ebenso wie dies umgekehrt der Fall sein kann. Gezielte körperliche Aktivitäten können so Einfluss auf die Einstellung zu bestimmten Themen ausüben (Storch 2018, S. 49).

Was sich zunächst nach einfachen Manipulationen anhört, ist jedoch im Beziehungsgeschehen der Vielfältigkeit situativer, biographischer und sozialer Einflussfaktoren unterschiedlichen inter- und intraindividuellen Variationen unterworfen (Haas 2017, S. 115). Gleichwohl lassen sich verschiedene Implikationen für das Konzept des inhalts- und sinnerschließenden Lernens auf der Ebene des Beziehungsgeschehens ableiten. Sie lassen sich beschreiben als spontane und implizite Synchronieeffekte (körperliche Imitationen und Spiegelungen), die als sicht- und spürbare aktive Körperlichkeit für das soziale Mit- und Gegeneinander von Menschen unabdingbar sind (Schwarzer 2015, S. 59). Idealerweise führen diese Synchronisationen im sozialen Interaktionsgeschehen dazu, dass sich affektive, kognitive und die wahrgenommenen körperlichen Zustände koppeln (Tschacher/Storch 2012, S. 165). Haas (2017, 116) betont die Zwischenleiblichkeit und Wechselseitigkeit leiblicher Begegnungen, die in der psychomotorischen Praxis im Augenblick des Geschehens prozessorientiert gestaltet werden können und infolge positiver Effekte eines Bewegungsdialogs für eine intensive kommunikative Begegnung sorgen.

Andererseits sorgen schon einfache Erfahrungen des Gähnens für kraftvolle und angenehme Erlebnisse (»wecke den eigenen Körper und Dich selbst durch Recken, Strecken und Gähnen!«), die tief in den Körper reichen und angenehme Körpergefühle erzeugen können (Fogel 2013, S. 57 f.). Gähnen aktiviert zahlreiche Muskelgruppen, stimuliert die Atmung, erhöht den Fluss der Hormone wie Oxytozin und Neurotransmitter wie Serotonin (ebd.). Allein die Flut physiologischer Aktivität schafft einen gemeinsamen zwischenmenschlichen Bedeutungsraum, der Resonanzfähigkeit, eine Atmosphäre des Angenommen- und Willkommen-Seins sowie eine Offenheit und Neugier für das Unbekannte erzeugen kann (Bauer 2006, S. 17).

Die durch das Recken und Strecken des Körpers angeregten Emotionen und das damit verbundene »Über-sich-Hinauswachsen« bieten eine erstaunlich wirksame Oberflächenstruktur des Unterrichtens und damit den Rahmen für Interaktions- und Lernprozesse (Lipowsky et al. 2021, S. 17). Letztere hängen von gehaltvollen Lernaufgaben, einer konstruktiven Lernunterstützung der Pädagog*innen und einer kognitiv aktivierenden Lernumgebung ab.

Nach Hugener et al. (2007, S. 113) ist Unterricht und Förderung immer dann kognitiv aktivierend,

- wenn die Lehrperson mit Aufgaben das Denken der Lernenden auf einem angemessenen Niveau anregt,
- wenn sie an deren Vorwissen anknüpft und dieses aktiviert, und wenn sie Lernende eigene Ideen, Konzepte, Lösungen, etc. erklären lässt
- und damit flexibel und »evolutionär« umgeht.

Besonders ertragreich und fördernd sind Lernprozesse dann, wenn es gelingt, lernstarke als auch lernschwächere Schüler*innen zu motivieren, sich möglichst eigenständig mit den Lerninhalten auseinanderzusetzen. Einen hohen Benefit erzielen lernstarke Schüler*innen im gemeinsamen Lernen, wenn sie Lernphänomene oder den »Stoff« eine*r anderen, lernschwächeren Schüler*in erklären, denn das setzt voraus, es selbst verstanden zu haben. Sie profitieren also davon und festigen ihr eigenes Wissen (Hille 2014, o. S.).

Das Potential dialogischer Gesprächsführung für Lernen, Verstehen und Motivation der Lernenden wird von aktuellen Forschungsbefunden (Heller/Morek 2019; Howe et al. 2019; Resnick et al. 2018; Pauli/Reusser 2015, 2018) bestätigt: Offene und kognitiv anregende Impulse und Fragen legen ausführlichere und erläuternde Antworten nahe. Lernende bekommen dadurch Unterstützung, implizite Vorstellungen an passender Stelle zu explizieren und umzustrukturieren sowie geeignete Vorstellungen aufzubauen. Solche Unterstützung kann im Angebot situationaler oder ikonischer Repräsentationen für die aufzubauenden Vorstellungen bestehen (Leuders/Holzäpfel 2011, 219). Oder es werden bestehende Vorstellungen explizit aufgegriffen und reflektiert. Exzellente Praxis entsteht nach Siraj-Blatschford (2007, S. 97 ff.) indem

- Materialien und Gegenständen zur Verfügung gestellt werden, die zum Erfahren und Explorieren einladen ebenso wie diese Erfahrungen zu reflektieren,
- seitens der Pädagog*innen Denkprozesse modelliert werden, die tiefgründiger nachdenken lassen (»Ich frage mich, ob …«; »Ich glaube, dass …«),
- Schüler*innen zum (lauten) Denken hinsichtlich möglicher Problemlösungen zu inspirieren (»Was wird passieren, wenn …?«: Was war dabei bedeutsam?) (ebd.).

Spielen und Sich-Bewegen ermuntert Kinder und Erwachsene gleichermaßen dazu, sich über das Erlebte, über Pläne und Überraschendes und sogar über die Sprache selbst auszutauschen. Derartige Gespräche erlauben den Kindern, sich Erfahrungen zu vergegenwärtigen, als zeitlich und räumlich organisiertes Weltwissen im Gedächtnis zu speichern und den mnestischen Funktionen der Entwicklung zuzuführen. Pädagogische Fachkräfte sollten daher nicht innerhalb der Reflexionsphasen von Förderstunden nach dem Spaßfaktor (»Was hat dir heute gut gefallen?«) fragen, sondern danach, was die Kinder wie gemacht haben und was dabei besonders bedeutsam für das Gelingen war, um Sprache als Werkzeug des Denkens für mentale Repräsentationen oder zukünftige Planungen zu entdecken und zu gebrauchen.

Pädagog*innen sind generell bereit, Lernprozesse anzuregen, die sich an der Erfahrungswelt der Kinder orientieren (50%) (BMBF-Forschungsprojekt von Kammermeyer/Roux 2015). Darüber hinaus werden zusätzliche Erläuterungen und Erklärungen für das Erfassen der Themen von 12,7% der Pädagog*innen gegeben. Wissensbestände zu erweitern (3,8%) und zu vertiefen (1%), findet aber selten statt. Hingegen zeigt eine Hattie-Meta-Studie in der Beurteilung der Qualität von Lernprozessen, dass Anregung und kognitive Aktivierung im Beziehungsgeschehen zwischen Pädagog*in und Schüler*innen besonders wirkungsmächtig sind (Hattie 2013, S. 27 ff.). Sustained Shared Thinking und andere denk- und sprachunterstützende Methoden (aktives Zuhören, emotionales Spiegeln etc.) lassen erwarten, dass mehr Schüler*innen ihre sprachlichen und kognitiven Potentiale entfalten können. Die Wirkung kognitiv anregender Dialoge für eine exzellente Praxis in der frühen Bildung konnte an englischen Vorschulen nachgewiesen werden (Sylva et al. 2004). Eine intensive sprachliche Begleitung des selbstentdeckenden Lernens an Grundschulen zeigt die gleiche Wirkung.

Wenn Lehrpersonen Lernende anregen und unterstützen, sich mit Inhalten und Kulturgegenständen körperlich auseinanderzusetzen, werden auch fachliche und überfachliche Kompetenzen kognitiv ausgebildet sowie Lernfreude und Neugier gestärkt. Je geistig aktiver und sinnstiftender die Inhalte angeeignet werden und je gehaltvoller und adaptiver die Lernenden dabei unterstützt werden, desto

- besser werden sie verstanden (Klarheit, Verständnistiefe),
- dauerhafter werden sie im Gedächtnis behalten (Stabilität),
- beweglicher können sie in neuen Kontexten genutzt werden (Transfer),
- höher sind die Erträge hinsichtlich überfachlicher und personaler Kompetenzen (Lernstrategien, Problemlösen, kognitive Selbstständigkeit),
- positiver werden die damit verbundenen Lernprozesse erfahren (Interesse, Lernfreude, Engagement, Selbstwirksamkeit) (Reusser et al. 2021, S. 8).

Embodied Cognition: Metaphern und Bildschemata als verkörpertes Wissen

Embodiment auf höhere bzw. mentale Fähigkeiten anzuwenden, lässt sich mit den Arbeiten zu Metaphern des Linguisten Lakoff und des Philosophen Johnson (1980; 2004) aufzeigen. Beide gehen davon aus, dass nicht nur Sprache, sondern das Denken metaphorisch strukturiert ist und dass die unzähligen Metaphern auf grundlegende Schemata zurückgeführt werden können, die in der Verkörperung und dem In-der-Welt-Sein begründet sind (Fingerhut 2013, S. 16). Lakoff und Johnson (1980) erkannten, dass Menschen einfache, anschauliche Sprachbilder (Metaphern) verwenden, um mit deren Hilfe komplizierte, abstrakte Phänomene zu erklären. Mit einfachen Sprachbildern und der Orientierung »vom Körper aus« kann beispielsweise das komplizierte Phänomen der Zeit erlebt und erkannt werden. So finden sich häufig Formulierungen wie »die Zukunft liegt vor mir« und/oder »die Vergangenheit liegt hinter mir«.

Unser begriffliches Leben beginnt mit Bewegungsverhalten und bezieht seine Bedeutungen aus der körperlichen Erfahrung. Der spezifische Mechanismus, der verkörperte Erfahrung und begriffliches Denken miteinander verbindet, ist für Lakoff und Johnson die Metapher. Metaphern gründen sich auf basale, immer wieder auftauchende Bildschemata wie »vorne – hinten«, »oben – unten«, »innen – außen«, »nah – fern«, »stoßen – ziehen«, »spannen – entspannen«, »Gleichgewicht – Fallen« etc. Jene Bildschemata gründen sich auf körperlich/leibliche Erfahrung. Lakoff und Johnson weisen nach, dass die Sprache und die Denkprozesse vermutlich über 90 % metaphorisch sind (Lakoff/Johnson 1999, S. 36, zit. in Gallagher 2012, S. 326).

Metaphern schaffen eine Meta-Bilderebene. Dadurch werden komplexe vielschichtige, schwer zu fassende Sachverhalte mit Mitteln der Analogie oder Entsprechung darstellbar. Die aus dem körperlichen Erleben gebildeten Bildschemata fungieren so z. B. auch als Metaphern unseres abstrakt-begrifflichen Denkens: z. B. auf-nehmen, auf-fassen, be-greifen, er-fahren, heran-gehen, heran-tasten, aufschnappen, ver-stehen, ver-werfen usw. Unsere Denkfiguren für zeitliche Zusammenhänge sind teilweise räumlicher Natur. Es ist uns selbstverständlich, dass die Zukunft *voraus* liegt und unsere Vergangenheit *hinter* uns. Das »Innen – Außen«-Schema findet sich in einem riesigen Spektrum von Metaphern und Konzepten (z. B. »außen vor sein«, »im Maschinenraum der Macht«, »am Rande der Gesellschaft«, Gesetz des »ausgeschlossenen« Dritten in der Logik).

Metaphern erfüllen daher wichtige kognitive Funktionen: Sie dienen der Erklärung und dem besseren Verständnis abstrakter oder neuer Sachverhalte, können aufgrund ihres kreativen Potentials Denkmuster (um-)strukturieren und auf diese Weise zu neuen Sichtweisen führen. Und sie haben darüber hinaus die Eigenschaft, bestimmte Aspekte eines Konzeptes hervorzuheben bzw. auszublenden (»Das wirft mich aus der Bahn«) und damit unterschiedliche Perspektiven auf einen Sachverhalt zu eröffnen. Konzeptionelle Metaphern erlauben es dem Individuum, ein komplex strukturiertes und klar umrissenes Konzept zu benutzen, um damit ein anderes zu strukturieren (Lakoff 2004, S. 75).

Metaphern durchdringen so unser Alltagsleben.

> »Der metaphorische Charakter unserer Sprache und unser Denken und Handeln beeinflussen sich wechselseitig: Unser Bewusstsein, die Art, wie wir über die Dinge nachdenken, wie wir wahrnehmen, wie wir Beziehungen erleben, all unsere Erfahrungen, Motive usw. wirken zurück auf unsere metaphorische Sprache« (Lakoff/Johnson 1999, S. 11).

Diese Metaphorik wiederum ist nicht nur eine subjektive Musterbildung, sondern wird offenbar von Mensch zu Mensch verstanden. Verstehen ist nichts anderes als, dass etwas Unbekanntes mit dem Bild eines vertrauten Gegenstandes oder eines

Sachverhalts verbunden wird. »Eine Sache verstehen, heißt, sich diese Sache mit einer Metapher vertraut zu machen« (Jaynes 1988, zit. in Neubeck 1992, S. 108). Sie resultiert aus den gemeinsam geteilten Erfahrungen der Auseinandersetzung mit der gegenständlichen Natur und aus dem menschlichen Zusammenleben.

> »Metaphern stehen in ihrer Veränderbarkeit und Komplexität für sprachliche Ausdrücke von Modellen der Wirklichkeit und für eine stetige Veränderung der Konzepte von wissenschaftlichen und gesellschaftlichen Inhalten. Metaphern strukturieren die Welt, unsere Erkenntnisse von der Welt und machen diese für uns erst erfassbar. Dabei fokussieren sie bestimmte Aspekte und übergehen andere, womit sie hinterfragbare und veränderbare Bedeutungen schaffen« (Ohlhoff 2002, S. 79).

Die zentrale Einsicht von Lakoff und Johnson als Wegbereiter der Theorie verkörperter Kognition ist die Auffassung von Wissen als dem Ergebnis einer fortlaufenden Interpretation, die sich aus unseren Fähigkeiten des Verstehens ergibt. Diese Fähigkeiten wurzeln in den Strukturen der Verkörperung und werden durch die Umwelt entweder unterstützt oder gar konstruiert, weil sie im Bereich des gemeinsamen Handelns und einer gemeinsamen Kulturgeschichte gelebt und erfahren werden: Sie ermöglichen dem Individuum der Welt einen Sinn abzugewinnen. »Bedeutung schließt Muster verkörperter Erfahrung und vorbegriffliche Strukturen unserer Sinnlichkeit (d. h. unsere Weisen der Wahrnehmung, der Orientierung und der Interaktion mit Objekten, Ereignissen und Personen) ein« (Johnson 1987, S. 175).

Nach Johnson (1987) erkennen Menschen in ihren körperlichen Interaktionen mit der Welt immer wieder vorkommende sensorische Muster, die in Form von Bildschemata (Image-Schemas) gespeichert werden (▶ Abb. 8).

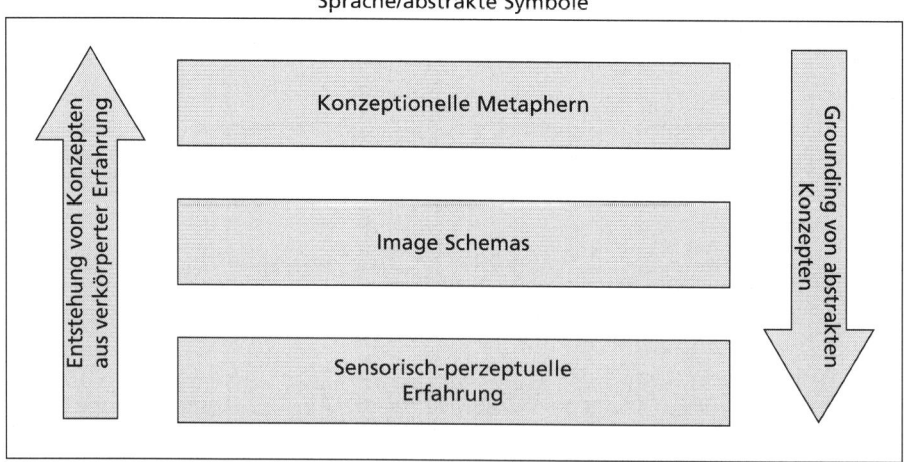

Abb. 8: Entstehung kognitiver Strukturen auf Basis verkörperter Erfahrungen (nach Koch 2012, S. 43)

Nach seiner »Image-Schema-Theorie« werden diese Muster mehr oder weniger direkt aus Wahrnehmungsprozessen in das konzeptionelle System als mentale Repräsentationen übertragen. Sie fungieren als eine Art Vorlage für die Strukturierung konzeptionellen Inhalts. Bildschemata sind durch körperliche Bewegung, Manipulation von Objekten, Wahrnehmung von Druck, Zug und externen Kräften, graduelle Zustandsveränderungen etc. allen Menschen zugänglich, weil sie aus den sensorischen Erfahrungen abgeleitet werden können und keiner weiteren (sprachlichen) Elaboration bedürfen (Suñer Muños 2016, S. 6). So sind beispielsweise Phänomene wie »Ursprung-Weg-Ziel« (ähnlich wie der Zahlenstrahl), »Teil-Ganzes«, »in Behälter rein oder raus« typische Bildschemata, die meist auf konkreten alltäglichen Erfahrungen beruhen. Grundidee ist, dass viele unserer Konzepte in Form von Image-Schemata »gegroundet« und auf direktem Wege in Form von körperlich-sensorischen Erfahrungen vernetzt sind. Die dabei entstehenden abstrakten Konzepte bilden die Grundlage für weitere konzeptuelle Systeme und somit auch für unsere Sprache. Image-Schemata entstehen demnach aus der Interaktion des Körpers mit seiner Umwelt, wobei sie von der physiologischen und psychologischen Entwicklung in der Kindheit abhängen (Koch 2012, S. 38).

Einfache, aber auch komplexe sensomotorische Körpererfahrungen werden zur Grundlage von Image-Schemata. Sie strukturieren als Quellenschema qua metaphorischem Mapping viele abstrakte Bereiche unseres Lebens. Die metaphorische Übertragung beginnt als Konzeption und schlägt sich dann auf der sprachlichen Ebene in konventionell-metaphorischen Redewendungen nieder (z. B. »ich kriege das nicht in meinen Kopf« oder »in der Kasse ist Ebbe«). Die Übertragungsrichtung verläuft dabei zumeist vom Konkreten zum Abstrakten. Metaphern erfüllen daher wichtige Funktionen: Sie dienen der Erklärung und dem besseren Verständnis abstrakter oder neuer Sachverhalte, können aufgrund ihres kreativen Potentials Denkmuster (um-)strukturieren und auf diese Weise zu neuen Sichtweisen führen. Und sie haben darüber hinaus die Eigenschaft, bestimmte Aspekte eines Konzeptes hervorzuheben bzw. auszublenden (»das wirft mich aus der Bahn«) und damit unterschiedliche Perspektiven auf einen Sachverhalt zu eröffnen.

In seinem Ansatz der »Perceptual Symbol Systems« betont auch Barselou (1999), dass das Verständnis von Sprache eng mit sensomotorischen Erfahrungen und Interaktionen des Körpers mit der Umwelt verbunden ist. So sind mentale Repräsentationen eines Konzepts a) modalitätsspezifisch lokalisierbar und b) »embodied«, d. h. an körperliche Zustände gebunden (▶ Abb. 8). Eine Teilmenge der neuronalen und körperlichen Aktivierung wird extrahiert und in Form von Symbolen oder Bildern im Gedächtnis gespeichert. Sie stellen eine Analogie der dazugehörigen Wahrnehmungsmodalitäten dar (ders. 2008). Diese modalen Systeme werden nach den Kategorien Wahrnehmung (visuell, auditiv), Handlung (Bewegung und Kinästhetik) und Introspektion (Wahrnehmung, Überwachung und Nutzung interner Zustände wie Affekte, Motivation, Intention und Metakognition) unterschieden (Rieger/Wenke 2016, S. 775).

Embodiment betrachtet Subjektivität als verkörpert in der sensomotorischen Aktivität des Organismus und als eingebettet in die Mitwelt – also »embodied«. Kognitive Systeme sind demzufolge nicht auf das neuronale System beschränkt, sondern erstrecken sich über die traditionellen Systemgrenzen hinaus in die Welt (Lyre 2010, S. 190). Die repräsentationalen Eigenschaften eines kognitiven Systems sind in der Verkörperlichung eingebunden oder eingeschrieben (»als embodied Cognition«).

An die Stelle von internen Repräsentationen im Gehirn treten aus Sicht des Embodiment-Konzeptes nunmehr dynamische Operationen vom Organismus in seiner Umwelt als Grundlage von Kognition. Das Gehirn fungiert in diesen Interaktionen als ein Vermittlungs- und Beziehungsorgan und nicht als alleiniger Produzent des Geistes (Fuchs 2012, S. 17). Der Geist (Verstand, Denken, das kognitive System, die Psyche) mitsamt seinem Organ, dem Gehirn, steht immer in Bezug zum gesamten Körper. Geist/Gehirn und Körper wiederum sind eingebettet in die Um- bzw. Mitwelt. Vertreter*innen des Konzepts Embodiment (Storch et al. 2018, S. 15) gehen davon aus, dass ohne diese zweifache Einbettung der Geist/das Gehirn nicht intelligent arbeiten kann.

Die Dimensionen des Körpers gehen dabei weit über die physischen körperlichen Strukturen hinaus: Verkörpertes Wissen ist vor allem gelebte Erfahrung, die sich aktiv mit der Welt soziokultureller und physikalischer Objekte verbindet. »Verkörpern« heißt dabei: Kognition hängt von der Art der Erfahrung ab, die aus dem Körperinneren und den verschiedenen sensomotorischen Kapazitäten resultieren. Letztere sind gleichzeitig selbst in einen umfassenden biologischen, psychologischen und kulturellen Kontext eingebettet (Campell/Davidson 1996, S. 240).

Den Körper als Erkenntnisorgan zu sehen, beinhaltet, dass sensorische und motorische Prozesse, Wahrnehmungen und Handlungen grundsätzlich untrennbar sind. In Bezug auf das kindliche Lernen macht das Embodimentkonzept die besondere Bedeutung des Handelns und der Tätigkeit und somit praktischer, körperlicher Aktivität und Erfahrung (hands on) für nahezu alle Lernprozesse deutlich. Die körperliche Verankerung von Wissen erweitert so das generelle Lernverständnis (Moser 2016, S. 19). In interdisziplinären Kontexten setzt sich zunehmend die Erkenntnis durch, dass Kognition im Wesentlichen vom Körper mit seinen Wahrnehmungs- und motorischen Aktivitäten abhängt (Pfeifer/Bongrad 2007, S. 363 ff.). Umso mehr erstaunt es Lindmeier (2020, S. 236), dass die Theorie des Embodiment gegenwärtig in der Heil-, Sonder- und Inklusionspädagogik sowie insbesondere in der Pädagogik bei besonderen Förderansprüchen (noch) nicht rezipiert wird.

3.3 Lesen, Schreiben und Rechnen mit dem ganzen Körper

Sprache, Schriftsprache und Rechnen sind wichtige Schlüsselkompetenzen, die eng mit der Persönlichkeitsentwicklung des Kindes verknüpft sind und die Grundlage für eine aktive Teilhabe an unserer Gesellschaft und die Bildungschancen von Kindern legen. Es steht außer Frage, dass kaum ein Lernbereich derart weitreichenden Einfluss auf die weitere schulische und berufliche Entwicklung hat wie das Beherrschen der Schriftsprache oder des Zahlenraums (Schneider 2017, S. 15).

Alle Kinder frühzeitig in ihrer Entwicklung von Kulturtechniken zu unterstützen, kann zu einer Chancengerechtigkeit beitragen. So ist die Unterstützung und Förderung kindlicher Sprachkompetenzen als Teil des Schriftspracherwerbs ebenso in den Mittelpunkt des pädagogischen Alltags gerückt wie ein mathematisches Grundverständnis und stellt in allen deutschen Bundesländern einen zentralen Bildungs- und Erziehungsbereich dar. In diesem Bildungsverständnis wird der Tatsache Rechnung getragen, dass sich Kinder Schriftsprache und Zahlen nicht nur im Rahmen der Schule aneignen, sondern für die meisten Kinder ist sie schon vor Schuleintritt bedeutsam.

Kinder entdecken bereits im Elementarbereich die Schrift in ihren Alltagserfahrungen, wenn sie in einer häuslichen Umgebung leben, in der Schrift eine Bedeutung hat. Dann bekommen Kinder regelmäßig vorgelesen und können »schriftkundige« Menschen in ihrer Umgebung bei Schrifttätigkeiten (z.B. beim Zeitungslesen oder beim Anfertigen eines Merkzettels) beobachten. Oft werden in diesem Umfeld Kinder in schriftbezogene Handlungen (z.B. Einkaufszettel) einbezogen. Sie erkennen dadurch auf vielfältige Weise die Bedeutung von Schrift, indem sie Lesen und Schreiben als wichtige Tätigkeiten begreifen (Füssenich 2012, S. 8). An diese Einsichten können Kinder nicht nur bei Eintritt in die Kindertageseinrichtung anknüpfen, sondern auch in der Schule, so dass der Schriftspracherwerb als zentrale Aufgabe von Kindertagesstätten und Schulen verstanden wird (Bildungsserver Rheinland-Pfalz). Für alle pädagogischen Fachkräfte bildet Schriftspracherwerb somit eine Querschnittsaufgabe.

Der Aneignungsprozess der Schriftsprache und das Erkennen und Zuordnen der Symbole beruht neben den Einsichten in das System der sprachlichen, räumlichen und schriftsprachlichen Ebene auf komplexen Grundlagen, deren Zusammenspiel diese menschliche Leistung kennzeichnet. Psychomotorische, sensorische und Entwicklungsdimensionen spielen in einem (weitgehend) unbewussten Prozess auf sehr fein kalibrierte Weise zusammen, damit ein Kind aus der Welt der Symbole diejenigen erkennen kann, die Bedeutung haben und sich von denen, die im Moment weniger bedeutsam sind, unterscheiden (Eggert/Bertrand 2002, S. 51). Die psychomotorischen Voraussetzungen von Mathematik sind genauso komplex und auch hier kann als Grundannahme gelten, dass eine vollentwickelte automatisierte Feinkoordination von Wahrnehmen und (motorischen) Aktionen bzw. Handlungen die Voraussetzung für das Operieren mit Symbolen und Vorstellungen und ihre lineare zeitliche und räumliche Anordnung ist (ebd.).

Erst durch die handelnde Auseinandersetzung mit der Welt lernt das Kind – auch schon vor der Schule – Räume, Objekte und Formen wahrzunehmen, Gegenstände im Raum zu lokalisieren, ihre Gestalt zu erfassen und verschiedene Objekte zueinander in Beziehung zu setzen. Raum-, Objekt- und Formerfahrungen verhelfen auch dazu, einen bestimmten Gegenstand immer als denselben wahrzunehmen, unabhängig von dessen Lage, Größe, oder der exakten Form (Wahrnehmungskonstanz). Mit Bewegungen im Raum und dem Umgang mit Objekten baut das Kind auch ein Gefühl für die Zeit, für Geschwindigkeiten, für Abfolgen und für Rhythmus auf (Fachhochschule Nordwestschweiz 2009, S. 10). Das Erleben von beispielsweise verschiedenen Raum-Lage-Beziehungen, Raumrichtungen oder zeitlichen Dimensionen (Gleichzeitigkeit, Abfolge u. a.) mit dem eigenen Körper ist die Grundlage für das kognitive Verstehen.

Die Orientierung am eigenen Körper ist die Basis jeder Orientierung im Raum (Fischer 2009, S. 23). Ist beispielsweise einem Kind mit mangelnder Körperorientierung nicht bewusst, wo sich welche Extremitäten wie befinden, so besteht nur eine diffuse Vorstellung über die Raumbegriffe »vor, hinter, neben, auf oder in«. Werden diese Ortsangaben nicht am eigenen Leibe erfahren, können sie schwerlich auf den persönlichen und sozialen Raum übertragen werden. Eine mangelhafte Orientierungsfähigkeit kann beim Kind Unsicherheiten im Lernen (Orientierung im Schreib- oder Zahlenraum) oder im Umgang mit anderen hervorrufen.

Körperwahrnehmungen und Raumerfahrungen sind demnach wichtige Voraussetzung für die Orientierung des Kindes in allen Lebenssituationen, zu Hause, auf dem Spielplatz oder auf der Straße, in der Turnhalle oder auf dem Weg zum Kindergarten oder zur Schule. Neben der Bewältigung des Lebensalltages hat die Entwicklung der Raum-Zeit-Begriffe auf der Basis einer genauen Körperkenntnis entscheidende Bedeutung für einen erfolgreichen Schulstart und den weiteren Lernerfolg. Körperbezogene Eigenaktivitäten des Kindes müssen daher als Scharnierstelle (vor-)schulischer Bildungsprozesse und Entwicklungsdeterminanten betrachtet werden, denn im Umgang mit dem eigenen Körper/Leib erschließt sich dem Individuum eine identitätsbildende und erkenntnisstrukturierende Perspektive zugleich (▶ Abb. 9). Im Zuge der aktuell diskutierten Bildungsdebatte sind als wesentliche Aufgaben frühkindlicher Bildung die Bereiche: Bildung sinnlicher und emotionaler Wahrnehmung, sprachliches Denken und (Aus-)Bildung der Körpersinne formuliert (Schäfer 2005, S. 75 ff.) und damit Ihr Anteil am Lernen anerkannt.

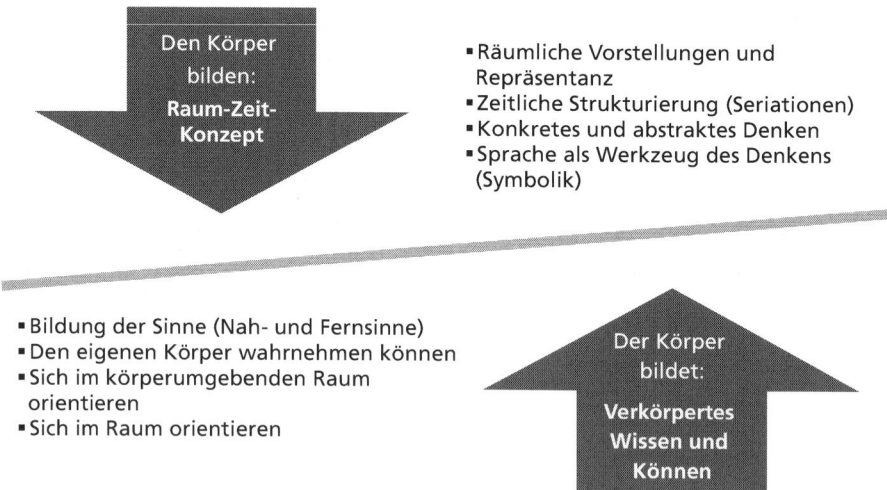

Abb. 9: Bildungsprozesse im Kontext des Körper- und bewegungsorientierten Handelns

Der Erkenntnisprozess vom Körperraum zum repräsentativen Raum

Grundvoraussetzung für eine gelingende Orientierung im Zahlen- oder Schreibraum ist die Fähigkeit, aus sinnlichen Wahrnehmungen kognitive Vorstellungen abzuleiten und diese als Begriffe zu abstrahieren. Ein entwickeltes Objekt-, Form- und Raumverständnis zeigt sich etwa daran, dass Kinder einen Turm aus Bauklötzen nachbauen oder abzeichnen können. Sie haben zudem konkrete Vorstellungen, was oben und unten, über und unter, hinten und vorne, vorher und nachher, vorwärts und rückwärts, mehr und weniger bedeutet.

Die Repräsentation des Raumes lässt sich allgemein als eine Entwicklungslinie von der Orientierung am eigenen Körper (Körperraum) über eine Orientierung vom eigenen Körper aus (egozentrischer und topologischer Raum) zu einer außerkörperlichen Raumpräsentation (euklidischer Raum) charakterisieren. Auf »unterster« Ebene (erster Monat bis zu drei Jahren) lernt das Kind sich selbst, seinen Körper und seine Empfindungen kennen. Über taktil-kinästhetische Sinneskanäle nimmt es den eigenen Körper zunehmend differenzierter wahr, was ihm ermöglicht, seine Bestandteile im Sinne einer Architektur des Körpers zu unterscheiden. Die Unterscheidungsfähigkeit vielfältiger Körperwahrnehmungen, Richtungsangaben, Raumangaben sowie Angaben zur Ausdehnung des Raumes verbinden sich in dem Zeitraum von drei bis sechs Jahren. Leboulch (1981, zit. in Bertrand 2002, S. 85) beschreibt diesen Entwicklungsabschnitt als Phase des perzeptiven Unterscheidens. Nicht nur die Diskriminationsfähigkeit verschiedener Körperwahrnehmungen, sondern auch Richtungsangaben, -unterscheidungen (wie zur Seite, hinauf/hinab, vor/zurück, rechts und links) sowie Raumangaben (wie auf, in, neben) und Ausdehnungen des Raumes (in lang/breit, hoch/niedrig, nahe/fern/weit) verschmelzen über die Erfahrungen des eigenen Körpers zu einem gesamträumlichen Wahrnehmungskonzepts (▶ Abb. 10).

Hat ein Kind gelernt, sich auf seinen Körper einzulassen und ihn auf Basis verinnerlichter Körpererfahrungen zu kontrollieren, kann es den nächsten Entwicklungsschritt nach außen vollziehen, d. h sich dem Raum zuwenden. Dabei geht die Raumwahrnehmung als egozentrische Sichtweise des Kindes immer vom Körperraum und seinen Dimensionen aus, da Kinder im Alter von sechs Jahren häufig noch nicht in der Lage sind, Perspektiven und auch Raumbezüge von Objekten zueinander von einem anderen Standpunkt als von seinem eigenen zu betrachten (Fischer 2009, S. 85).

Das Kind lernt zunächst seinen Körper und seine Empfindungen kennen. Es nimmt seinen Körper wahr: Wärme, Kälte, Nähe, Druck, Weichheit und Schmerz. Über taktil-kinästhetische Sinneserfahrungen werden die Reize aufgenommen, eingeordnet, verarbeitet, gespeichert und in Ausdrucksmotorik nach außen umgesetzt. Dabei werden alle Erfahrungen im Körperschema und -bewusstsein gespeichert. Das Körperschema lässt sich anschaulich beschreiben als ein im Gehirn abgebildetes System von Plänen und Landkarten vom eigenen Körper. Diese enthalten Informationen über die einzelnen Körperregionen sowie über funktionale Zusammengehörigkeit einzelner Körperabschnitte. Das Körperschema kann als eine Art verinnerlichtes Koordinatensystem angesehen werden, in dem die Hauptachsen der Glieder (vorne – hinten, oben – unten, links – rechts) als Ganzes räumlich vertreten

3 Der Körper als Fundament des Lernens

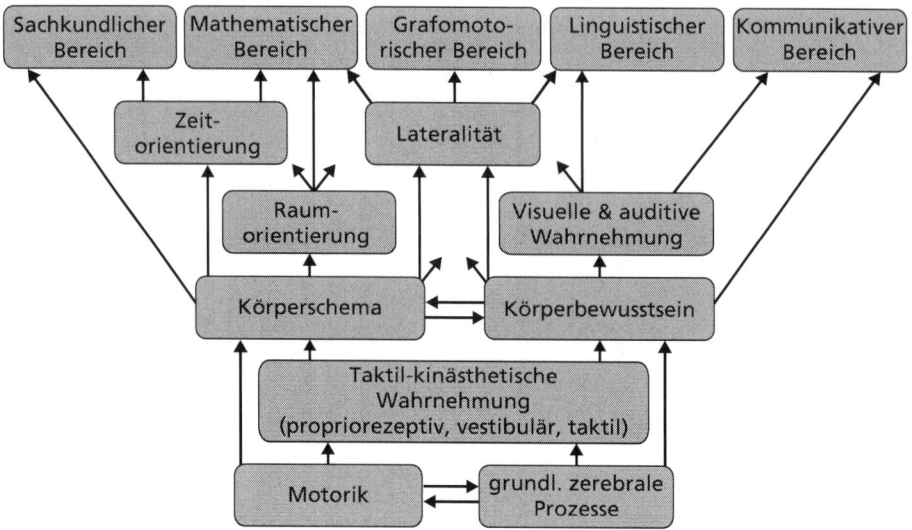

Abb. 10: Abfolge bedeutungsvoller Entwicklungsbereiche für Kulturtechniken

sind und den horizontalen und vertikalen Raumdimensionen am Körper entsprechen (ebd., S. 84). Das Körperschema dient der Orientierung am eigenen Körper und ist zur Orientierung im Raum ein unverzichtbares Bezugssystem für die Beziehung zwischen dem Individuum und seiner Umwelt. Über dieses Bezugssystem nehmen Kinder wahr, dass sie unterschiedliche Körperseiten und Gliedmaßen haben. Diese differenzierte Wahrnehmung der Körperseiten ist eine bedeutsame Voraussetzung dafür, dass sich beispielsweise Arbeits- und Haltehand ausprägen können. Darüber hinaus impliziert das Körperschema neben der Körperorientierung die Dimensionen Körperwissen, Körperausdehnung, Körper in Raum und Zeit.

Körperwissen beinhaltet Körperbau, Körperfunktionen und laterale Dominanz (Seitigkeit am Körper) zu kennen und sie auf unterschiedliche Art und Weise präsentieren zu können. Beim Begriff der Körperausdehnung geht es um die Fähigkeit, seine eigenen körperlichen Grenzen wie Höhe, Breite und Umfang einschätzen zu können. Diese Fähigkeit bildet die Grundlage für alle Orientierungsleistungen in Raum und Zeit (Eggert et al. 2014, S. 33). Der Raum kann nun in seiner Begrenzung, seiner Enge und Weite, Höhe und Tiefe, Nähe und Ferne durch Geräusche und Klang, durch Ausgehen, Auslaufen, Kriechen, Rollen und Fahren wahrgenommen werden. Die Lagebeziehungen des eigenen Körpers im Raum können begriffen werden, Entfernungen eingeschätzt, Richtungen erkannt und ein Weg eingeteilt bzw. unterteilt sowie in Raum und Zeit eingeordnet werden (Wendler 2009, S. 261; ▶ Abb. 11).

Für einen gelingenden Schriftspracherwerb muss das Kind die Raumkoordinaten (oben – unten) sowie Seite und Seite (links – rechts) verinnerlicht haben, da es sonst Buchstaben, die sich nicht in ihrer Struktur, sondern in ihrer Lage im Raum unterscheiden, nicht erkennen kann. So besteht der Unterschied zwischen »b« und »d«

3.3 Lesen, Schreiben und Rechnen mit dem ganzen Körper

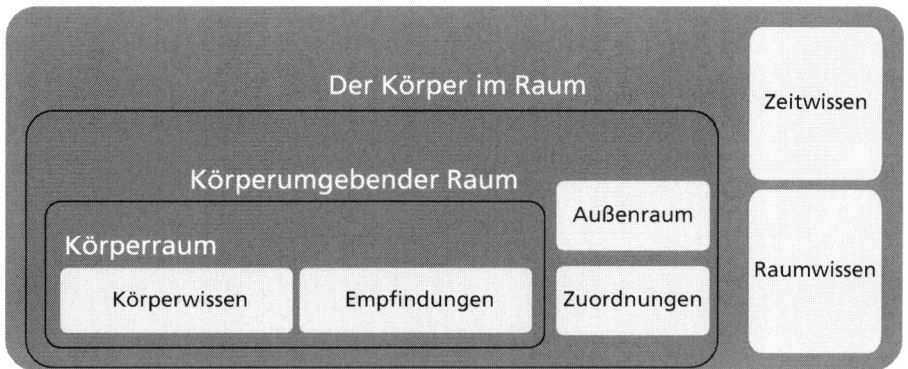

Abb. 11: Entwicklungsabfolge vom Körperraum zum repräsentierten Raum

beispielsweise nur in der Anordnung (Bauch rechts oder links angeordnet), der Unterschied zwischen »n« und »u« lediglich in der Umkehrung zwischen oben und unten. Dabei muss das Kind erkennen, dass unterschiedliche Raum-Lage-Positionen im abstrakten Sinne andere Bedeutung entstehen lassen.

Mit dem Phänomen Raum untrennbar verbunden ist der Zeitbegriff, der an allen Wahrnehmungsbereichen beteiligt und auch von grundlegender Bedeutung ist (Bertrand 2002, S. 89 ff.). Das Kind lernt allmählich, dass eine Handlung einem zeitlichen Verlauf untergeordnet ist und dass verschiedene Ereignisse sowohl gleichzeitig als auch nacheinander geschehen können. Das abstrakte Phänomen »Zeit« umreißt drei Komplexe, die in unterschiedlicher Weise hohe Anforderungen an Kinder stellen: Wahrnehmung von zeitlichen Folgen, Schätzungen von Zeitstrecken und Orientierung in der Zeit. Körperwahrnehmungen und Raum-Zeit-Erfahrungen sind Voraussetzung für die Orientierung des Kindes in allen Lebenssituationen: zu Hause, auf dem Spielplatz oder auf der Straße, in der Turnhalle oder auf dem Weg zum Kindergarten. Neben der Bewältigung des Lebensalltages hat die Entwicklung der Raum-Zeit-Begriffe auf der Basis einer genauen Körperkenntnis entscheidende Bedeutung für einen erfolgreichen Schulstart und den weiteren Lernerfolg.

Lesen und Schreiben vollziehen sich im europäischen Kulturkreis von links nach rechts und von oben nach unten. Die räumliche Struktur ist damit genau vorgegeben, so dass Kinder eine bestimmte Reife in der körperlich-räumlichen Strukturierungsfähigkeit erlangt haben müssen, um sich den Regeln der Kulturtechniken anpassen zu können. In Bezug auf die Symbolfunktion muss ein Kind feststellen (lernen), dass das schriftliche Zeichen einen sich in der Zeit erstreckenden Laut repräsentiert. Besondere Probleme bereitet es daher vielen Kindern zu Beginn des Schriftspracherwerbs, die Länge von Wörtern oder Vokalen einzuschätzen. Auf die Frage, ob »Auto« oder »Regenwurm« länger sei, stimmen viele Kinder für Auto, weil sie noch kein Bewusstsein für die zeitliche Dauer von Wörtern entwickelt haben. Vielmehr fällt die Entscheidung nach der räumlichen Größe des benannten Objekts (Brüggelmann 1986, zit. in Eggert/Bertrand 2002, S. 159). Auch das bloße Abschreiben eines Buchstabens birgt ähnliche Schwierigkeiten: Die einzelnen räumlich gleichzeitig dargebotenen Schriftzeichen müssen optisch in der richtigen Stellung im Raum (also vom eigenen Körper aus) wahrgenommen und zeitlich nacheinander in eine schreibmotorische Bewegung umgesetzt werden, so dass sie wieder als ein räumliches Nebeneinander auf dem eigenen Blatt Papier erscheinen.

Die Raum-Zeit-Dimension stellt auch für den mathematischen Anfangsunterricht hohe Anforderungen an die Lernenden. Die Mathematik beschäftigt sich mit räumlichen, zeitlichen und quantitativen Beziehungen unserer Umwelt. Diese sind jedoch nicht selbst Gegenstand der Mathematik, sondern nur abstrakte Zeichen und Begriffe, die diese repräsentieren. Besonders deutlich wird der Umgang über den eigenen Körper gewonnene Erkenntnisse und dem Geometrieunterricht (dem so genannten Sehverstehen der Kinder): Ein Kind muss erst die räumliche Struktur realer Dinge begreifen, d.h. durch die Handhabung von Gegenständen wie rund oder klein erfahren, bevor es diese Qualitäten in zweidimensionalen Abbildungen wiedererkennen kann. Das Abzeichnen einer geometrischen Form wie z.B. eines Rechtecks verlangt vom Kind raum-zeitliche Übersetzungsleistungen. Das vorgelegte Rechteck, also eine simultane Darbietung im Raum, hat keine zeitliche Erstreckung, auch wenn das Kind durch fortwährendes Anschauen die Darbietungszeit verlängert. Das Kind kann nicht alle vier Rechteckseiten gleichzeitig zeichnen, sondern muss bei der Reproduktion die simultane Darbietung in eine zeitliche Abfolge übersetzen, in dem es eine Linie nach der anderen zieht, bis das Rechteck vollständig ist (Eggert/Bertrand 2002, S. 167).

Auch die Grundrechenarten beanspruchen räumliches Denken, das erst in konkreten Handlungssituationen erworben werden kann: Ehe ein Kind mit Zahlen operieren kann, muss es Begriffe, die raumzeitliche Relationen beschreiben wie mehr, weniger, früher, später etc., verstehen. Nur durch das Herstellen und Vergleichen von Beziehungen kann das Kind Zahlen als Einheiten verstehen lernen, die man zusammenzählen kann, egal ob es sich um Teekannen, Zeitintervalle oder etwas anderes handelt. Nach Kephard (1977, zit. in Eggert/Bertrand 2002, S. 167) ist das mathematische Verständnis entscheidend davon abhängig, inwieweit ein Kind das Prinzip der räumlichen Gruppierung verstanden hat. Gruppen von Objekten, mit denen sich der mathematische Anfangsunterricht beschäftigt, können nur im Raum existieren. Durch Bewegung und Wahrnehmung erlernt ein Kind die oben bereits erwähnten Raumrichtungen (wie oben – unten, rechts – links, vorne – hinten etc.) und damit feste Bezugsgrößen für die Lage von dreidimensionalen Objekten im Raum. Bei der Addition oder Subtraktion muss sich ein Kind, nachdem es einen Vorgang des Hinzutuns oder Wegnehmens zunächst konkret im Handlungsraum erfahren hat, ein Bild dieses Vorgangs machen können. Zum Lösen der Aufgabenstellung »2 + 3« ist ein Kind im arithmetischen Anfangsunterricht darauf angewiesen, sich zwei Gegenstände wie z.B. Murmeln und die drei hinzukommenden Gegenstände vorstellen zu können. Die Körper-Raum-Zeit-Dimension lässt sich anschaulich gut in der psychomotorischen Formel auf den Punkt bringen: »Wer sich im Körperraum und körperumgebenden Raum gut orientieren kann, der kann sich auch im Zahlen- oder Schreibraum gut orientieren und kann darin operieren«.

Bewegen in diesen Dimensionen ist eine wichtige und notwendige Voraussetzung für den Erwerb des Lesens, Schreibens und Rechnens (Eggert/Bertrand 2002). Bewegungserfahrungen mit dem eigenen Körper können auf dieser Basis eine fä-

3.3 Lesen, Schreiben und Rechnen mit dem ganzen Körper

Abb. 12: Symbole in Handlungen übertragen (Kreis finden)

cherübergreifende Perspektive übernehmen. In Anlehnung an den Lehrplan 2020 werden zentrale Unterrichtsziele im Bereich der Raumvorstellung und -orientierung genannt, um das Kind in die Lage zu versetzen,

- sich nach mündlichen Vorgaben oder anhand von Plänen im Raum zu orientieren und sich zu bewegen,
- Wege und Lagebeziehungen zwischen konkreten Objekten zu beschreiben,
- räumliche Beziehungen z. B. mit Hilfe von Bildern und Plänen oder aus den Vorstellungen heraus darzulegen,
- eigene Figuren und Körper in der Vorstellung zu bewegen (z. B. zu drehen) und das Ergebnis der Bewegung vorherzusagen (Pikas 2020, o. S.).

Grundlegende Voraussetzung für diese komplexen Handlungen ist die Entwicklung einer räumlichen Vorstellung, die auf der sicheren Orientierung am eigenen Körper des Kindes und aus der Bewegung des Körpers im Raum durch die Aneignung räumlicher und zeitlicher Orientierung beruht.

Die folgende Abbildung (▶ Abb. 13) zeigt eine Aufgabe aus dem Aneignungsprozess »vom Körperraum zum repräsentativen Raum« (▶ Kap. 3.3). Auf ein Signal folgen zwei Anweisungen: Die linke Hand der Pädagog*in zeigt das räumliche Aufgabenformat (gehe zum Häuschen Nr. 2 von drei möglichen Positionen im Raum) und die rechte die dort zu bewerkstelligende Körperstellung (flache Hand mit Handfläche nach unten = auf den Bauch legen). Innerhalb dieser Kimspiel-Situationen variieren die Positionen des Körpers (Handfläche nach oben = auf den Rücken legen; eine Faust kann das Sitzen repräsentieren oder die nach oben gerichtete Hand das Stehen im »Häuschen«). Auch die räumlichen Positionen können variiert werden (z. B. gehe zu deinem gewählten ersten Kreis, Viereck, Dreieck usw.).

Abb. 13: Aufgabe: Position im Raum finden (Nr. 2) und die zugehörige Körperposition einnehmen

Die Rolle und die Bedeutung des Körpers als Erfahrungs- und Ausdrucksquelle im Prozess des Verstehens fußt auf körperlich-sinnlichen (leiblichen) Eindrücken, die in der Ruhe, bei der Ausführung von Bewegungshandlungen, bei der Veränderung der Lage im Raum, bei der Begegnung von Dingen und Menschen von den Rezeptoren der Sinne aufgenommen und an das Gehirn weitergeleitet werden (Abraham 2013, S. 26). Erst sie bauen vielfältige Landkarten im Gehirn auf, die zur Orientierung, zur Koordination von Bewegungen und zur Einschätzung von Situationen dienen.

3.4 Bruner's Theorie zur Wandlung von Darstellungsqualitäten (E-I-S-Prinzip)

Feste Bestandteile des heutigen Unterrichts in der Grundschule sind Anschauungsmaterialien: z. B. die Arbeit mit dem Zahlenstrahl, um Rechenoperationen anschaulich darstellen zu können oder die Anwendung einer Anlauttabelle, die die Buchstaben und Wörter mit passenden Bildern untermalen. Das vorrangige Ziel des

3.4 Bruner's Theorie zur Wandlung von Darstellungsqualitäten (E-I-S-Prinzip)

Unterrichts und der Förderung besteht darin, bei den Schüler*innen durch geeignetes (Eigen-)Handeln und Veranschaulichen die Konstruktion von aktiven, dynamischen Vorstellungsbildern zu unterstützen und sie zum mentalen Operieren mit ihnen anzuregen. Eigenständiges Experimentieren und Explorieren übt einen größeren und nachhaltigeren Effekt auf den Lernprozess aus, als wenn die Schüler*innen lediglich zuschauen, was passiert. Bei der Ausbildung von Vorstellungsbildern muss demzufolge neben dem Handeln und dem Sinneskontakt mit den Gegenständen auch die Fähigkeit geschult werden, die zugrunde liegenden Handlungen im Geiste nachzuvollziehen (Grevsmühl 2010, S. 33).

Die Mathematikdidaktik nutzt solche Veranschaulichungen schon länger und beruft sich dabei auf den Kognitionspsychologen Jerome Bruner (1974/2002). Dessen Theorie, enaktive, ikonische und symbolische Darstellungen zu nutzen, stützt sich auf die Annahme, dass die kognitive Entwicklung ein spiralförmiger Prozess des Lernens sei, bei dem sich der oder die Lernende mit drei verschiedenen Formen der Darstellung und Stufen der Abstraktion auseinandersetzt (▶ Abb. 14). Das praxiserprobte sog. »Drei-Stufen-Modell« von Bruner (2002) eröffnet für Lernprozesse in der Schule drei geeignete Zugriffsweisen, die je nach Entwicklungsstand des Kindes zu variieren sind. Wenn alle drei Ebenen ineinandergreifen, wird Handlung, Bild und Symbol vernetzt. So kann beispielsweise ein Papier gefaltet werden (enaktiv), Flächen (nach-)gezeichnet (ikonisch) und Anzahl der Ecken (symbolisch) notiert werden.

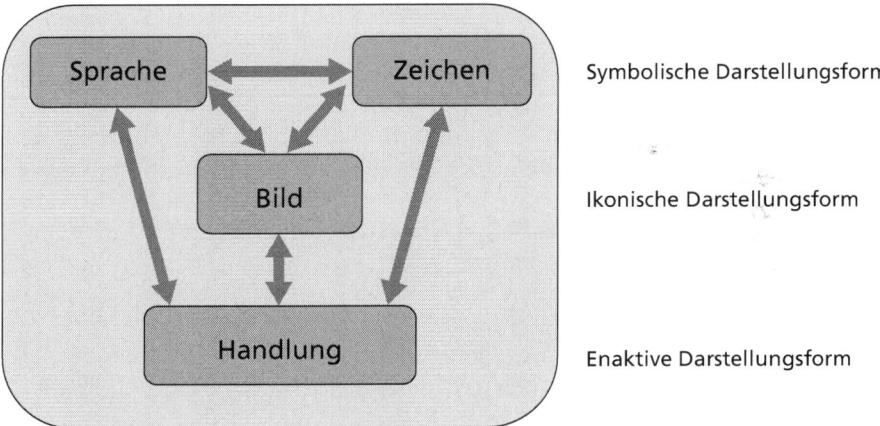

Abb. 14: Die verschiedenen Darstellungsformen nach Bruner (1974/2002, S. 48f.)

1. Die handelnde (enaktive) Darstellungsform

Die enaktive Ebene ist ein Teil der haptisch erfahrbaren Wirklichkeit, zu welcher Handlungsschemata erlernbar sind. Auf dieser elementaren »Stufe« wird der Sachverhalt erfasst, indem Kinder sich im Spiel mit den sie direkt umgebenden Gegenständen, den greifbaren Materialien, den sichtbaren Personen und den erkennbaren Vorgängen aus ihrer unmittelbaren Lebenswelt der Familie, Kita oder Schule beschäftigen. Sie nehmen z. B. einen Ball in die Hand, werfen ihn der Mutter oder dem Vater zu und sprechen dazu. Die Kinder entwickeln räumliche Vorstellungen, weil alles dreidimensional und greifbar ist. Etwas selbst handzuhaben und zu erfahren, löst direkte authentische Rückmeldungen aus. Fahrradfahren wird durch Fahrradfahren erlernt, ohne es durch Bilder oder Worte gelehrt zu bekommen. Auf der enaktiven Darstellungsebene geht es vor allem darum, Wissen an Aktivitäten mit Gegenständen zu binden und einen Sachverhalt durch Handlungen zu erfassen (Grevsmuehl 2010, S. 17).

2. Die bildhafte (ikonische) Darstellungsform

In der ikonischen Darstellungsform lernen Kinder jetzt zweidimensional: Das heißt, die pädagogische Fachkraft arbeitet im Gegensatz zur ersten Darstellungsform mit selbst gemalten Bildern, Fotografien, selbst erstellten Zeichnungen (»Bitte mal mir ein Bild dazu!«), Skizzen oder sogar einer Power-Point-Präsentation. Bei der ikonischen Weltaneignung können auch die (neuen) Medien wie Fernsehen und Computer eine bedeutsame Rolle spielen. Bei Kindern, die Probleme mit der Sprache, den Begriffen und den Vorstellungen haben, empfiehlt es sich, immer wieder auf die enaktive Darstellungsform zurückzugehen.

3. Die sprachliche (symbolische) Darstellungsform

In der symbolischen Darstellungsform lernt das Kind auf einem abstrakten Niveau mehr und mehr, mit abstrakten Zeichen und Symbolen, mit Logos und Piktogrammen mit Lauten, Zahlen und Buchstaben umzugehen. Hier überlagern und vermischen sich gesprochene Sprache und erste Aneignungsprozesse von Schrift, Lesen und Schreiben. Auf dieser »obersten« Stufe ist der Rückgriff insbesondere auf die zweite Stufe der Bilder zur besseren Verständigung und sprachlichen Darstellung notwendig.

Als prototypisches Beispiel für das unmittelbare Zusammenwirken der drei Darstellungsebenen in mathematischen Lernprozessen wird häufig die Addition genannt: Das Zusammenfügen von zwei Mengen wird handelnd dargestellt. Vier Mädchen und drei Jungen gehen zusammen ins Kino. Wie viele Eintrittskarten müssen sie kaufen? Der Vorgang kann zeichnerisch dargestellt und schließlich symbolisch notiert werden (▶ Abb. 15): $4 + 3 = 7$

Die Lern- und Aneignungsphase, die auf enaktive Repräsentationen zielt, sollte so körperlich wie möglich vonstattengehen und nicht nur die Hände, sondern den ganzen Körper betreffen (Martignon 2010, S. 130). In Form einer Bewegungshandlung erschließt diese sinn- und inhaltserschließende Funktion unmittelbar einen Lerngegenstand. So können Schüler*innen nur vergegenwärtigen, wie schwer ein Stein ist, wenn sie das Gewicht auch körperlich gespürt haben. Ebenso erschließt sich die Größe eines Raumes unmittelbar durch das Gehen im Raum. Zentrifu-

3.4 Bruner's Theorie zur Wandlung von Darstellungsqualitäten (E-I-S-Prinzip)

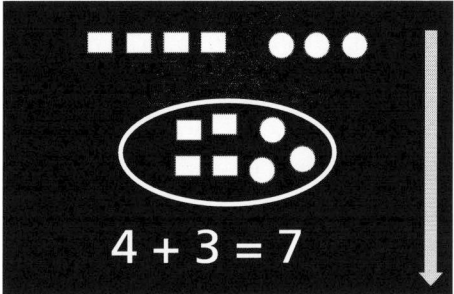

Abb. 15: Die verschiedenen Darstellungsformen am Beispiel Addition

galkräfte können begriffen werden, wenn sie körperlich gespürt werden und so lassen sich mit solchen Aufgaben lernerschließend Wörter und Vokabeln mit dem Körper wahrnehmen, Zeit empfinden, spiegelbildliche Darstellungen erleben, Winkelarten empfinden, Atmung spüren, Kunst und Umwelt fühlen. Fachliche Strukturen sollen körperlich erlebt werden, so etwa der Zeitstrahl mit historischen Epochen oder wenn sich Kinder in einem aufgemalten Koordinatensystem bewegen oder bei der Bestimmung von Satzgliedern die räumliche Anordnung durch Bewegung wahrnehmen. Bewegungshandlungen können aber auch einen Gegenstand »begreifbar machen«, beispielsweise wenn es um den Körper selbst geht, wie in der Biologie oder wenn es um Mengen und Zahlenvorstellungen in der Mathematik oder um Gesetze der Naturwissenschaften geht (Laging 2015, S. 2).

Als Mathematik zum Anfassen wird das Beispiel des Erlebens eines gleichseitigen Dreiecks in der ersten Grundschulklasse angeführt, das aus Menschenkörpern gelegt wird. Die Kinder legen sich hierbei lang ausgestreckt auf den Boden und berühren sich gegenseitig am Kopf und an den Füßen. Diese Formationen soll die Kinder dazu anregen, mit verschiedenen Winkellagen des von ihnen hergestellten Dreiecks zu experimentieren, indem sie beispielsweise die ausgestreckten Arme als Anlegepunkt verwenden und damit die Winkelstellung verändern. Die verschiedenen Dreiecke können mit Seilen umlegt werden, um auch für die liegenden Kinder den Anschauungsraum herzustellen. Diese Experimente fungieren als ein Denkanstoß, der darin seine Fortsetzung finden kann, dass die Schüler*innen ein großes gleichseitiges Dreieck aus Kartonstreifen herstellen, die durch Scharniere miteinander verbunden sind, um sich selbst und anderen Kindern daran vorzuführen, wie man den Winkel verändern kann (ebd.).

Gerade die enaktiven Aktivitäten dienen dazu, die Kinder mit der Thematik »Dreieck« vertraut zu machen, und es ist im Sinne von Bruner (1974/2002), davon auszugehen, dass sich in solchen Modi einer enaktiven Auseinandersetzung die mentale Repräsentation der körperlich erfahrenden Eigenschaften des Dreiecks herausbildet, welche dann darauf aufbauend auch symbolisch fixiert werden können (ebd.). Das Zusammenspiel der Repräsentationsebenen vollzieht sich zunächst im Handeln in der Umwelt (Landschaft) und das Symbolische (Landkarte) geschieht im Kopf. Das o. g. Nachlegen der Dreiecke mit Seilen (enaktiv) und die dadurch entstehende ikonische Repräsentation und das Betrachten erleichtern die Vorstellung, weil durch sie verschiedene Aspekte und Zusammenhänge simultan zugänglich und unmittelbar vergleichbar gemacht werden können. Wer also Passgenauigkeit zwischen Landschaft und Landkarte herstellen möchte, wechselt zwischen den verschiedenen Darstellungsformen hin und her: Die Begegnung mit der Landschaft wird interpretiert, d. h., eine Karte wird im Bewusstsein entworfen. Innerhalb dieser Karte wird auf der Grundlage eigener Erfahrungen weitergedacht und vermutete Strukturen in der Landschaft gesucht (Kramer 2016, S. 14).

3.4.1 Der Prozess Spüren-Wissen-Erkennen im Kontext interaktiver Wahrnehmung

Durch das Ineinandergreifen interaktiver Wahrnehmung besitzt jeder Mensch das Vermögen, Empfindungen auszudrücken. Stimmungen und Gefühle werden über den Körper/Leib sichtbar und dadurch anderen Menschen überhaupt erst zugänglich. So entsteht ein ständiger intersubjektiver Vollzug dort, wo Menschen miteinander umgehen. Ein sich bewegender Mensch ist mehr als nur ein Körperding, das auf mechanische Gesetzmäßigkeiten reagiert. Seine Gestik und Mimik verweisen auf Stimmungen, die von anderen verstanden werden können (Oberhaus 2006, S. 114). Im körperlich/leiblichen Spüren drückt sich die Bedeutsamkeit von Situationen im Wirkungszusammenhang eigenen Erlebens (inkl. der Rückbindung an gemachte Erfahrungen) aus. Dabei können Gefühle und Empfindungen sowohl Sachverhalte und Gegenstände als auch andere Menschen im Lichte ihrer Bedeutsamkeit enthüllen. Insofern sind Gefühle auch Formen der Wahrnehmung, und zwar »als Beachtung qualitativer Merkmale einer Situation, die ihnen eine Bedeutsamkeit und Wichtigkeit gibt, die sie ohne die Emotion nicht hätten« (Fuchs 2014, S. 14).

> »Das Spüren kann sich auf den eigenen Körper bzw. einzelne Körperteile, aber auch auf die Wirkung des Atmosphärischen von Räumen, Materialien und Menschen richten, z. B. auf Veränderungen der eigenen Haltung, die sich z. B. unwillkürlich während eines Gesprächs vollziehen« (Schröder 2009, S. 242).

Einen anderen zu erleben, wird so an der Resonanz des eigenen leiblichen Befindens deutlich. Der düstere Blick und die fordernde Stimme eines Gegenübers löst in mir eine unangenehme Anspannung aus, ein liebevoller Blick hingegen bewirkt eine spürbare Öffnung und Zuwendung. Der Ausdruck eines Gefühls des anderen übersetzt sich in den Eindruck einer responsiven Gefühlsregung bei mir. Dabei bleibt es freilich nicht, denn meine Gefühle auf die Reaktion des anderen wird nun wieder zum Ausdruck für mein Gegenüber und so fort. – Ein Wechselspiel, das in Sekundenbruchteilen abläuft und ständig das jeweilige Befinden beider modifiziert, ohne dass Signale und Reaktionen einzeln hervortreten und als solche bewusst werden. Beispiele dafür sind: der tonische Dialog zwischen Mutter und Kind, ein angeregtes Gespräch, eine Musikimprovisation oder der Austausch zwischen Lernenden und Pädagog*innen (vgl. ebd., S. 196 ff.).

Die Art und Weise des Aufeinander-Reagierens kann daher nicht in den Kategorien »Sender – Empfänger« beschrieben werden, ursächliche Aktion und Wirkung auf den anderen sind schwer zuzuordnen – Resonanz ist ein in sich verschränkter, mehr oder weniger gleichzeitig verlaufender Prozess. So entsteht bei den Interaktionspartner*innen ein ganzheitlicher Eindruck vom Gegenüber, ein Gefühl für seine »Ausstrahlung« und für die spezifische Atmosphäre der Begegnung (Fuchs 2006, S. 4).

3.4.2 Explizites und implizites Wissen

Die zu Begriffen und Metaphern gewordenen Bewegungs- und Handlungsmuster werden im Körper- und Leibgedächtnis als »explizites« und »implizites« Wissen gespeichert. Explizites Wissen umfasst zunächst ganz allgemein aussagenlogische Informationen, die im Verstand verortet und in sprachlicher Form vermittelt werden. Es ist seiner Natur nach formalisierbar, theoretisch lehrbar, nicht an bestimmte Personen und konkrete raum-zeitliche Kontexte gebunden. Es ist propositionales Wissen, welches sich in der abstrakten Form der Sprache ausdrücken, abrufen, formulieren und dokumentieren sowie intersubjektiv überprüfen lässt. Im expliziten Gedächtnis können einzelne Erinnerungen vergegenwärtigt werden, die sich berichten oder beschreiben lassen (»knowing that«). Explizites Wissen muss sich einer Beurteilung nach allgemeinen Kriterien der Gültigkeit wie wahr/falsch, widerspruchsfrei, systematisch etc. unterziehen. Dies schließt auch die Möglichkeit des Irrtums ein.

Implizites Wissen im Sinne Polanyis (1958) ist personengebunden, theoretisch intransparent und nur im praktischen Sinne lehrbar: Man kann zwar ungefähr beschreiben, wie man einen Nagel in die Wand schlägt – aber lernen kann man dies nur durch praktisches Tun – auch indem man sich den Daumen blau und eine ganze Menge Nägel krumm schlägt (Polanyi 1958, zit. in Gill 2007, S. 2). Polanyi zeigt, dass jegliches praktische Können auf implizitem, inkorporiertem Wissen beruht (ebd., S. 4f.).

Durch stete Wiederholung und Übung bilden sich im Leibgedächtnis Gewohnheiten; eingespielte Bewegungsabläufe (Bewegungsmuster) sind uns »in Fleisch und Blut« übergegangen, zu einem leiblichen Vermögen geworden – wie der aufrechte Gang, das Sprechen oder Schreiben, der Umgang mit Werkzeugen, mit dem Laptop oder einem Saxophon. Wer Fahrrad fährt, kann fahren, ohne zu wissen oder erklären zu können, was genau er oder sie tut. So prägt ein*e Sportler*in durch das Antrainieren einer praktischen Geschicklichkeit eine Bewegungs- und Muskelerinnerung aus, die als unausdrückliches Körpergedächtnis funktioniert. Dadurch weiß er*sie, was zu tun ist, indem er*sie es tut. Er*Sie lernt nicht Radfahren durch wissenschaftliche Erklärungen, sondern indem er*sie die Handlung im Vollzug versteht (Caysa 2008, S. 73). Aber auch Verstehen oder Lesen von Sprache gehören zu diesem erlernten leiblichen Können (»knowing how«), dessen wir uns meist ganz selbstverständlich bedienen. Fuchs differenziert verschiedene Formen des impliziten Gedächtnis in verschiedenen und ganz unterschiedlichen Lebenslagen (prozedural, situativ, zwischenleiblich, inkorporativ oder traumatisch) (Fuchs 2009, 47ff.).

Ein Mensch erwirbt es aufgrund seiner Erfahrung, seiner Geschichte, seiner Praxis und seines Lernens als »tacit knowledge« oder als »knowing how«. Man »kann« etwas, was man nicht benennen oder erklären, sondern nur tun, ausdrücken oder zeigen kann: »Wir wissen mehr, als wir zu sagen wissen« (Polanyi 1958, S. 12). Implizites Wissen kann daher nicht nach allgemeinen logischen oder wissenschaftlichen Kriterien überprüft werden. »Implizites Wissen kann einem Irrtum nicht unterliegen. Das implizite Wissen ist prinzipiell authentisch, ist als Erfahrungswissen zwar an die Beschränkungen unserer Sinnesorgane gebunden, kann aber nicht falsch im logischen Sinne sein, weil es unmittelbares Wissen ist« (Kosz 2007, S. 55). Allerdings kann auch implizites Wissen insofern »falsch« sein, wenn von der Gesellschaft eingefleischte Verhaltensweisen oder alte Traumata sich gegen sich selbst richten.

3.4.3 Implizite Erkenntnis

Als Erkenntnis gilt für Bourdieu neben der Logik »theoretischer« auch ihre »praktische« Form: Vor allem in den ästhetischen Schulfächern wie Sport, Kunst oder Musik tritt die alltägliche, formale Logik zurück – zugunsten spontanem, intuitivem, improvisiertem oder kreativem Begreifen. Praktische Erkenntnis ist dabei primär eine körperlich/leibliche Form der Erkenntnis. Sie ermöglicht ein »praktisches Erfassen der Welt« (Bourdieu 2001, S. 184), ein »Verstehen mittels des Körpers« (Bourdieu 1992, S. 205). Der menschliche Körper/Leib wird dabei als Subjekt und Objekt der Erkenntnisbildung begriffen. Erkenntnis entsteht – durchaus im materiellen Sinne – im Körper, und gleichzeitig wird jeder Erkenntnisprozess als ein soziales Geschehen notwendig durch die beteiligten menschlichen Akteur*innen geformt.

Es gibt Situationen im Leben, in denen Menschen nicht auf gelernte Sachverhalte zurückgreifen können, sondern in denen sie instinktiv handeln müssen, ohne groß darüber nachzudenken. Dabei nutzen sie ihr praktisches, unbewusstes, vorreflexives Wissen, welches für die entsprechende Situation angemessen erscheint. Diese Fähigkeit bezeichnet Bourdieu als »praktischen« oder »sozialen Sinn« (Bourdieu 1987, S. 127). Dieser Sinn kann nur dann »mit der automatischen Sicherheit eines Instinkts« funktionieren, er kann nur dann »augenblicklich auf alle möglichen ungewissen Situationen und Mehrdeutigkeiten der Praxis reagieren« (Bourdieu 1987, S. 191), wenn die habituellen Dispositionen auch leiblich verankert sind, d.h., sich in Situationen äußern – z.B. in der Körperhaltung und -bewegung, in der Art zu sprechen, in Gesten etc. Der Habitus formt das Leibliche bis in die entwicklungspsychologisch grundlegende Schicht des Motorischen. »Was der Leib gelernt hat, das besitzt man nicht wie ein wiederbetrachtbares Wissen, sondern das ist man« (ebd., S. 135, zit. in Schröder 2009, S. 87).

3.5 Sinnhaftes Handeln in mehrperspektivischen Situationen

Innerhalb des inhaltserschließenden und sinnhaften Handelns zeigen sich Situationen als komplexe Gemengelage, die von unterschiedlichen Parametern beeinflusst werden (▶ Abb. 16). Das Wort Situation geht zurück auf das lateinische »situs«. Es wird für eine Lage im Raum verwendet, die man auch Dingen zuspricht. Um eine weitergehende Bestimmung zu entwickeln, greift Waldenfels zurück auf alte Handlungslehren (z. B. Aristoteles). Diese kennen zwar keinen analogen Begriff für »Situation«, wohl aber einen Begriff, der dafür steht, »worin die Handlung stattfindet« (Waldenfels 2000, S.115, zit in Schröder 2009, S. 201).

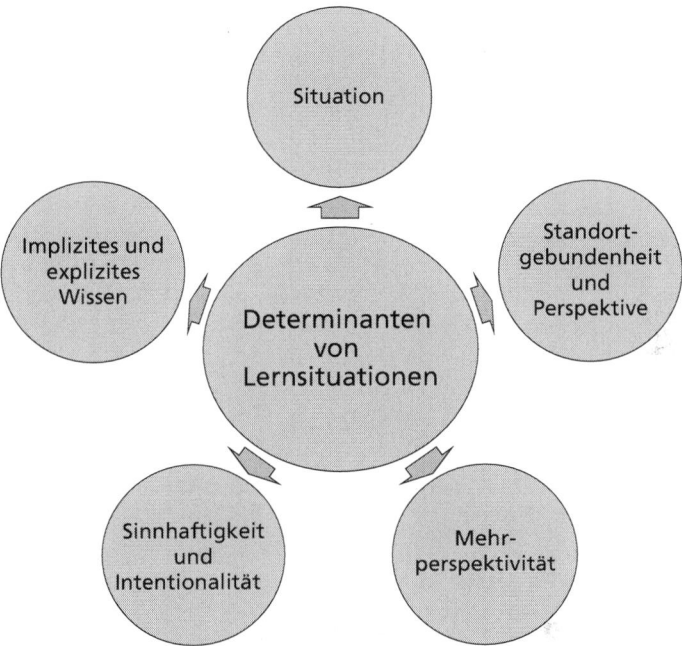

Abb. 16: Mehrperspektivität und Determinanten von Lernsituationen

In einer Situation ist ein Mensch immer Mensch in einem Kontext. Nach Leithäuser zielt dabei der Situationsbegriff

> »auf die Binnenperspektive, auf die besondere Qualität des Erlebnisses und der Erfahrung, zu der ein Subjekt – sei es ein Individuum, sei es eine Gruppe – seine Umwelt macht. In diesem Erfahrungshorizont werden die Dinge wahrgenommen, behandelt oder auch ausgeklammert, unterdrückt, verdrängt und leben im Verborgenen« (Leithäuser 1983, S. 123).

Grundsätzlich betrachtet ist eine Situation eine Gemengelage von Aufforderungscharakter, von Gesetzen, Regeln, »eingefleischten Habita«, Atmosphären, aber eben auch der Handlungsfreiheit, sich in einer bestimmten Weise für eine bestimmte Handlung zu entscheiden. Der »Aufforderungscharakter« eines Gegenstandes oder einer Situation kann z. B. als »attraktiv« oder »abstoßend«, »freundlich« oder »bedrohlich« wahrgenommen werden. Die jeweilige Beschaffenheit einer Situation hat einen beträchtlichen Einfluss darauf, welche Gesten, Klänge, Blicke demjenigen entlockt werden, der sich in ihr aufhält (Rumpf 1996, S. 446, zit in Schröder 2009, S. 202). So haben z. B. auch räumliche Bedingungen einen Aufforderungscharakter –

oft allein durch die Anordnung der Gegebenheiten (Beispiel: Klassenzimmer und Tischanordnung).

Eine Situation legt dem einzelnen Subjekt Handlungsmöglichkeiten nahe, ohne dass sie eine bestimmte Handlung diktiert oder erzwingt. Darin besteht die Offenheit der Handlungssituation (Merleau-Ponty 1966, S. 502). Um zu erleben, dass die Wirklichkeit auch anders sein kann, als sie ist, dass andere Handlungsspielräume bestehen, können symbolisch Möglichkeiten erprobt werden, die mitten in unserer Welt, in unseren Situationen bereits gegenwärtig sind. Körper-/Leibgebundene Erkenntniswege ermöglichen Bekanntes zu hinterfragen, Neues zu generieren und zu begründen. Die gesamte Situation bestimmt sich angesichts bestimmter Aufgaben. »Sie eröffnet ein bestimmtes Raumfeld, in dem dieses oder jenes nahe liegt, anderes fernerliegt, wieder anderes durch Hindernisse verstellt oder von den Grenzen des Raumfeldes ausgeschlossen ist« (Waldenfels 2000, S. 117). Dieses ist – soweit sinnfällig – räumlich-gegenständlich. Raum und Bewegung sind dabei so eng aufeinander bezogen, dass nur ihre gemeinsame Behandlung sinnvoll erscheint. So wie jede Bewegung sich im Raum vollzieht und oft auf Gegenstände und Orte im Raum bezogen ist, wird Raum seinerseits durch Bewegung erfahren, wenn nicht in manchen seiner Qualitäten zuallererst konstituiert.

3.5.1 Standortgebundenheit und Perspektive

Ein Mensch nimmt die Welt stets von einem bestimmten raumzeitlichen Standort aus einer bestimmten Perspektive wahr. So sieht er von einem Platz in seiner Wohnung das Haus auf der anderen Straßenseite nicht als Ganzes, sondern nur die ihm zugekehrte Seite des Hauses. Andere Teile des Hauses sind möglicherweise verdeckt durch einen Baum. Verborgen bleiben für ihn sowohl die Rückseite des Hauses als auch dessen Innenansichten wie Treppenhaus, Größe und Beschaffenheit der Zimmer etc. Wechselt er den Standort und tritt in das andere Haus ein, nimmt er alles Gesehene von seinem neuen Standort aus wahr: Schaut er sich die dortigen Zimmer von innen an, ist ihm nun die Außenansicht des Hauses verborgen. Standortgebundenheit und Perspektivität sind Grundtatbestände der Beziehung eines wahrnehmenden Menschen zur Welt.

Obwohl einem Menschen eine Sache nur in einer bestimmten »Hinsicht« gegeben ist, ist er auf die ganze Sache verwiesen. Sobald er sich der Perspektivität seiner Wahrnehmung bewusst ist, weiß er gleichzeitig, dass sie stets unendlich viel mehr ist, als ihm aus seiner Perspektive offenbar wird. Man kann einen Gegenstand allerdings nicht in der Ganzheit aller Perspektiven erfassen. Die Perspektivität der subjektiven Wahrnehmung verweist auf die prinzipielle Begrenztheit eines einzelnen Blicks, aber ebenso auf die antizipatorischen Möglichkeiten, sich auf weitere Aspekte der wahrgenommenen Sache auszurichten (Graumann 1960, S. 66 ff.). Den Sinnen sind dabei allerdings nur die Erscheinungsqualitäten des Wirklichen zugänglich, nicht aber das Begreifen von Ursachen oder Strukturen. Eine Perspektive auf etwas geht also immer aus vom Standort bzw. Standpunkt des Beobachtenden, Aussagenden, Meinenden etc. Der Standpunkt eines Menschen resultiert aus dem Amalgam der vielen subjektiven Lebenserfahrungen – durch sie sieht und versteht er die Welt in bestimmter Weise. Der Standpunkt oder auch Interessen bestimmen die Perspektive bzw. ein Bild der Welt, das abhängig ist von Gewohnheiten, Traditionen, Weltanschauungen, subjektiven Interessen, momentanen Aufmerksamkeiten und Zufällen. Von dort aus werden die Dinge unter einem bestimmten Aspekt betrachtet. Je nach Standpunkt erzeugt die entsprechende Perspektive eine unterschiedliche Wirkung und Einschätzung.

3.5.2 Sinnhaftigkeit und Intentionalität

Der Begriff Intentionalität wird im *philosophischen Diskurs* als eine Fähigkeit des Menschen verstanden, sich in ganz bestimmter Weise und unter wechselnden Aspekten und Gesichtspunkten auf etwas zu beziehen – seien es reale oder nichtreale Gegenstände, Ideen, Personen, Sachverhalte oder Eigenschaften (organontoolbox 2019, o. S.). »Weil die Handelnden nie ganz genau wissen, was sie tun, hat ihr Tun mehr Sinn, als sie selber wissen« (Bourdieu 1987, S. 179). In dieser Bezogenheit hat jedes Verhalten einen Sinn. Eine Intention steht für ein »Woraufhin« des Verhaltens oder Erlebens. Intentionalität bedeutet dabei nicht, dass ich willentlich eine Absicht verfolge und bestimmte Akte vollziehe, indem ich sie tun oder lassen kann, sondern auf die Art und Weise, *wie* ich etwas tue, sage, erfahre.

Um sich in der Welt die eigenen lebensnotwendigen Dinge zu verschaffen oder zu erschließen, ist es notwendig, das dafür notwendige »Erklärbare«, »Handhabbare« und »Beherrschbare« zu erlernen. Sich Wissensstrukturen und Kompetenzen anzueignen, bedarf einer damit verbundenen Bedeutung oder eines Sinns für die Lernenden, der sich in ihren Gefühlen, Äußerungen, Handlungen und zwischenmenschlichen Bezügen ausdrückt.

> *»Wir brauchen nicht so fortzuleben, wie wir gestern gelebt haben. Machen wir uns von dieser Anschauung los, und tausend Möglichkeiten laden uns zu neuem Leben ein.«*
> Christian Morgenstern (1871–1914), Dichter

3.5.3 Dialektik als Denken und Handeln in Prozessen

Das System der formalen Logik als »Wissenschaft von den Gesetzen des Denkens« wurde geschaffen vom griechischen Philosophen Aristoteles (384–322 v. u. Z.). Dieses Denksystem stellt noch heute ein wesentliches Fundament unserer Bildung dar. Aristoteles entwickelte in seiner »Logik«, wie Aussagen zu kombinieren sind, um zu Urteilen zu kommen, und wie daraus Schlüsse gezogen werden können. Er legte diesbezüglich drei Grundgesetze der Logik dar: Das Prinzip der Identität (A = A), des Widerspruchs (A kann nicht A sein und gleichzeitig Nicht-A), und des ausgeschlossenen Dritten »tertium non datur« (A ist entweder A oder Nicht-A, etwas Drittes gibt es nicht). Die formale Logik stellt Gegensätze absolut kontradiktorisch einander entgegen: entweder nur wahr oder nur falsch, entweder nur Energie oder nur Masse, entweder nur Bewegung oder nur Ruhe usw. Dadurch wird im neuzeitlichen Denken die Komplexität der Welt auf monokausale Zusammenhänge eingeengt.

Dialektik ist eine nützliche Methode, um das Werden, die Dynamik oder die Entwicklung von Lebewesen, Polaritäten, Prozessen, Widersprüchen und komplexen Zusammenhängen begrifflich zu fassen. Dies gilt auch für Beziehungen, die sich aus Widersprüchen und Spannungen zwischen Gegensätzen menschlicher Handlungsweisen ergeben. So gibt es für die Dialektik nichts Ewiges, Absolutes oder »Heiliges«. Alles ist seinem Charakter nach nur vorübergehend und vergänglich. Das menschliche Leben hat ebenso Prozesscharakter wie die Natur und die Geschichte.

Die dialektische Denkweise stellt nicht fest, sondern sieht Dinge und Menschen in ihrer Wechselbeziehung. Sie kann Prozesse verdeutlichen, d. h., ihre inneren Gegensätze oder Widersprüche, ihre Dynamik, die verschiedenen Einflussfaktoren in Beziehung zueinander bringen. Sie geht über das Prinzip der zweiwertigen bzw. formalen Logik, das Entweder – Oder, Subjekt – Objekt, Körper und Geist etc. hinaus, indem sie sie als praktisch in Bewegung und Beziehung befindlich und veränderbar betrachtet. Dies gilt auch für die der Menschen selbst, die auch nur Teile komplexer natürlicher und gesellschaftlicher Bedingungsgefüge sind. Waldenfels fasst wesentliche Gesichtspunkte von Dialektik zusammen:

> »a) Die Dialektik betrifft den *Zusammenhang und die Stellung einzelner Momente in einem Ganzen*; sie setzt sich damit ab von einem isolierenden Denken, das die Wirklichkeit auflöst in eine Ansammlung bloß äußerlich verknüpfter Tatsachen oder den Tatsachen von außen her Wesensbestimmungen überstülpt.
> b) Die Dialektik betrifft den *Übergang zwischen den Phasen eines Gesamtgeschehens und dessen Richtung*; sie wendet sich damit gegen ein fixierendes Denken, das das Geschehen festlegt auf isolierte Einzelphasen oder diese degradiert zu bloßen Varianten innerhalb unveränderlicher Wesensstrukturen.
> c) Die Dialektik betrifft den *Wechselbezug zwischen Subjekt und Objekt, Subjekt und Mitsubjekt in einem Konstitutionsprozess*, in dem jene sich zugleich bilden und fortbilden; damit widersetzt sie sich einem gespaltenen Denken, das dualistisch Inneres und Äußeres voneinander absondert oder eines auf das andere reduziert« (kursiv im Original, Waldenfels 1977, S. 144).

Brecht bezeichnet Dialektik in seinem Werk »Me-Ti« als »große Methode«:

> »Meister Hegel lehrte: Alles was ist, ist nur dadurch, dass es auch nicht ist, d. h. dadurch, dass es wird oder vergeht. Im Werden ist Sein und Nichtsein, ebenso im Vergehen. Das Werden geht über in ein Vergehen und das Vergehen in ein Werden. Aus dem vergehenden Ding wird ein anderes Ding, in dem werdenden Ding vergeht ein anderes. So ist keine Ruhe in den Dingen, noch im Betrachtenden« (Brecht 1983, S. 129).

3.6 Zur Gestaltung von Lernsituationen

Lernsituationen zu konstituieren, bedeutet nicht nur, mit Fallbeispielen einen vorab konstruierten Lernbereich abzudecken oder auch mit Bewegungselementen zu verdeutlichen. Eine derart gestaltete Situation wird meist so angeordnet, dass für

Lernende schnell durchschaut wird, worauf die Lehrenden »hinauswollen«: ein vorgegebenes Wissen zwar auch symbolisch darzustellen, aber letztlich instrumentell verfügbar zu machen. Bei einer solchen Form wird eher nicht berücksichtigt, was die Lernenden subjektiv mit einem Lerngegenstand zu tun haben, welche Assoziationen, Gefühle oder Handlungsimpulse z. B. bei einer Identifikation »hochkommen«. Indem Schüler*innen durch Frage- oder Problemstellungen angeregt werden, zu einem bestimmten Thema Situationen zu gestalten oder aufzusuchen, können sich wertvolle Lernanlässe und Erkenntnisse ergeben (Krause-Sauerwein 2014, S. 126 ff.).

Dabei können eindimensionale Betrachtungen der Komplexität eines Gegenstands nicht gerecht werden. Auch in Bildungsprozessen geht es darum, Lerngegenstände oder -sachverhalte von verschiedenen Seiten zu betrachten. Mehrperspektivität gilt als basales Prinzip der Vielfalt aufeinander bezogener Inhalte, Betrachtungsweisen, Wissensformen und Methoden. Im Zusammenspiel mit anderen Prinzipien (z. B. Exemplarität, Konstruktivität u. a.) ermöglicht sie unterschiedliche Handlungsformen und Erkenntnisse und hat für den Lehrplan und das Unterrichtsgeschehen Leitfunktion (Duncker 2013, S. 3).

Eine einzelne – zunächst naiv oder intuitiv eingenommene – Perspektive kann nicht für das Ganze stehen, sondern ist nur eine von vielen Möglichkeiten. Sie ist auch abhängig vom jeweiligen Standpunkt, dessen Wechsel erfahren oder im »Als-ob-Modus« durchdacht werden kann. Speziell der Wechsel zwischen Perspektiven wird zum entscheidenden Merkmal, der die Qualität von Erkenntnisprozessen steigert. Für Köhnlein bedeutet Mehr- oder Vielperspektivität, dass »ergiebige Themen nicht eindimensional fachbezogen, sondern multidimensional, d. h. unter potenziell allen für das Lernen von Kindern relevanten Aspekten konzipiert und für den Unterricht fruchtbar gemacht werden sollen« (Köhnlein et al. 2013, S. 1).

Dabei nehmen Lernende einen Bezug zur Sache bei sich selbst wahr (z. B. als Gefühl, Assoziation, Widerstand), entwickeln einen Vorentwurf einer Bewegung, bringen ihn (ggf. in Begegnung mit anderen) ins Spiel, erzählen sich das Erlebte, beurteilen unterschiedliche Perspektiven und reflektieren die Gesamtsituation. Das Thema wird im Wechsel körperlich/leiblicher und kognitiver Formen weiter erforscht und bearbeitet. Die dabei entstehende Musterbildung geschieht im engeren Sinne spontan und ohne äußere Einwirkung. Sie beruht zum Teil auf den Prinzipien der Selbstorganisation, die aus der Sache und aus der Situation heraus von den Lernenden gefordert wird. Der Blick für ein bestimmtes Thema wird auch nach »innen« gerichtet. In diesem Prozess greifen Lernende aus eigenem Antrieb bewusst und unbewusst auf ihr implizites und explizites Wissen zu und vermitteln es mit der Situation.

Der Umgang mit den verschiedenen Wissensformen verlagert die didaktischen Implikationen

> »vom Lernen in unterrichtsähnlichen Situationen auf ein Lernen in Funktionsfeldern, vom Lernen durch Beschreibung auf das Lernen durch Bekanntschaft, vom Lernen mit entpersonalisierten Medien der Wissensbewahrung auf ein Lernen im Face-to-face-Kontakt zwischen Experten und Novizen und vom Lernen durch die Mitteilung von Abstraktionen auf ein Lernen durch komplexe Aufgabenstellungen und paradigmatische Fälle« (Hansen 2015, S. 167).

In vielen Fällen können methodische Vorschläge für Querverbindungen zwischen den Fächern gemacht werden.

Gemäß dem Prinzip eines fächerverbindenden Unterrichts (Rauscher 2012, S. 68) kann so aus verschiedenen Perspektiven auf dasselbe Thema geblickt werden, um der Komplexität und Vielperspektivität gerecht zu werden. Lehrkräfte schaffen Lernbedingungen und fungieren als Impulsgeber. Die Schüler*innen selbst formen die Situation. So können z. B. beim Lerngegenstand »Landwirtschaft« unterschiedliche Aspekte durch spezifische, auf den Lerngegenstand bezogene ziel- und zweckgerichtete oder symbolische Handlungen bzw. Bewegungen verkörpert werden. Die jeweilige Identifikation z. B. mit dem Landwirt, den Pflanzen, den Tieren, den Giftstoffen, dem Konsumenten etc. lässt unterschiedliche Perspektiven und Problematiken deutlich werden. Sie spielt eine erkenntnisfördernde Rolle, ebenso wenn ein Inhalt mit Prozessen oder Interessen verbunden ist, die der Veränderung unterliegen wie z. B. Aggregatzustände, Umstellprobe von Satzgliedern oder das Zeichnen eines Kreises.

Die Bewegung ist hierbei immer inhaltsspezifisch auf das wechselseitige Verhältnis und die Dynamik von Lerngegenstand und Körper/Leib im Kontext gerichtet. Lernen in Bewegung ist somit verbunden mit Lehrmethoden, die es den Lernenden ermöglichen, explizites wie implizites Wissen innerhalb einer realitätsnahen, unmittelbaren und relevanten Lernumgebung »abzurufen« und zu generieren. Dabei geht es darum, dem Lerngegenstand so direkt wie möglich »enaktiv« zu begegnen, statt sich nur gedanklich mit ihm auseinanderzusetzen. Hilfreich dabei sind Lernformen wie genetisches, erfahrungsorientiertes, exemplarisches, entdeckendes, projektorientiertes, forschendes und szenisches Lernen sowie Exkursionen und Lernen in außerschulischen Zusammenhängen.

4 Theoriegeleitete Praxis für Unterricht und Förderung

4.1 Handeln-Sprechen-Schreiben als didaktisch-methodische Leitlinie für den Schriftspracherwerb im Fachunterricht Deutsch

»Schreiben ist leicht. Man muß nur die falschen Wörter weglassen.«
Mark Twain (1835–1910), Schriftsteller

Der Schriftspracherwerb ist als Kommunikationsmedium ein wesentlicher Bestandteil nicht nur in der Schuleingangsphase, sondern weit darüber hinaus (Zitzlsperger 2008, S. 112). Sprache und Schriftsprache sind wichtige Schlüsselkompetenzen, die eng mit der Persönlichkeitsentwicklung des Kindes verknüpft sind und die Grundlage für eine aktive Teilhabe an unserer Gesellschaft und die Bildungschancen von Kindern legen. Es steht außer Frage, dass kaum ein Lernbereich derart weitreichenden Einfluss auf die weitere schulische und berufliche Entwicklung hat wie das Beherrschen der Schriftsprache (Schneider 2017, S. 15). Alle Kinder frühzeitig in ihrer Entwicklung von Schriftspracherwerbskompetenzen zu unterstützen, kann zu einer Chancengerechtigkeit beitragen. Mit Schriftspracherwerb ist der Aneignungsprozess der Lese- und Schreibfertigkeiten umschrieben. Er steht für eine ineinandergreifende Erkenntnisgewinnung beider Kulturtechniken (KM 2006, S. 15). Der Umgang mit gesprochener Sprache ist eine Voraussetzung, erfolgreiche Ergebnisse in den Lernbereichen Lesen und Schreiben zu erzielen (Bildungsserver Rheinland Pfalz 2018, o. S.). So rückt die Unterstützung und Förderung kindlicher Sprachkompetenzen als Teil des Schriftspracherwerbs in den Mittelpunkt des pädagogischen Alltags und stellt in allen deutschen Bundesländern einen zentralen Bildungs- und Erziehungsbereich dar. In diesem Bildungsverständnis wird der Tatsache Rechnung getragen, dass sich Kinder Schriftsprache nicht nur im Rahmen der Schule aneignen, sondern für die meisten Kinder ist sie schon vor Schuleintritt bedeutsam.

Kinder entdecken bereits im Elementarbereich die Schrift in ihren Alltagserfahrungen, wenn sie in einer häuslichen Umgebung leben, in der Schrift eine Bedeutung hat. Dann bekommen Kinder regelmäßig (allerdings in abnehmender Tendenz) vorgelesen und können »schriftkundige« Menschen in ihrer Umgebung bei Schrifttätigkeiten (z. B. beim Zeitungslesen oder beim Anfertigen eines Merkzettels) beobachten. Oft werden sie in schriftbezogene Handlungen – wie etwa bei der Erstellung eines Einkaufszettels – einbezogen und erkennen dadurch die Bedeutung von Schrift, indem sie Lesen und Schreiben als wichtige Tätigkeiten begreifen (Füssenich 2012, S. 8). An diese Einsichten können Kinder nicht nur anknüpfen, sondern auch darauf aufbauen in der Schule, so dass der Schriftspracherwerb als zentrale Aufgabe von Kindertagesstätten und Schulen verstanden wird (Bildungsserver Rheinland Pfalz 2018, o. S.). Für alle pädagogischen Fachkräfte bildet Schriftspracherwerb somit eine Querschnittsaufgabe.

Um sich auf Schrift einlassen zu können, benötigen Kinder zunächst grundlegende Fähigkeiten der gesprochenen Sprache. Im Umgang mit ihr umfasst der Begriff »phonologische Bewusstheit« im weiteren Sinne, dass junge Kinder größere Einheiten in der gesprochenen Sprache unterscheiden können. Das heißt, sie sind in der Lage, Reime zu erkennen, vollständige von nicht vollständigen Sätzen zu unterscheiden, Wörter in Sätzen zu erkennen oder auch Wörter in Silben zu untergliedern. Diese Form der phonologischen Bewusstheit ist bei jüngeren Kindern oft erst teilweise vorhanden. Werden sie beispielsweise nach der unterschiedlichen Länge von Wörtern gefragt (wie etwa, welches der beiden Wörter »Bus« oder »Kinderwagen« länger ist), so wird man häufig die Antwort »Bus« erhalten, weil jüngere Kinder sich bei Aufgaben dieser Art noch bevorzugt auf die Bedeutung der Wörter beziehen. Sie haben sicherlich recht damit, dass ein Bus in der Realität länger ist als ein Kinderwagen (ebd.). Phonologische Bewusstheit im engeren Sinne bezieht sich nach Schneider (2017, S. 36.) auf die Kompetenz, innerhalb von Wörtern einzelne Laute zu erkennen. Fast alle Kinder haben noch vor Schulbeginn Einsichten in die Lautsprache im weiteren Sinn, während sich die phonologische Bewusstheit im engeren Sinne in der Regel erst im Zusammenhang mit dem Leselehrgang der ersten Klasse entwickelt.

Die Sprache der Kinder in gemeinsamen Spiel- und Handlungssituationen herauszufordern, dient demnach nicht nur der Sprachbildung und dem Verstehen der Welt, sondern zugleich dem Erinnern und dem Vorstellungsvermögen. Der engen Verbindung zwischen sprachlicher und kognitiver Entwicklung werden nach Füssenich und Geisel (2008, S. 13 f.) mit Bezug auf Vygotskij (2002) zwei Hauptfunktionen der Sprache zugeordnet: Sie dient der Kommunikation sowie der Regelung des sozialen Verhaltens und vermittelt gleichsam Bedeutungen, die in Form von Begriffen als mentale Repräsentationen (sozusagen vor dem geistigen Auge) verfügbar werden. Begriffliche Repräsentationen über das, was ein Kind mit Dingen in verschiedenen Situationen tun kann, entstehen im Handeln und werden für zukünftige Vorplanungen (Abstraktionen) gebraucht (List 2014, S. 9).

Kinder entwickeln in ihrem Tun Vorstellungen davon, wie und was sie in ihrer Umwelt wahrnehmen, wie sie darüber berichten und das Erlebte und Erfahrene gedanklich einordnen können. Vorschulisch erarbeiten sich Kinder so ein Gespür für die Möglichkeiten der Kommunikation, die sie in Körper- und Verbalsprache oder später in bildnerische und schriftsprachliche Aufzeichnungen ständig erweitern und weiter ausbilden. Kinder erkennen Sprache in ihren Varianten als Möglichkeit

- der Mitteilung, sich verständlich zu machen, etwas wiederzugeben (z. B. etwas Erlebtes oder eine Begebenheit von Zuhause zu erzählen, sich mit jemanden auszutauschen),

- der Betonung und Erklärung (z. B. Regeln zu besprechen, einen Ablauf zu klären, seine eigene Position zu vertreten),
- und zunehmend auch über Malen und Schreiben als Möglichkeiten des Festhaltens und Bewahrens (z. B. eines Ereignisses, eines Spiels u. a.) (Meiners 2018, S. 172 f.).

Im Spiel- und Bewegungshandeln entsteht »Stoff« zum Reden über Vorkommnisse, Pläne und Überraschendes für Kinder und Erwachsene gleichermaßen, sogar über die Sprache selbst. Durch diese Gespräche werden Kinder darin unterstützt, ihre Erfahrungen als zeitlich und räumlich organisiertes Weltwissen dem Gedächtnis und den mnestischen Funktionen der Entwicklung zuzuführen. Pädagogische Fachkräfte sollten daher nicht innerhalb der Reflexionsphasen von Förderstunden nach dem Spaßfaktor (»Was hat dir heute gut gefallen«?) fragen, sondern danach, was die Kinder wie gemacht haben und was dabei besonders bedeutsam für das Gelingen war. Auf diese Weise wird Sprache als Werkzeug des Denkens für mentale Repräsentationen oder zukünftige Planungen entdeckt und angewandt (▶ Kap. 3.2).

In der psychomotorischen Praxis zur sprachlichen Aktivierung wird häufig auf den Dreiklang von Kleinert-Molitor (1988) zurückgegriffen, der über Spielhandlungen Sprache in ihrer Einheit von Affekt- und Bedürfnisartikulation, Handlungsstrukturierung und Kommunikation, Wirklichkeitserschließung und Erfahrungsorganisation den Schüler*innen nahe zu bringen versucht (ebd., S. 115). Die Förderakzentuierung besteht aus einem umfänglichen Angebot aus Bewegungs- und Spielhandlungen, die nach dem Maßstab quantitativer und qualitativer Dynamisierung sprachlicher Anforderungen gruppiert werden:

- *Schwerpunkt 1:* Wahrnehmungs- und Bewegungshandeln mit Sprachbegleitung,
- *Schwerpunkt 2:* Begegnung von Sprach- und Bewegungshandeln (z. B. Einwirkung durch Sprache auf andere, Austausch von Bedeutungszuordnungen u. a.),
- *Schwerpunkt 3:* Sprachhandeln mit Bewegungsbegleitung (ebd.).

Andererseits müssen Schüler*innen verinnerlicht haben, dass die Schrift Fähigkeiten der mündlichen Sprache verändert und erweitert (Füssenich/Geisel 2008, S. 4). Die Sprache wird als wesentliche Komponente hervorgehoben, weil ihre Entwicklung in enger Beziehung zum Denken steht. In der Schriftsprache wird die Lautsprache umgesetzt.

In diesem Sinne gibt das folgende Schema (▶ Abb. 17) einen Überblick, weil es sowohl das komplexe Funktionsgeschehen der Grundleistungen und grundlegenden Operationen von Bewegung und Wahrnehmung mit ihren peripheren und zentralen Komponenten des Sprechens und der Schriftsprachentwicklung darstellt, als auch die Abfolge der Entwicklungsschritte verdeutlicht. Die einzelnen Funktionssysteme sind nicht hierarchisch zu verstehen, sondern als gleichberechtigt. Eine Rangfolge sehen die Autoren in den drei Kodierungsvorgängen, die den Erwerb der Schriftsprache ermöglichen: Auf unterster Ebene steht die Handlungsebene mit den unterschiedlichen Funktionssystemen der Wahrnehmung, die in Verbindung mit dem Bewegungshandeln den Ausgangspunkt aller kognitiven Prozesse darstellen. Die

Zweite Kodierungsebene ist die der Lautsprache, auf der sich die Schriftsprache als weitere Transformationsebene aufbaut.

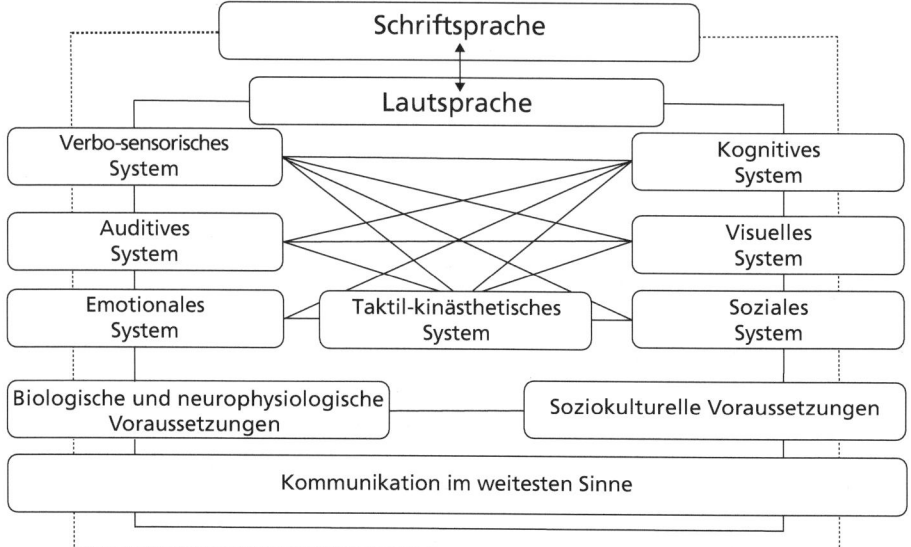

Abb. 17: Polyfunktionales Modell des Schriftspracherwerbs nach Günther (1994)

Einsichten in die gesprochene und geschriebene Sprache werden von (Vor-)Schulkindern besonders dann erworben, wenn den sprachlichen Äußerungen erkennbare Relevanz zum eigenen Erleben zukommt. Daher motivieren körper-, bewegungs- und erlebnisorientierte Spielhandlungen dazu, das Erlebte und Erfahrene gedanklich zu formulieren und zu versprachlichen. In diesem Prozess entwickeln Kinder im Übergang zur Grundschule die Einsicht, dass sie die durch ihr Handeln hervorgerufenen Erlebnisse und Erkenntnisse (in der Folge dargestellt als Intention) sowohl in gesprochener und als auch in eigens angefertigter Bildsprache (Kinderzeichnung) und geschriebener Schriftsprache wiedergeben können.

Während die Konzepte zur Schriftsprachentwicklung (Valtin 1993, Günther 1989 u. Spitta 1990, zit. in Schründer-Lenzen 2013, 73 ff.) nachahmende und kommunikative Aspekte der Kritzelphase herausstellen, aber dieser kindlichen Ausdrucksmöglichkeit nicht weiter Beachtung schenken, wird diese Phase in den psychologischen Untersuchungen von Kritzelzeichnungen als Element der sprachlichen und kognitiven Entwicklung dargestellt. Mit Eintritt in das vierte/fünfte Lebensjahr gelingt dem Kind das bewusste Bilden von Formen im Zeichnen. War das Kind beim Kritzeln (Krickelkrackel) als kinästhetische Aktivität vor allem in situativ-spontane und emotionale Kommunikationsvorgänge eingebunden, baut es sich nun eine grafische Beziehung zu dem auf, was es darstellen will. Der Fundus an Motiven erhöht sich zunehmend (Ausweitung des Repertoires: Menschen, Tiere, Häuser, Schiffe etc.) und so entwickelt sich zunehmend eine nachweisbare Handlungs- und Erzählstruktur des Bildes. Zu Beginn sind die dargestellten Motive noch oft additiv organisiert, später bestehen sie aus einem komplexen Netz von syntaktischen und semantischen Beziehungen (Richter 1997, S. 43 f.). Dem Kind ist jetzt seine Fähigkeit bewusst, auf einer zweidimensionalen Fläche einen Ausschnitt seiner Konzeption der visuellen und gefühlten Welt darstellen zu können. Diese Tätigkeit muss als eine bewusst geführte, formal gesteuerte Bewegungshandlung angesehen werden, die in enger Verbindung zur Entwicklung der Zeichen- und Symbolwelt steht. Dabei können Darstellungen in verinnerlichten Bewegungserfahrungen, z. B. des Kreisens und Drehens, Gleitens und Rutschens wurzeln, wie sie in vielen Spielen zu gewinnen sind. Auftretende Kreise, Kreuze, Vierecke und andere Urformen (Punkte, Striche und Linien) werden kritzelnd entdeckt und weiterentwickelt. Dieser Entwicklungsprozess vollzieht sich jedoch nicht ausschließlich in Wechselwirkung von Bewegung und Malen. Entscheidend für die Handlung und ihre Weiterentwicklung sind stets die emotionalen und kognitiven Umsetzungsprozesse unter Berücksichtigung des Bedeutungsgehalts.

Schon in der Einführung über die Bedeutung des Schriftspracherwerbs wird deutlich, dass viele Kinder sich schon lange vor Schulbeginn für Zeichen und Symbole interessieren. Ebenso haben Kinder den inneren Drang, Erlebtes nach außen zu transportieren und anderen zu zeigen. Sie wollen das Erlebte, das Gehörte oder das Gesehene mit ihren Möglichkeiten zum Ausdruck bringen (Günther/Fritsch 2015, S. 161). Spuren hinterlassen und bleibende Zeichen zu setzen, sind Bedürfnisse, die seit dem Beginn der Menschheit zu finden sind, um etwas darzustellen oder mitzuteilen (Gernhard o. J., S. 7). Die Funktion von Schrift zu erkennen, beginnt mit der Erfahrung, dass Sprache aus einzelnen Wörtern aufgebaut ist, die wiederum in Sätzen zusammengefasst werden können. Ebenso notwendig ist es zu verstehen, dass Schrift nur eine Darstellungsform des gesprochenen Wortes ist. Kinder sind gefordert die Schrift als etwas zu begreifen, das der mündlichen Unterhaltung (die sie ja bereits beherrschen) verwandt ist, genauer gesagt, dass Schriftsprache eine mögliche Darstellungsform des Gesprochenen ist (Schneider 2017, S. 16; ▶ Abb. 18).

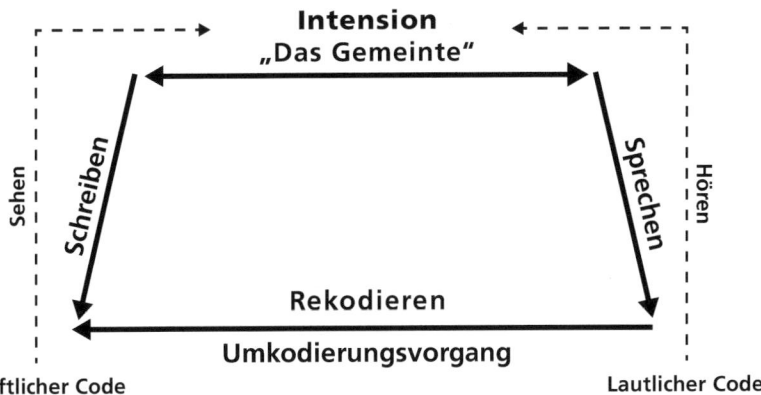

Abb. 18: Transformation in gesprochener und geschriebener Sprache

Diese Erkenntnis wird in der grafomotorischen Praxis als Symbolbewusstsein bezeichnet. Es bezieht sich auf die Fähigkeit, Symbole und ihre Bedeutungen zu erkennen und zu verstehen. Voraussetzungen sind neben basalen Fähigkeiten (wie z. B. visuelle und auditive Wahrnehmung oder Gedächtnisfaktoren) vor allem auch phonologische Bewusstheit und Einsicht in das alphabetische Prinzip der Sprache. In geschriebener Form können Symbole unterschiedlich sein wie z. B. Buchstaben, Zahlen, Bilder oder Zeichen. Die Fähigkeit, Symbole zu erkennen, hat für viele Bereiche des täglichen Lebens bereits vor der Schule einen hohen Stellenwert: BP oder ARAL kann für Tankstelle stehen, ein M kann ein Restaurant von McDonalds anzeigen u. a.

Für Sprachentwicklung, Lesen und Schreiben, aber auch in der Mathematik sind Symbole wie Zahlen und mathematische Operatoren insofern wichtig, als Schüler*innen zu Beginn des Schriftspracherwerbs die durch ihr Handeln hervorgerufenen »Erlebnisse und Erkenntnisse« sowohl in gesprochener als auch geschriebener Sprache wiedergeben können müssen. Diese Verinnerlichung bildet eine der wesentlichen Voraussetzungen des Schriftspracherwerbs: die Umsetzung von gehörter Sprache in grafische Zeichen. Da Sprache in der Entwicklung des Kindes bereits die abstrahierte Form konkret erfahrener (Handlungs-)Ereignisse darstellt, spricht Fischer (2006, S. 95) bei der Schrift von einer doppelt abstrahierten Kommunikationsform und von der Abhängigkeit kognitiver Prozesse.

Lesen und Schreiben sollen aber als soziale Handlungen möglichst viele Aktivitäten bestimmen. Kinder sollen dazu aufgefordert werden, gleich zu Beginn des Schriftspracherwerbs schreibend ihre Erfahrungen aus ihrer eigenen Lebenswelt festzuhalten (Günther/Fritsch 2015, S. 161). Beim gestalterischen Malen oder Zeichnen verwenden Kinder die Grundformen oft frei, intuitiv und oftmals alle gleichzeitig, je nachdem, was die Kinder auf ihrem Bild ausdrücken wollen. In Verbindung mit den Anregungen über Elemente der Schrift (z. B. im eigenen Namen) entdecken viele Kinder Gemeinsamkeiten und lernen, wie einzelne Buchstaben heißen bzw. wie sie klingen und beginnen lautgetreu zu verschriften. Haben die Kinder die symbolische Stufe nach Bruner (2002) verstanden, liegt es an der Anregungsqualität der Pädagog*innen, die Literacy-Entwicklung der Kinder durch Bilderbuchbetrachtungen, Vorlesen und Nacherzählen, freies Erzählen erlebter Handlungen sowie das Anfertigen eigener Bildgeschichten und Texten zu unterstützen. Dabei kann sich die Entwicklungslinie vom Sprechen zum Bild und »Schriftzeichen« vollziehen. Auch spielt es anfangs keine Rolle, ob die Verschriftungen der Wörter korrekt ausfallen (Schneider 2017, S. 113). Demnach brauchen Kinder keine Belehrung, sondern können ihr Wissen selbst entdecken und sich aneignen, indem sie mit Schriftsprache auf unterschiedliche Weise umgehen.

Schriftspracherwerb ist als Entwicklungsprozess zu betrachten, der die Anforderungen und interaktiven Aspekte im Spracherwerb auch hinsichtlich kognitiver Vorgänge betrachtet (Schründer-Lenzen 2013, S. 12). Wesentlich dabei ist, dass möglichst an den individuellen Erfahrungen der Kinder mit (Schrift-)Sprache angeknüpft wird (Schneider 2017, S. 112 f.). Entsprechend der Bildungspläne von Elementarbereich und Schule ist es auch aus psychomotorischer Perspektive erforderlich, den kindlichen Zugang zur Schrift zu erfassen und Kindern die Funktion von Sprache und Schrift auf körper- und bewegungsorientierter Weise aufzuzeigen.

Dies betrifft ihre Zugriffsweisen, ihre Vorstellungen von Schrift und ihr individuelles Lernverhalten sowie ihre Entwicklung.

Weitgehend Einigkeit herrscht darin, den Schriftspracherwerb aus einer kindzentrierten Perspektive zu betrachten und eine Können-Didaktik hervorzubringen, in der sich die Pädagog*in drei Fragen zu stellen hat (Schründer-Lenzen 2013, S. 71):

1. Was kann das Kind schon?
2. Was muss es noch lernen?
3. Was kann es als Nächstes lernen?

Grafomotorik als entwicklungsbetonender Teil des Schriftspracherwerbs

Das Konzept Handeln-Sprechen-Schreiben dient als Leitlinie grafomotorischer Förderung und kennzeichnet einen mehrdimensionalen Prozess, der die Komplexität der Entwicklung ebenso einbezieht wie die Lernausgangslage des Kindes (Wendler 2018, S. 192). Innerhalb des hier abgesteckten Entwicklungsrahmens berücksichtigt das grafomotorische Förderkonzept die Anteile der Psychomotorik eines Menschen (▶ Abb. 17), deren Zusammenspiel innerhalb der Person-Umwelt-Interaktion den Schriftspracherwerb ermöglicht.

In der psychomotorischen Fachliteratur hat der Terminus »Grafomotorik« in den letzten Jahren einen inhaltlichen Wandel erfahren, der sich in zwei Grundströmungen unterteilen lässt. Für die anfängliche Debatte um den Erwerb des Lesens und Schreibens galt, dass Schrift als Produkt von (Schreib-)Bewegung entsteht: Grafomotorik als Entwicklung der motorischen Befähigung zum Schreiben in Verbindung mit Wahrnehmungsleistungen. In der damaligen vorherrschenden eher medizinisch ausgerichteten Ereignisfolge der Entwicklung des Kindes (Neuro-, Senso-, Psycho- und Soziomotorik) war die Fortführung des Bereichs Grafomotorik folgerichtig und konsequent. Gleichwohl ging es nach dieser Sichtweise um die gelungene Darstellung von Grundformen der Schrift (Punkte, Kreise, Striche etc.) und um eine angemessene Stifthaltung. Obwohl weitere Aspekte wie Handgeschicklichkeit, Auge-Hand-Koordination, visuomotorische Kontrolle, Bewegungsplanung und -vorstellung u. a. aufgegriffen wurden, blieb das Verständnis von Grafomotorik doch auf die Funktionalität motorischer Vorgänge (Koordination, Kraft Ausdauer u. a.) bei der Schreibhandlung beschränkt.

Innerhalb der zweiten Strömung wird Grafomotorik als menschliche Fähigkeit gekennzeichnet, die den Schriftspracherwerb aus einem Gefüge von psychischen und physischen Funktionen in Abhängigkeit von sozialen Einflüssen erklärt (Schäfer 2006; Wendler 2007; Vetter et al. 2009). Grafomotorik und der Erwerb des Lesens und Schreibens werden hier unter individuellen Ausgangslagen und im gesellschaftlichen Kontext gesehen. Grafomotorische Fähigkeiten bieten hier die Möglichkeit zum Ausdruck, zur grafischen Darstellung und Kommunikation.

Grafomotorik umfasst demnach die Entwicklung der dem Schriftspracherwerb zugrundeliegenden psychomotorischen Fertigkeiten und Wahrnehmungsfunktionen, die manuelle Funktionsspezialisierung (Händigkeit) in der Ontogenese sowie kognitive, sprachliche und psychische Fertigkeiten, die sich im Umgang mit gesprochener und geschriebener Sprache konkretisieren. Innerhalb dieser Überlegungen wird der Schlüsselfunktion der Feinmotorik sowohl für die Artikulation des Sprechens als auch für die Umsetzung der Gedanken in Schrift zwar nicht widersprochen, aber in der komplementären Verflechtung mit anderen essentiellen Komponenten des Schriftspracherwerbs gesehen (▶ Abb. 17).

Grafomotorische Förderung bezieht sich vor allem auf die Lernausgangslage des Kindes und Komplexität der Entwicklung. Im Zentrum des Bemühens innerhalb der Förderung kann daher die »Nachentwicklung« verschiedener Bereiche stehen als auch das Heranführen wichtiger Voraussetzungen für einen erfolgreichen Einstieg in den Schriftspracherwerb. In diesem (Lern-)Prozess hat der bewegungsorientierte und kommunikativ motivierte Gebrauch der Schriftsprache in Form von Malen, Zeichnen oder Schreiben Priorität vor einer funktionalen Gestaltung des Schreibenlernens.

> **Übergang vom Kindergarten zur Schule**
>
> Eine besondere Rolle nimmt die kindliche Entwicklung zu Beginn des Übergangs vom Kindergarten zur Schule ein. In diesem Zeitraum finden wesentliche Prozesse statt, von denen ein gelingender Schulbesuch abhängt:
>
> - Die motorische Entwicklung, insbesondere die feinmotorische Entwicklung, kommt zu einem relativen Abschluss,
> - die räumlichen Vorstellungen und Kenntnisse entwickeln sich in diesem Zeitraum entscheidend (▶ Kap. 3.3),
> - der Lateralisierungsprozess (die Entwicklung der Seitigkeit am Körper, wie etwa die Bevorzugung und Leistungsdominanz eines Beines oder einer Schreibhand sowie die kognitive Kenntnis beider Körperseiten) wird abgeschlossen.

Aus Sicht des grafomotorischen Ansatzes stehen in dem erweiterten psychomotorischen Verständnis für das Gelingen des Schriftspracherwerbs folgende Fragen im Vordergrund:

- Über welche Möglichkeiten verfügt das Kind, räumliche Strukturen zu erkennen, einzuordnen und mit ihnen zu hantieren (Kenntnis von oben – unten, vorne – hinten, rechts – links) und sich im veränderten Raum zu bewegen?
- Wie sieht die körperliche Entwicklung (Lateralitätsentwicklung, Entwicklung des Körperschemas, Selbstkonzept des Kindes) aus?
- Welche Wahrnehmungsfähigkeiten (Ausdifferenzierung der Sinne) hat das Kind?
- Über welche motorischen Fähigkeiten (Koordination, Gleichgewicht, Handgeschicklichkeit) verfügt das Kind?
- Was weiß das Kind schon über das Festhalten des Erfahrenen in Bild- und Schriftsprache?

Die Fragen tragen neben der Evaluation der psycho-sozialen Lebensbedingungen eines Kindes mit dazu bei, eventuelle Schulschwierigkeiten nicht nur auf ein oder mehrere Lernfächer zu beziehen, sondern als Teil der kindlichen Gesamtentwicklung zu verstehen.

Der Körper als Ausgangpunkt des Schriftspracherwerbs

Neben der hohen Bedeutung des Körperbewusstseins als psychische Repräsentation des eigenen Selbst lässt sich das Körperschema anschaulich beschreiben als ein im Gehirn und im Körper abgebildetes System von Plänen oder Landkarten vom eigenen Körper. Diese enthalten Informationen über die einzelnen Körperregionen sowie über die funktionelle Zusammengehörigkeit einzelner Abschnitte. In Verbindung der sensorischen Wahrnehmung konstituieren sich die Wahrnehmung der Raumlage und der räumlichen Beziehungen von Objekten, die Raumorientierung, die Figur-Grund-Wahrnehmung (Differenzierungsfähigkeit) und die Links-Rechts-Unterscheidung.

Die Erfahrungen mit dem eigenen Körper führen zur Entwicklung eines eigenen Körperbildes durch die Verknüpfung der verschiedenen basalen Sinneseindrücke, auf deren Grundlage sich allmählich ein kognitives Schema des eigenen Körpers herausbildet (vgl. Lehrplan Grundschulen 2020). In Bezug auf das Schreiben-Lernen wird sich das Kind z. B. seiner Hände und Finger bewusst und ggf., welche der beiden Hände die funktional bessere ist (Lateralisierung der Hände). Es lernt, wie es einen Stift halten und seine Körperglieder bewegen kann. Die Erfahrungen des eigenen Körpers führen nicht nur zu einer größeren Sicherheit des Kindes in Bezug auf eine verbesserte Körperkoordination, sondern auch auf seine Handlungsplanung. Sie gilt als Vorstufe der Raumorientierung, die wiederum eine Differenzierung zwischen verschiedenen Raumdimensionen (oben – unten, horizontal – vertikal) führt. Erst wenn sich anhand des Körperschemas Raumvorstellungen wie »links – rechts« entwickelt haben, wird das Kind in der Lage sein, Buchstaben wie »b« und »d«, die sich nicht nur aufgrund ihrer Raumlage unterscheiden, auseinanderzuhalten. Zudem ist sie für die Einhaltung der Schreibrichtung und/oder die richtige Buchstabenabfolge innerhalb eines Wortes essentiell (Mühlforte 2009, S. 103).

Um Schriftspracherwerb und mathematische Fähig- und Fertigkeiten zu erwerben, bedarf es fächerübergreifende Aufgaben- und Erfahrungsgelegenheiten. Die Schüler*innen

- erspüren den eigenen Körper anhand der Oberflächen- und Tiefensensibilität, um sich auch der psychisch-emotionalen Repräsentation des eigenen Körpers bewusst zu werden (Körperbewusstsein),
- nehmen den Körperraum wahr, um Vorstellungen von seiner räumlichen Ausdehnung und Begrenzung zu entwickeln (Körperausdehnung),
- orientieren sich im Nahraum und entwickeln räumliche Vorstellungen,
- verwenden die Lagebegriffe »links«, »rechts«, »neben«, »zwischen«, »oben«, »unten«, »vor«, »hinter«, »über«, »unter«, »auf«, »hinten« und »vorne«, um die Lage

von Gegenständen in Relation zum eigenen Körper und Lagebeziehungen von Gegenständen treffend zu beschreiben,

Abb. 19: Sprung über die »fünfte« Fliese

- beschreiben nachvollziehbar den Verlauf von Wegen in der unmittelbaren räumlichen Umgebung und verfolgen Wege nach Anweisung sowohl in einfachen Plänen als auch Wege nach Anweisungen (z. B. mit Pfeilsymbolen, in Worten; Handlungsplanung),
- erstellen Skizzen und Lagepläne und nutzen diese zur Orientierung im Raum sowohl handelnd als auch in ihrer Vorstellung,
- nehmen verschiedene Perspektiven ein, um Ansichten und Lagebeziehungen (von vorne, von hinten, von links, von rechts, von oben, von unten) zu beschreiben,
- stellen zwischen zwei- und dreidimensionalen Darstellungen von räumlichen Gebilden (z. B. Würfelgebäude) Beziehungen her (ebd.).

Weitere Spiel- und Bewegungsformen zur Orientierung am eigenen Körper: Die Kinder gehen unter Musikbegleitung im Raum umher. Bei Musikstopp begrüßen sie sich nach Ansage mit der rechten Hand, zeigen auf ihre rechte Hand, ihren rechten Fuß, tippen dem*der Mitspieler*in auf die rechte Schulter. Oder bei einem Fangspiel dürfen sie den*die Mitspieler*in nur mit der rechten Hand abschlagen oder nur auf der rechten Schulter, dem rechten Knie berühren und sie müssen als Fänger ihre rechte Hand auf die Stelle legen, an der sie abgeschlagen wurden.

Neben der Entwicklung des Körperschemas ist das visuelle Wahrnehmungssystem von großer Bedeutung: Klassifikationsleistungen, die Einschätzung von Größenrelationen (Größe, Länge, Breite, Höhe), die Wahrnehmungskonstanz (d. h. Objekte oder Mengen als gleich zu erkennen, unabhängig von ihrer räumlichen Anordnung). Räumliche Vorstellungsleistungen (Raumlagebeziehungen, Rechts-links-Orientierung) werden vor allem durch die kognitive Verarbeitung visueller Reize vollzogen (Merdian 2005, S. 2). Deshalb sollten auch für die Förderung der visuellen Wahrnehmung vielfältige Möglichkeiten bei Spiel- und Bewegungssituationen angeboten werden. Gelegenheiten dazu finden sich bei den beliebten

4.1 Handeln-Sprechen-Schreiben als didaktisch-methodische Leitlinie

Fangspielen im Grundschulalter oder im Alltag, können aber auch gezielt initiiert werden:

Beim Fangspiel dienen bestimmte Punkte im Raum als Freimal. »Ihr könnt nicht gefangen werden, wenn ihr auf einer Bank steht; eine Hand, ein bestimmtes Körperteil, Holz, Glas oder Plastik oder einen Kreis oder ein Viereck u. a. berührt.«

Ein Klassiker ist das Spiel: »Ich sehe was, was du nicht siehst«. Dabei wählt ein*e Spieler*in einen für ihn sichtbaren Gegenstand aus und sagt: »Ich sehe was, was du nicht siehst und das ist blau«. Die*Der Mitspieler*in versucht zu erraten, welchen Gegenstand sich die*der Spieler*in ausgesucht hat.

Beim Ratespiel: »Was hat sich verändert?«, bittet ein*e Spieler*in die*den Mitspieler*in sich eine bestimmte Situation (z.B. Anordnung von Körperhaltungen) genau einzuprägen. Dann verändert ein*e Spieler*in etwas an ihrer*seiner Kleidung, ihrem*seinem Outfit oder z. B. auf dem gedeckten Tisch. Anschließend muss die*der Mitspieler*in erraten, was sich verändert hat.

Weitere Spielformen, welche die visuelle Wahrnehmung des Kindes fördern sind: Puzzles, Dominospiel, Steckspiele, Duplo- oder Legospiel, Ausmalen von Bildvorlagen, Ausschneiden von Figuren und alle Spiele, die mit Fangen und Werfen und mit Zielen zu tun haben.

Es liegt im Ermessen der*des Pädagog*in, auf welche Erfahrungs- und Aufgabenformate sie*er im Unterricht und in der Förderung zurückgreifen möchte und kann. Das Beispiel zur Erarbeitung einzelner Körperteile (▶ Tab. 1) zeigt exemplarisch das bewegungsorientierte Lernprinzip mit Überlegungen zur Selbstorganisation der Schüler*innen auf. Mithilfe einer *enaktiven*, also handlungsorientierten, und auch regelgeleiteten Auseinandersetzung werden grafomotorische Voraussetzungen des Schriftspracherwerbs konstituiert, dann *ikonisch* fixiert und schließlich *symbolisch* nach unterschiedlichen Gesichtspunkten erfasst.

Tab. 1: Exemplarische Übersicht zum Erfahrungs- und Aufgabenformat zur Körperkenntnis

Intention	Bereich: Körperraumwahrnehmung
Aufgaben zur Erfahrung einzelner Körperteile (Körperkenntnis)	Luftballons mit verschiedenen Körperteilen in der Luft halten Schüler*innen (SUS) experimentieren selbst Moderation: »Wer hat denn den Luftballon mit dem Kopf bzw. der Stirn in der Luft gehalten?« »Probiert es mal aus!« (Körperteile werden von oben nach unten einzeln »durchgespielt«)
Impulse an SUS zur Selbstorganisation	SUS gehen zu zweit oder zu mehreren zusammen und sollen ein Spiel erfinden, das ihnen Spaß macht »Probiert doch mal aus, mit welchen Körperteilen ihr am besten hin und her spielen könnt!«
Fragen, Provokationen	»Wie könnt ihr es schaffen, dass jede*r SUS zwei Berührungen mit Luftballon hat, bevor er weitergespielt wird?«
Ikonische und symbolische Fortführung der Erfahrungsformate	Körperbild malen (Körperumriss nachzeichnen) und Teile beschriften Spezielle Körperteile (z.B. Dreh- und Kippgelenke) können akzentuiert werden »Welche Körperteile sind angenehm/unangenehm innerhalb einer Berührung?«

Lateralität als Basiskompetenz

Jeder Mensch weist eine morphologische Symmetrie der körperlichen Extremitäten und der Hemisphären des Gehirns auf, was jedoch nicht bedeutet, dass sich rechte und linke Seite funktional völlig entsprechen. Die funktionale Asymmetrie zeigt sich z. B. in den unterschiedlichen Fertigkeiten der beiden Hände, von denen die eine in der Regel geschickter als die andere ist. Lateralität (Seitigkeit oder Dominanz) bedeutet den bevorzugten Gebrauch einer Körperseite, bessere Leistungen eines paarig angelegten Aufnahmeorgans (Vorzugsauge, -ohr) oder eines Ausführungsorgans (z. B. der Hände oder Füße), einer größeren Geschicklichkeit oder Kraft einer Körperseite (Barth 2012, S. 97).

Im Entwicklungsprozess des Schriftspracherwerbs muss eine Lateralisation stattfinden, damit eine Hand die Haltefunktion übernehmen und den größten Teil der zur Verfügung stehenden Gesamtenergie z. B. der stiftführenden Hand überlassen kann, während die andere Hand Haltefunktionen erfüllt. Erst dadurch entsteht Geschicklichkeit als Ergebnis räumlicher und zeitlicher Variablen in Relation zu einer bestimmten Aufgabenstellung (z. B. beim Ausschneiden mit einer Schere oder beim Schreiben). Diese Aufgabenverteilung muss sowohl in den Extremitäten als auch in den beiden Großhirnhemisphären im Sinne einer relativen Zuständigkeitsverteilung erfolgen, da das Gehirn als eine Art Netzwerk stets in seiner Gesamtheit beteiligt ist. Das Entscheidende daran ist, dass sich diese Netzwerkkonstellationen je nach Anforderungsprofil der Aufgabe und Entwicklungsgrad des Organismus, nach den relativen Spezialisierungen beider Hemisphären ausrichten (Fischer 2006, S. 97; ▶ Tab. 2).

Tab. 2: Cerebrale Lateralisation von Fähigkeiten nach Fischer (2018, S. 167)

Linke Hemisphäre (zeitlich-verbale Steuerungsleistungen)	Allgemeine Funktion	Rechte Hemisphäre (visuell-räumliche Verarbeitungsleistungen)
Wörter, Buchstaben Lokale Information Detailanalyse visueller Bildinformation	Sehen	geometrische Muster Gesichter, Farben emotionaler Ausdruck globale räumliche Information
Sprachlaute Kurz aufeinanderfolgende Geräusche	Hören	nichtsprachliche Laute Umgebungsgeräusche Musik
	Tasten	Taktiles Erkennen komplexer Muster (Blindenschrift: Braille)
Komplexe Bewegungen Feinmotorik, Zielmotorik	Bewegung	Haltung, Stand, Bewegung im Raum
Verbales Gedächtnis	Gedächtnis	nichtverbales Gedächtnis
Emotion (Annäherung) Positive Emotionen	Emotionen	Emotion (Abwehr) negative Emotionen

Tab. 2: Cerebrale Lateralisation von Fähigkeiten nach Fischer (2018, S. 167) – Fortsetzung

Linke Hemisphäre (zeitlich-verbale Steuerungsleistungen)	Allgemeine Funktion	Rechte Hemisphäre (visuell-räumliche Verarbeitungsleistungen)
Sprechen, Lesen Schreiben, Arithmetik	Sprachliche Fähigkeiten	Prosodie emotionaler Inhalt
	Räumliche Fähigkeiten	Mentale Rotation von Formen
Verarbeitung sequentieller (zeitlicher) Informationen Aufmerksamkeit als exekutive Funktion Verbales Arbeitsgedächtnis	Übergeordnete Funktionen	Verarbeitung von Mustern Aufmerksamkeit, Alertness (übergeordnet) Selbstkontrolle

Die Lateralisation lässt sich am besten mit dem Funktionspaar verbal (= primär links repräsentiert) und visuell-räumlich (= primär rechts repräsentiert) charakterisieren. Das Gehirn organisiert sich jedoch nicht nach dem Alles-oder-Nichts-Prinzip, sondern hauptsächlich komplementär im Sinne einer relativen Zuständigkeit der Hirnhemisphären an einem zentralen Gesamtkonzept. In diesem Aufgaben- bzw. Förderfeld ist die körperliche Aktivität, insbesondere die der Hände entwicklungsleitend.

Zur Förderung gilt es, Möglichkeiten anzubieten, in denen das Kind räumliche Strukturen erkennen, einordnen und mit ihnen hantieren kann. In diesen *handlungsorientierten* Situationen sollen die Kinder sich zwischen ihren beiden Körperseiten und vor allem ihrer Hände entscheiden müssen, um zu erfahren, welche die am häufigsten benutzte Seite ist und welche Seite sie als die Bevorzugte empfinden. Richtungsweisend für Unterricht und Förderung sind folgende Thematiken zur Anregung der Lateralität:

- Entwicklung des Zusammenspiels beider Körperseiten,
- Bewegungsabläufe und Tätigkeiten mit beiden Händen durchführen, um die Präferenz zu verstärken,
- Überkreuzen der Körpermittellinie,
- Einsatz der/des geschickteren Hand/Fußes für besondere Aufgaben bewusst wahrnehmen,
- Händigkeit ausprägen oder weiterentwickeln,
- vorwiegend mit einer bestimmten Hand im Schriftspracherwerb tätig zu werden.

Bedeutsam ist in den Förderprozessen, das Kind nicht auf seine (noch unzureichende) Funktionstätigkeit der Hände zu reduzieren, sondern das Lernen mit allen Sinnen eine wichtige und notwendige Grundlage für die Gesamtentwicklung anzuerkennen (▶ Tab. 3). Für einzelne Bereiche kann die Pädagog*in akzentuiert Impulse geben, um die Intensität der Auseinandersetzung für einen bestimmten Bereich zu erhöhen.

Tab. 3: Exemplarische Übersicht zum Erfahrungs- und Aufgabenformat zur Differenzierung zwischen linker und rechter Hand

Intention	Bereich: Lateralität
Differenzierung zwischen linker und rechter Hand (Bau einer Krake) 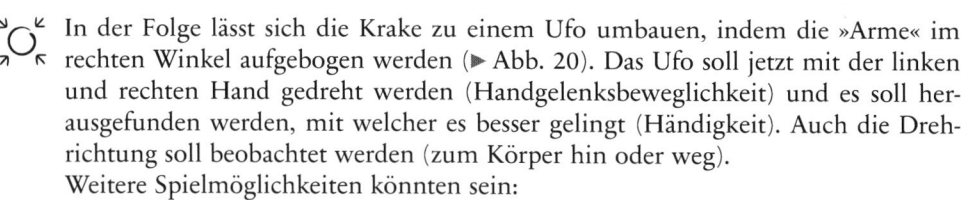	Schüler*innen (SUS) sollen den Joghurtbecher in Streifen reißen und die »Arme« etwas nach außen biegen SUS sollen zwischen Halte- und Operationshand differenzieren Moderation: »Versucht mal mit der anderen Hand zu reißen! Mit welcher Hand geht es besser?«
Impulse an SUS zur Selbstorganisation	SUS sollen durch Tippen die Krake fortbewegen (Handwechsel anregen) »Überlegt gemeinsam welche Spielformen ihr zu zweit entdecken könnt« (Wettrennen, Hochspringen, Slalomlaufen u. a.)
Fragen, Provokationen	Durch das Tippen macht die Krake Geräusche. »Könnt ihr Euch eine Rhythmusfolge der*des Partner*in merken und nachmachen?« »Könnt ihr eine Rhythmusfolge mit beiden Händen gleichzeitig entwickeln?«
Ikonische und symbolische Fortführung der Erfahrungsformate	Krake malen, mit Wachsmalblock abfrottieren oder eine Bauanleitung herstellen Den Rhythmus in andere Töne oder auf Papier übertragen (kurze und lange Töne) Den Rhythmus vom Papier aus nachspielen (Symbolbewusstsein festigen)

In der Folge lässt sich die Krake zu einem Ufo umbauen, indem die »Arme« im rechten Winkel aufgebogen werden (▶ Abb. 20). Das Ufo soll jetzt mit der linken und rechten Hand gedreht werden (Handgelenksbeweglichkeit) und es soll herausgefunden werden, mit welcher es besser gelingt (Händigkeit). Auch die Drehrichtung soll beobachtet werden (zum Körper hin oder weg).
Weitere Spielmöglichkeiten könnten sein:

- Zwei Ufos gleichzeitig mit beiden Händen drehen.
- Mit einem anderen Kind zusammengehen und beide Ufos gleichzeitig drehen lassen. Das andere Kind beobachtet, welches sich länger dreht (Wahrnehmen).
- Sich selbst so lange drehen, wie das Ufo sich dreht (Beobachten).
- Das Ufo auf verschiedenen Fingern andrehen (Handgeschick und Händigkeit). Das Ufo auf verschiedenen Fingern der linken und rechten Hand drehen (Wendler 2018, S. 204f.).

Abb. 20: Von der enaktiven zur ikonischen Darstellung im Kontext »Handeln-Sprechen-Schreiben (Malen)«

4.2 Entdecken und Eintauchen in Form und Schriftzeichen

Das skizzierte Modell Handeln-Sprechen-Schreiben basiert auf den aktuellen Überlegungen zu Bildungsprozessen auf der Grundlage im menschlichen Körper verankerter, sensorisch-ästhetischer-emotionaler Erfahrungsstrukturen. Bewegen und Handeln und dazugehörige Sinneserfahrungen sind also der Ausgangspunkt für die innere Verarbeitung (Denken), die von eigenen Weitererfahrungen ausgeht. Es begründet eine Vorgehensweise, der vom konkreten Handeln und gedanklichen Operationen ausgeht, zu Vorstellungen führt und schließlich in symbolisch geordnete, zumeist sprachliche oder auch schriftsprachliche Erkenntnisse (▶ Kap. 4.1) überführt wird (Schäfer 2007, S. 41).

Die Herausforderung inhaltlicher Planung im Unterricht und in der Förderpraxis besteht darin, in einem didaktisch-methodischen Entscheidungsprozess einen thematischen Rahmen zu ermitteln, der zur Integration der individuell bestimmten Förderziele möglichst aller Gruppenmitglieder geeignet ist. Die in der Praxis anzutreffende Heterogenität von ca. zwei bis drei Entwicklungsjahren (Bildungsserver Rheinland Pfalz 2019, o. S.) erfordert häufig eine innere Differenzierung, so dass es sinnvoll sein kann, Schnittmengen aus den individuellen Problemlagen der Kinder sowie für die einzelnen Untergruppen spezifische Inhalte der Kinder zu bilden, die sich in den gemeinsamen thematischen Rahmen einbetten lassen. Nach Festlegung des Themas ist der räumliche und materielle Ausstattungsbedarf zu ermitteln.

Insbesondere die durch das Materialarrangement intendierten Handlungsmöglichkeiten lassen sich durch gezielte Aufgabenstellungen je nach pädagogischer

Zielsetzung eingrenzen oder erweitern. Die Spiel- und Handlungsräume müssen didaktisch-methodisch so aufbereitet werden, dass ein selbstentdeckendes Lernen möglich wird. Nicht nur die Entdeckerfreude wird angeregt, sondern die Ergebnisse ermuntern die Lernenden, sich noch intensiver mit den Weltgegebenheiten auseinanderzusetzen. Um Einsicht in die Struktur (Zusammengehörigkeit) von Gegebenheiten und Informationen, die vorher nicht vorhanden waren, zu erlangen. »Selbstentdecken lehrt, Informationen so zu erwerben, dass sie für das Problemlösen weitaus fruchtbarer werden als die Methode, etwas *darüber* zu lernen, den Stoff also als fertiges Endprodukt im Gedächtnis zu speichern« (Gudjons 2001, S. 24).

Abb. 21: Durchrollen zweier Zick-Zack-Linien

Grundlage einer bewegungsorientierten Erkenntnistätigkeit bedeutet demnach, Phänomene wahrnehmen, strukturieren, ordnen und bedeutungsstrukturierend in (Schrift-)Sprache abbilden zu können. Über die Erlebnisse und Erfahrungen miteinander zu sprechen, ermöglicht die Entdeckungen der Wirklichkeit zu ordnen und über die eigene Erfahrung hinauszugehen, um anhand der anderen Erkenntnisse die eigenen subjektiven Verständnishorizonte zu vergleichen und zu erweitern.

Um für den Schreiblernprozess bedeutsame Formen zu erlernen, sollte die Bedeutung von Buchstaben im Anfangsprozess durch intensive bewegungs- und körperorientierte Angebote berücksichtigt werden, um den kindlichen Bewegungsdrangs zu kleinräumigen und konzentrierten Auseinandersetzungen zu befriedigen (Empfehlung der WHO: 60–90 Minuten intensive Bewegung pro Tag). Innerhalb der Auswahl von formgebenden Materialien eignet sich der Zollstock als höchst vielfältiges effizientes Fördermedium (▶ Tab. 4), das in den Möglichkeiten (Körper-, Raum- und Lateralitätsentwicklung) exemplarisch ausgeführt wird:

- Mit Zollstöcken einzelne Körperteile in verschiedenen Rhythmen antippen (aktives Wahrnehmen). Körperteile wahrnehmen, den Ort beschreiben (oben – unten) und/oder merken (erste und zweite Berührung).
- Körperstellungen anhand des gebogenen Zollstocks einnehmen (horizontal – vertikal).
- Größenverhältnisse abmessen anhand der ausgeklappten Teile (Menge) oder anhand des Zahlenstrahls.
- Raumgrößen kennen lernen, wenn die Zollstöcke in verschiedenen Höhen aufgelegt werden (in Verbindung mit der Körperlänge oder -lage [Vierfüßlergang oder auf dem Bauch]).
- Auf dem eigenen ausgeklappten und am Boden liegenden Zollstock laufen/balancieren schnell/langsam mit Richtungswechsel. Anschlussmöglichkeiten an die Strecken anderer Kinder finden. Raumrichtungen (vor, zurück, seitlich) wahrnehmen, nachvollziehen und benennen.
- Raum-Lage-Beziehungen vom eigenen Körper aus herstellen, indem sich das Kind vor, hinter oder seitlich neben eine Gestalt stellt, setzt oder legt (Stoppspiele). Sich in verschiedene Gestalten (Viereck) reinstellen, draufstellen oder über diese Gestalten drüber springen (verschiedene Längen oder Höhen).
- Mit den Zollstöcken werden Straßen und Kreuzungen gelegt, die als Orientierung dienen. Farben bestimmen die Bewegungshandlung.
- Auf den im Raum verteilten Zollstöcken bestimmte Ziele erreichen (Raumseiten).
- Den Zollstock von der einen in die andere Hand geben und ausgeklappt auf Hand und Finger in der Luft halten (linke und rechte Hand, Bein oder Fuß = Lateralität).
- Halte- und Operationshand beim »Hantieren« tauschen.
- Durch Auseinander-Ziehen verschiedene Rhythmen vorgeben und nachmachen (planen, merken, nachmachen).
- Ein Kind legt seinen Zollstock irgendwie in den Raum. Ein anderes legt ihn in dieser Raumkomposition daneben/darauf (Figur-Hintergrund-, Raumlagewahrnehmung).
- Mit Zollstöcken sollen verschieden große Flächen im Raum entstehen. Kinder gehen/laufen/hüpfen in die verschiedenen Formen (Erkennen, Benennen, Beschreiben der Formen) (Wendler 2008, S. 205 ff.).

Allzu oft ist in diesen Experimentierphasen zu beobachten, dass im Umgang mit dem Zollstock sich die Kinder auf den Boden setzen und verschiedene geschlossene Grundelemente (Viereck, Dreieck, Raute, Stern, Drachen, »eckiges Rund«) entstehen, die den Grundelementen der Schrift sehr ähneln. Aber auch offene Gestalten bilden sich meist zu Beginn aus, wie etwa eine Linie, eine Zick-Zack-Gestalt oder ein »eckiger« Bogen. Innerhalb einer Partnerschaft erfinden Schüler*innen oft Kreuze oder Sechsecke (Zollstöcke liegen aufeinander) oder Pfeile (Linie und Dreieck), wenn sie dazu aufgefordert werden, beide Zollstöcke für die Form zu benutzen (▶ Abb. 22).

4 Theoriegeleitete Praxis für Unterricht und Förderung

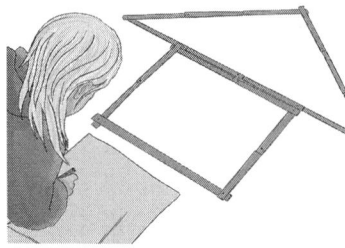

Abb. 22: Kombination von unterschiedlichen Formen

Tab. 4: Exemplarische Übersicht zum Erfahrungs- und Aufgabenformat zu verschiedenen Formen mit einem Zollstock

Intention	Bereich: Grundlegende Formen entdecken
Kennenlernen unterschiedlicher Formen und Möglichkeiten der Reproduktion entdecken	Schüler*innen (SUS) experimentieren mit kleineren Zollstöcken und »erfinden« verschiedene Formen SUS legen ihre Gestalten auf den Boden und beschreiben die für Sie geltende Bedeutung Moderation: »Was ist an deiner Form so einzigartig?« (Besprechung: sieht aus wie …, Seiten haben un-/gleiche Länge, verschiedene Spitzen [Stern] etc.)
Impulse an SUS zur Selbstorganisation	SUS suchen sich eine der verschiedenen Formen der anderen SUS aus (▶ Abb. 23) »Probiert mal aus, ob ihr die ausgewählte Form nachbauen könnt. Worauf müsst ihr beim Bau achten?«
Fragen, Provokationen	Der »Urheber« der Form bekommt die Aufgabe, die Richtigkeit zu überprüfen und zu kommentieren
Ikonische und symbolische Fortführung der Erfahrungsformate	SUS malen ihre Lieblingsform ab oder frottieren mit Wachsmalblöcken die Gestalt in Originalgröße ab SUS bekommen die Aufgabe, andere abfrottierte Formen nach der Vorlage nachzubauen SUS sollen ausgewählte Formen im Umfeld der Schule finden (z. B. Tür als Quadrat) und herausfinden, wie die Form bei Erwachsenen heißt

Im wahrnehmungsgeleiteten, aktiven Handeln und im experimentellen Produzieren von Zeichen gehen Kinder auf Entdeckungsreise und suchen den Weg zur Schrift, so dass sich folgende Zielsetzungen zusammenfassend als sinnvoll erweisen.

- Wahrnehmen von Gestalten,
- kennen lernen grundlegender Formen und Formelemente,
- finden und wiedererkennen von Formen/-elementen in Zeichnungen und Graphiken,
- erkennen des Symbolcharakters von Formen,
- Merkmale wahrnehmen und erfassen,
- Merkmale deuten und sprachlich beschreiben,
- erfinden und produzieren von Formen,

Abb. 23: Nachbauen und Kopieren von Formen

- Formen und Symbole auf verschiedene Weise festhalten,
- Geschriebenes oder Gemaltes betrachten und »lesen« (im Sinne von Beschreiben) (Wendler 2008, S. 206).

Um die Welt der Buchstaben zu erforschen, können die Schüler*innen in der Folge typische Formen in der Umgebung bewusst suchen (z. B. Luftballon, Ei, ovale Schale, Kiwi, Kartoffel für länglichen Kreis oder für den Buchstaben O). Diese Schriftelemente (Striche, Bögen, Kreise, Ovale und Überkreuzungen) können sie in ein Bild einbinden, mit einem Bleistift vorzeichnen und ein anderes Kind spurt nach oder vervollständigt das Element. Mit einem Wechsel der Wahrnehmungsqualitäten (Malen der Elemente in einer Sandkiste, Nachlegen von Buchstaben mit Seilen, Nachspuren mit einem Klebestift und Bestreuen mit Sand, taktiles Ertasten von Elementen aus Schmirgelpapier oder Buchstaben auf den Rücken oder in die Hand schreiben) lassen sich die Schriftelemente gut und nachhaltig variieren. In Partner- oder Kleingruppenarbeit können Schüler*innen verschiedene Ebenen wechseln: z. B. vormachen und nachmachen, nachmachen, variieren und festhalten auf Papier, erfassen und sprachlich beschreiben, sprachlich beschreiben und schriftlich (re-)produzieren.

Grundsätzlich dienen die vier Lernstufen als didaktische Hinweise für die Gestaltung von Begegnungen mit Formen und Buchstaben:

- *Lernstufe 1:*
  Kennenlernen von verschiedenen Elementen
  z. B. Nachfahren (z. B. tracing mit einem Finger)
- *Lernstufe 2:*
  Üben verschiedener Elemente
  Übertragen, Nachzeichnen (copying)
- *Lernstufe 3:*
  Variationen mit Elementen verschiedener Bewegungsklassen (variegating),
- *Lernstufe 4:*
  variiertes Verknüpfen bisher erlernter Elemente (linking).

4 Theoriegeleitete Praxis für Unterricht und Förderung

Als möglichen weiteren Lernschritt hat es sich als gewinnbringend erwiesen, die verschiedenen Formen mit der Buchstabenwelt der Erwachsenen intensiver zu analysieren und zu vergleichen im Sinne: »Was kennt ihr denn schon (z. B. Formen in eurem Namen?): In welchen Buchstaben finden sich das Zick-Zack (M oder W), ein oder mehrere Halbkreise wieder (B, P) oder Linien in verschiedenen Richtungen (T, A)?« Anschlussfähig ist eine Sammlung der Anfangsbuchstaben der Vornamen der Schüler*innen (A – Anke, B – Bert): »Welche Wörter fallen euch noch zu dem jeweiligen Buchstaben ein?«

Eine bewegungs- und lautorientierte Einführung der Buchstaben gelingt gut anhand einer Anlauttabelle mit Tiersymbolen, die auf Karten übertragen werden und von den Schüler*innen in ihrer jeweiligen Besonderheit (Geräusche, Körperhaltung, Verhaltensweisen) nachgespielt werden (▶ Tab. 5).

Tab. 5: Exemplarische Übersicht zum Erfahrungs- und Aufgabenformat zur bewegungs- und lautorientierten Einführung von Buchstaben

Intention	Bereich: Einführung von Buchstaben
Anlaute von Buchstaben	Schüler*innen (SUS) bekommen von der*dem Pädagog*in Karten mit verschiedenen Tieren SUS spielen typische Geräusche und Bewegungen der Tiere. Diese müssen geraten werden Moderation: »Mit welchem Laut beginnt das Wort ›Affe‹? Könnt ihr den Laut noch einmal wiederholen?«
Impulse an SUS zur Selbstorganisation	SUS suchen sich andere Buchstaben in verschiedenen Schriftarten (Katalog, Zeitung) aus, lassen die von anderen SUS raten und suchen gemeinsam nach Wörtern
Fragen, Provokationen	»Welche Worte könnt ihr zu dem Buchstaben ›O‹ finden (z. B. Oma, Ofen, Ole)?«
Ikonische und symbolische Fortführung der Erfahrungsformate	SUS bringen ihre gefundenen Wörter in eine andere Darstellungsform »Könnt ihr die Worte schreiben oder ggf. malen (auch phonematisch, z. B. «Ofn»)?« SUS sollen aus den verschiedenen Wörtern eine Geschichte erzählen oder aufschreiben

Zum Verfestigen einzelner Buchstaben und deren Lautzuordnung ist der Wechsel zwischen den verschiedenen Darstellungsformen (▶ Kap. 3.4) sehr bedeutsam, damit die Lernprozesse nicht nur auf der Ebene der Lernbegleitung bleiben. Beispiele für bewegungsorientiertes Verfestigen können sein:

Für jeden Buchstaben werden Bewegungsaufgaben bzw. -formen von den Schüler*innen ausgedacht und festgelegt, die der geschriebenen Form des Buchstabens nahe kommen (z. B.: A = Grätschstand, T = Arme seitlich gestreckt, O = sich kugelrund machen, M = zu zweit mit Handhaltung darstellen, U = auf dem Rücken liegend Arme und Beine in die Luftstrecken oder E = Arme und ein Bein zur Seite strecken). Die Anwendung erfolgt beispielsweise in Fangspielen:

- bestimmte, vereinbarte oder gezeigte Buchstaben als Freimal (»Ihr könnt nicht gefangen werden, wenn ihr zu zweit ein M darstellt [und den Laut gemeinsam lautlich darstellt]«),
- dargestellte Buchstaben als Befreiungsmöglichkeit (z. B.: »Wenn ihr gefangen seid, dann macht einen Grätschstand für den Buchstaben A und andere Schüler*innen tauchen durch eure Beine durch und ihr seid wieder im Spiel«),
- Buchstaben als Darstellungsspiel: Schüler*innen gehen auf unterschiedliche Arten (vorwärts, rückwärts, seitwärts, hüpfend u. a.) durch den Klassenraum und es wird ein Buchstabe gerufen oder gezeigt, der dann von den Schüler*innen dargestellt werden soll.
- Auch lassen sich die 26 Buchstaben nach einiger Zeit gut mit dem ABC verbinden, indem das Kind mit dem Anfangsbuchstaben A bei der Nennung eine Bewegungsaufgabe erfüllt. Das nachfolgende Kind mit dem Buchstaben B könnte eine Tätigkeit nennen oder spielen, die mit dem Buchstaben B beginnt (bauen, basteln usw.).

In gemeinsamer Absprache lassen sich auf diese handlungsorientierte Lernweise Bewegungsrichtungen und Abläufe (stehen bleiben, Arme strecken und dann das Bein zur Seite hochnehmen) erfassen, ausführen und mit dem vorgegebenen, »richtigen« Bewegungsablauf der Druckschrift vergleichen.

Weiter festigen lassen sich die verinnerlichten Buchstaben durch Nachspüren und Übertragen (▶ Abb. 24). Innerhalb vorgegebener Freiräume (durch Umrisslinien oder durch Rasterung) können Schüler*innen die Schreibbewegungen unter Nutzung von Bewegungspfeilen mehrfach farblich nachspuren und -spüren. Wenn die Kinder die Buchstabenform aus dem Gedächtnis heraus produzieren können, sollten sie den jeweiligen Buchstaben mit und ohne Vorlage freischreiben (Topsch 2005, S. 110). Dabei sollte möglichst in Anwendungssituationen eingebettet sein, den Sprachlaut, die Buchstaben und den Bewegungsablauf miteinander zu verbinden und zu variieren (z. B. Gegenstände aufmalen, ausschneiden oder aufkleben, die mit einem bestimmten Buchstaben beginnen). Im Wechsel der Darstellungsformen können Schüler*innen den Anfangsbuchstaben bewegungsorientiert darstellen, lautieren oder daneben schreiben.

Alle Schreibrichtungen lassen sich letztlich auf Linksdrehungen oder Rechtsdrehungen zurückführen, was für Druckschrift und Schreibschrift gleichermaßen zutrifft (Topsch 2005, S. 159). Andere Linienführungen (Senkrechte, Waagrechte, Diagonale und Punkte) können als Teilstrecken von Drehbewegungen aufgefasst werden, die die Schüler*innen auf der ikonischen Darstellungsebene schon bei der

4 Theoriegeleitete Praxis für Unterricht und Förderung

Abb. 24: Körperbezogene Darstellungen des Buchstaben E und Reihenfolge der Produktion

Eroberung des Körperraums (▶ Kap. 3.3) und im Umgang mit Raum und Form (▶ Kap. 4.3.3) verinnerlicht haben sollen.

Als Variation der Darstellungsform zurück zum Enaktiven können Schüler*innen beispielsweise auf unterschiedlichen Bewegungsarten (z. B. auf Zehenspitzen) ein zur Buchstabenform ausgelegtes Seil nachlaufen, mit einem Ball eine auf den Fußboden gezeichnete oder mit Klebestreifen ein aufgeklebtes Symbol nachrollen.

Es macht didaktisch aber wenig Sinn, wenn die Schüler*innen an irgendeiner Stelle in die Buchstabenform »hineinspringen« oder einen Buchstaben in der gegenläufigen und damit »falschen« Richtung ablaufen. Vielmehr ist es notwendig, die Bewegungsabläufe mit den Kindern zu verbalisieren (▶ Kap. 3.2) und nach einer individuellen Erkundungs- und Erprobungsphase mit den Schüler*innen

- den Startpunkt,
- die Verlaufsrichtung,
- Haltepunkte und
- Endpunkte zu besprechen und weiterhin zu üben (ebd., S. 108).

Wörter aus Lauten und Silben entwickeln

Zur Verbindung einzelner Elemente des Buchstabensystems lassen sich Buchstaben auf die Fingernägel beider Hände kleben. Auf den Fingern der einen Hand befinden sich die Vokalbuchstaben »a«, »e«, »i«, »o«, »u« – auf den Fingern der anderen Hand ausgewählte Großbuchstaben (z. B. »M«). Die Schüler*innen können nun mit den Fingerspitzen unterschiedliche Silben bilden, z. B. »Ma«, »Me«, »Mi«, »Ma«, »Mu«. Danach können sie die gefundenen Silben auf ein Blatt schreiben und mögliche zugehörige Wörter oder Bilder dazu finden, malen oder sich aufschreiben (z. B. »Maler«, »Mist«, »Motor«, »Mehl«).

Die gefundenen Wörter können auf Wortkarten an verschiedene Stellen des Klassenraums, Flur oder Turnhalle aufgehangen werden. In Partnerarbeit führt ein*e Schüler*in den*die Partner*in mit geschlossenen Augen zu einer Wortkarte.

Dort drückt die*der Partner*in den »Scan«-Knopf, der bewirkt, dass die*der Schüler*in die Augen öffnet und sich das Wort auf der Wortkarte einprägt. Dann schließt sie*er wieder die Augen und wird an ihren*seinen Platz geführt und dort schreibt sie*er das Wort auf (Beckmann et al. 2021, S. 39).

Tab. 6: Exemplarische Übersicht zum Erfahrungs- und Aufgabenformat zum Wörterspringen

Intention	
Für bestimmte Tun- oder Namenswörter sollen Fliesen gelegt und später für Wörter die jeweiligen Muster mit Teppichfliesen gefunden werden	Zur Einstimmung liegen Teppichfliesen mit aufgeklebten Buchstaben und entsprechende Wortkarten (z. B. »Maus«) bereit und Schüler*innen (SUS) springen die vorbereiteten Wörter ab
	SUS sollen das Wort abspringen und laut synthetisieren: M...a...u...s
	Moderation: »Könnt ihr für die bereitgelegten Wortkarten die korrekte Anzahl von Fliesen legen und abspringen?«
	Ein Kind liest ein Wort vor, ein anderes Kind legt die entsprechende Anzahl der Fliesen und buchstabiert »springend« das Wort
Impulse an SUS zur Selbstorganisation	SUS gehen zu zweit oder zu mehreren zusammen und übertragen mit Klebeband die Buchstaben der Wörter auf den Karten auf Teppichfliesen
	SUS springen die einzelnen Wörter ab
Fragen, Provokationen	»Wenn ihr genau hinhört, wie das Wort ›Maus‹ ausgesprochen wird, wie wirkt sich das auf den Abstand der Fliesen aus?« (Doppellaut »au« = Abstand der Fliesen wird gekürzt oder zusammengesprungen)
Ikonische und symbolische Fortführung der Erfahrungsformate	SUS schreiben Wörter mit Doppellaut (z. B. »eu«, »ei«, »au«) oder Doppelkonsonant oder doppelten Mitlaut und springen diese als Grätschsprung ab, während jeder einzelne Buchstaben mit einem Schlusssprung gehüpft wird
	SUS suchen die jeweiligen vorbereiteten Muster für Wörter mit doppelten Mitlaut, z. B. »Wetter«, »Watte«, »Flamme«, »Fall«, »Schwimmer«, »Untertasse« u. a.

In der Unterrichts- und Förderpraxis zeigt sich, dass die Verwendung von Wort- oder Bildkarten die Schüler*innen verstärkt anregen, diese selbst gelegten oder geschriebenen Worte/Sätze auch handschriftlich abzuschreiben/abzuzeichnen. Die

Sorge ist unbegründet, die Bild- und Wortkarten könnten die Schüler*innen vom »eigentlichen« Schreiben abhalten. Vielmehr motiviert der Wechsel der Darstellungsformen, die Aufforderungen zum eigenen »Erfinden« und die Erprobung, Umsetzung und Überprüfung eigener Lösungsversuche und die von anderen Schüler*innen in Bewegung im höchsten Maße (Günther 2018, S. 157).

Hinführen und Verfestigen der Schriftsprache

Sinnerschließende und lernbegleitende Bewegungssituationen können aber noch im weit größeren Umfang für den Schriftspracherwerb genutzt werden, um den Einstieg und das Verfestigen zu unterstützen:

- Schüler*innen denken sich ein Wort aus und nennen es der Klasse/Fördergruppe. Für jede Silbe wird ein Hüpfer gemacht oder geklatscht.
- Schüler*innen oder Pädagog*in schreiben verschiedene Wörter an die Tafel. Jeweils ein*e Schüler*in sucht sich ein Wort aus und stampft mit den Füßen die Anzahl der Buchstaben und klatscht oder hüpft die Anzahl der Silben, so dass das Wort erraten werden kann. Erfolgt das nicht, kann das Wort pantomimisch vorgespielt werden (vgl. auch Beckmann et al. 2019).
- Die Groß- und Kleinschreibung kann gefestigt werden, wenn Sätze zunächst zusammenhängend, dann langsam Wort für Wort vorgelesen werden. Die Schüler*innen entscheiden dann bei jedem Wort, ob es groß (aufstehen und nach oben strecken) oder klein (vor dem Stuhl sitzen) geschrieben wird. Nach Besprechung der Lösung kann der Satz auf Papier festgehalten werden.
- Kurze und lange Vokale können durch verschiedene Bewegungen zum Ausdruck gebracht werden, z. B. mit Hilfe eines Balles. Kinder stehen sich gegenüber und bekommen Wörter gesagt oder gezeigt: bei einem kurzen Vokal (z. B. Koch) wird der Ball von einem Kind zum anderen geprellt; bei einem langen Vokal (z. B. rot) wird der Ball am Boden gerollt. Aufgeschriebene Wörter können mit einem Punkt für kurz und einen Unterstrich für einen langen Vokal gekennzeichnet werden.
- Über Körperbewegungen können Kinder darstellen, wo die Betonung, d. h. der Laut, im Wort steckt: vorn, hinten oder in der Mitte. Sitzt er vorne wie beispielsweise bei dem Wort S̲alat, strecken Kinder sich einschließlich ihrer Arme in die Höhe. Sitzt der Laut in der Mitte (z. B. Ha̲se), bringen die Schüler*innen ihre Hände vor dem Körper zusammen, und sitzt der Laut am Ende (z. B. Hal̲s), bücken sich die Schüler*innen und bringen ihre Hände auf den Boden (vgl. auch BzGA 2013).
- Um die Unterscheidung zwischen harten und weichen Konsonanten (z. B.: g – k, d – t, b – p) zu erkennen, werden den Schüler*innen in einer Art Staffelspiel Wörter gezeigt oder gesagt: Bei einem weichen Auslaut (z. B. Wald) springen sie auf eine Weichbodenmatte und bei einem harten Auslaut (z. B. Ast) springen sie auf eine härtere Gymnastikmatte. Bei der richtigen Entscheidung darf sich das Kind die Wortkarte abholen.

- Um Sätze zu bilden, erhalten Schüler*innen unterschiedliche Wortkarten mit Substantiv und Verben und bewegen sich im Raum. Die Kinder mit den Verben können diese auch in Bewegung »verkörpern« (z. B. hüpfen). Auf ein Zeichen sollen sich zwei Kinder zusammenfinden (z. B. Susi hüpft und Tom klatscht u. a.). Später können noch Objekte hinzugenommen werden, so dass Name plus Verb und Objekt zusammengeführt werden müssen.

Die Beispiele zeigen, dass Bewegung als Lernprinzip gut genutzt werden kann, um die Qualität des Lernprozesses zu erhöhen und diesen um einen weiteren »Erschließungskanal« zu ergänzen (Beckmann et al. 2021, S. 5). Diese Art des Lernens basiert zudem auf der hohen Selbstständigkeit der Schüler*innen in der selbst entdeckenden Erschließung auf der Basis sinnlicher Wahrnehmung und der »Einverleibung des Wahrgenommen« (ebd., S. 6). Dies gilt im besonderen Maße auch für ein Rechnen mit dem ganzen Körper im Unterrichtsfach Mathematik.

4.3 Bewegungs- und körperorientierte Zugänge für den Mathematikunterricht in der Grundschule

»Die Mathematik als Fachgebiet ist so ernst, dass man keine Gelegenheit versäumen sollte, dieses Fachgebiet unterhaltsamer zu gestalten.«
Blaise Pascal (1623–1662), Begründer der Wahrscheinlichkeitsrechnung

»Der mathematische Geist ist Urbesitz der Menschheit; er offenbart sich überall, wo Menschen leben, oder wo noch materielle Belege für einstmaliges Leben erhalten sind« (Hartner 1943, zit. in Endres/Schimmel 1984, S. 15). Viele Schüler*innen werden diesem Satz sicher nicht spontan zustimmen, müssen sie sich doch die mathematischen Grundkenntnisse mit großen Mühen aneignen. Dabei stehen sie mit ihrem Körper der Zahl so nahe. Zahl und Körper sind sich nicht fremd, orientiert sich doch das Zahlensystem beinahe in allen Kulturkreisen an Gegebenheiten unseres Körpers: Die Rechensysteme und Ziffern sind der einfachen Größe der fünf oder zehn Finger nachempfunden, die römischen Zahlen erinnern selbst in ihrer Form noch an ihre Herkunft von den Fingern. Bei den Kelten, Basken und anderen Völkern wurden die Zehen noch mit einbezogen, die Blöcke gingen also bis zwanzig, was bis heute noch in der französischen Sprache zu sehen ist (quatre-vingt = 4 x 20 = 80). Diese enge Verbindung zwischen Körper und Zahl wird auch deutlich beim Zählen, denn »egal in welcher Kultur, jedes Kind benutzt zu Beginn zum Zählen seine Finger« (Wantz 2006, S. 77).

Eine Studie von Boaler und Mitarbeiter*innen zeigt, dass das Rechnen mit den Fingern eine Schlüsselfunktion zum Verstehen mathematischer Sachverhalte darstellt – und nicht nur für Kinder, welche dabei sind, das Zählen zu lernen. Auch später steht die Repräsentation von Zahlen im Gehirn in engem Zusammenhang mit der körperlichen Vorstellung. Boaler sieht sie mit anderen als erforderlich, denn »if students are not learning about numbers through thinking about their fingers, numbers will never have a normal representation in the brain« (Boaler et al. 2016, S. 2).

Auch (heute veraltete) geometrische Maßeinheiten machen die enge Bindung der Mathematik an den Körper deutlich. Aufzeichnungen aus Babylonien und Ägypten sowie vereinzelte Schriften aus der Bibel zeigen, dass die Länge anhand der Maße von Arm, Hand oder Finger gemessen wurde. Dabei ist die menschliche Elle (vom Ellbogen bis zur Spitze des Mittelfingers) das erste Längenmaß, von dem berichtet wird. Eine halbe Ellenlänge ist die »Spanne« (Spannweite der Hand). Mit der Handbreite wird eine sechstel Elle gemessen, mit der Fingerbreite eine vierundzwanzigstel Elle. Ein Fuß maß bei den Römern sechzehn Finger, fünf Fuß einen Doppelschritt und tausend Doppelschritte eine Meile (Hjort 2020, o. S.). Als Richtschnur für bauliche Maßnahmen wurde in der Antike das Klafter verwendet, das als Längenmaß auf die Spanne zwischen den ausgestreckten Armen eines erwachsenen Mannes zurückgeht. Definiert wurde es traditionell mit sechs Fuß, also etwa 180 cm.

Was läge also näher, auch beim Erlernen mathematischer Grundkenntnisse den Körper als Medium einzusetzen – den Körper im Mathematikunterricht in Bewegung zu setzen? Lernen in Bewegung ist immer noch keine Selbstverständlichkeit, obwohl wir aus der Tradition der Pädagogik und jetzt auch aus der Hirnforschung wissen, dass wir am eigenen Leib Erfahrenes besser verstehen und auch dauerhafter in unseren Wissensschatz aufnehmen und behalten.

Dass es erforderlich ist, schon frühzeitig mit der Förderung mathematischer Kompetenzen zu beginnen, zeigen die Ergebnisse aktueller Studien zum Leistungsstand deutscher Schüler*innen im Fach Mathematik. Danach liegt – laut einer Pressemitteilung des Bundesministeriums für Bildung und Forschung – Deutschland im Fach Mathematik zwar mit 500 Punkten leicht über dem OECD-Durchschnitt von 489 Punkten. Die OECD-Spitzenstaaten sind Japan (527), Korea (526), Estland (523), Niederlande (519) und Polen (516). Doch gegenüber PISA 2012, als Mathematik zuletzt Hauptdomäne war, sind die Leistungen in Deutschland um 13 Punkte zurückgegangen. Seit 2012 ist der Anteil der Leistungsstarken von 17,5 auf 13,3 Prozent gesunken. Der Anteil der Leistungsschwachen ist seit 2012 von 17,7 auf 21,1 Prozent gestiegen (vgl. BfBF 2019, o. S.).

4.3.1 Bedeutung früher Mengen-Zahlen-Kompetenzen für die schulischen Mathematikleistungen

Um mathematische Kompetenzen zu fördern, gilt es schon im Vorschulbereich, »bei allen Kindern die vorhandene Neugier und den natürlichen Entdeckungsdrang auch hinsichtlich des Umgangs mit Zahlen, Mengen und geometrischen Formen für die Aneignung mathematischer Vorläuferkenntnisse und Fähigkeiten zu nutzen« (StMAS 2003, S. 77). Kinder besitzen schon im Alter von fünf Monaten eine Ahnung von numerischer Gleichheit. Sie müssen aber drei bis vier Jahre alt werden, um ein Verständnis für größere Mengen zu bekommen. Ab drei Jahren verstehen die meisten Kinder die Grundprinzipien, welche dem Zählen zugrunde liegen. Es ist davon auszugehen, dass die im Säuglingsalter erzielten Ergebnisse nicht auf dem Zählen, sondern auf dem »Mit-einem-Blick-Erfassen« beruhen – also eher einem Wahrnehmungs- als einem Rechenprozess unterliegen.

Dass Kinder erst mit etwa fünf Jahren die relative Größe der Zahlen zwischen 1 und 10 kennen und in der Lage sind zu zählen, zeigten z. B. Hilary Barth und Kolleginnen von der Harvard-Universität in einer Studie. Sie präsentierten ihnen am Computerbildschirm »eine gute Sekunde lang eine Anzahl blauer Punkte – zu viele, um sie in dieser Zeit wirklich zählen zu können –, ließen diese dann hinter einem Balken verschwinden und zeigten als nächstes eine Anzahl roter Punkte. Die Kinder sollten sagen, welche Punktmenge größer war. Im nächsten Schritt kamen die blauen Punkte in zwei Portionen hintereinander, und dann folgte erst die rote Menge. Und wieder sollten die Kleinen einschätzen, wovon sie nun mehr gesehen hatten – eine Addition war also »fällig« (Barth et al., zit. in Findeklee 2005, o. S.). Für die Kinder war es kein Problem, diese Aufgaben richtig zu bewältigen. Schwierig wurde es erst bei größeren Zahlen.

Die Forschungsgruppe von Dehaene (2012) fand heraus, dass mathematisches Wissen zweigeteilt ist und sich dies auch neurologisch in unterschiedlichen Regionen des Gehirns widerspiegelt. Entwicklungsgeschichtlich war es schon für unsere frühen Vorfahren bedeutsam, viele Feinde oder viele Beutetiere von wenigen zu unterscheiden. Diese Fähigkeit wurde auch bei Raben, Ratten, Salamandern und Blässhühnern beobachtet. Schimpansen waren nach intensivem Training sogar in der Lage Rechenoperationen im Zehner-Raum durchzuführen und mit diesen Zahlen Symbole zu verknüpfen (Devlin 2001, S. 36ff.). Diese Prozeduren finden neurologisch »im hinteren Scheitellappen beider Hemisphären ihren Platz. Er hat nichts mit Sprache zu tun, sondern ist vielmehr an visuell gesteuerten Greifbewegungen beteiligt und spielt eine Schlüsselrolle bei der räumlichen Aufmerksamkeit« (Mirabella 2005, S. 64). Demgegenüber gilt das sprachabhängige Zählen und Rechnen als späte kulturell erworbene Fähigkeit. Dieses beruht auf symbolisch-verbaler Repräsentation und ist wohl deshalb auch im Frontallappen der linken Hirnhälfte, also in der Nähe des Sprachzentrums lokalisiert.

Dieser Zusammenhang wird in der Neurodidaktik differenziert als »Privilegiertes Lernen« und »Nichtprivilegiertes Lernen«. Beim Privilegierten Lernen ist der Ablauf der Lernprozesse genetisch, durch biologische Entwicklungsprogramme festgelegt, wird durch spezifische Umweltbedingungen ausgelöst und in seinen Ausprägungen bestimmt. Dazu gehören z. B. Sprache als Mundraum-Kehlkopf-Atem-Artikulation zur Verständigung, aufrechtes Gehen, Prozesse der visuellen Mustererkennung, aber auch einfache Formen der Quantifizierung sowie Grundformen der sozialen Interaktion (Stern 2004, S. 6). Nichtprivilegiertes Lernen ist biologisch nicht festgelegt, da es sich hierbei um Kulturtechniken wie z. B. Lesen, Schreiben und Mathematik handelt, die es wiederum erst seit evolutionsgeschichtlich sehr kurzer Zeit gibt.

Angewendet auf das Lernen von Mathematik, wird deutlich, dass eine sinnvolle Vorbereitung nicht in der Vorgabe von Rechenaufgaben liegt, sondern in der spielerischen Sensibilisierung der Kinder für mathematische Muster in ihrer Umgebung. »So kann rechtzeitig der unseligen Tendenz entgegengewirkt werden, Mathematik vorwiegend als das korrekte Ausführen von Rechenprozeduren zu verstehen« (Stern 2004, S. 7).

Es gilt, bei der Einführung »nichtprivilegierten Lernens« durch kindgemäße und entwicklungsorientierte Angebote anzuknüpfen an den »angeborenen« Kompetenzen des Kindes. Dadurch könnte vermieden werden, dass viele Kinder mathematische Fragen und Sachverhalte ablehnen und dadurch irgendwann massiven Problemen in der Mathematik gegenüberstehen. Schwierigkeiten/Störungen beim Bearbeiten mathematischer Aufgaben werden in der ICD-11 – seit dem 01.01.2022 modifizierte Richtlinien der Weltgesundheitsorganisation (WHO) – als Lernstörungen in der Gruppe der »neurodevelopmental disorders« betrachtet.

> »Diese Störungen bestehen in einer umschriebenen Beeinträchtigung von Rechenfertigkeiten, die nicht allein durch eine allgemeine Intelligenzminderung oder eine unangemessene Beschulung erklärbar ist. Das Defizit betrifft vor allem die Beherrschung grundlegender Rechenfertigkeiten, wie Addition, Subtraktion, Multiplikation und Division, weniger die höheren mathematischen Fertigkeiten, die für Algebra, Trigonometrie, Geometrie oder Differential- und Integralrechnung benötigt werden« (WHO 2010, F 81.2).

Gemäß aktueller Studien sind ca. 3–7 % der Schulkinder betroffen (Moll et al. 2014, zit. in Hasselhorn 2022, S. 3).

Als Ursachen von Rechenstörungen verweisen neurowissenschaftliche Studien auf eine neuronale Problematik, andere Studien stellen eher psychosoziale Faktoren in den Vordergrund. So können Ängste, Kontrollverlust, allgemeine Niedergeschlagenheit, ein schwaches Selbstbild – verursacht durch das Verhalten von Bezugspersonen – mathematische Leistungen beeinflussen und Probleme in der Schule verursachen. Dies könnte dazu führen, dass rechenschwache Kinder »in den ersten Schuljahren häufig noch Unsicherheiten in den pränumerischen Grundlagen der Mathematik zeigen« (Merdian 2005, S. 1). Ihre Entwicklungsbedingungen hindern diese Kinder daran, sich in ihrem spielerischen Alltag die erforderlichen Grundlagen mathematischer Kompetenzen anzueignen. Dies beeinflusst auch die weitere schulische Laufbahn, wie eine Längsschnittstudie an 195 Kindergartenkindern zeigt. Ihr mengen- und zahlenbezogenes Vorwissen hat

> »einen entscheidenden Einfluss auf die späteren Leistungen im Mathematikunterricht der Grundschule. Als gute Prädikatoren haben sich in dieser Untersuchung Seriationsleistungen, Mengenvergleich, Zahlenwissen, Zählfertigkeiten und erste Rechenfertigkeiten erwiesen. Kinder, die im Vorschulalter diesbezüglich schwache Leistungen zeigten, wurden auch in der zweiten Klasse als rechenschwach identifiziert« (Merdian 2005, S. 2).

Dies spricht dafür, auf Grundlage des intuitiven, mathematischen Kernwissens bereits im Vorschulalter die Entwicklung »pränumerischer Kompetenzen« zu unterstützen und zu fördern.

4.3.2 Bildungsstandards für den Mathematikunterricht an den Grundschulen

Vorschulkinder haben eine Intuition für Zahlen und Mengen, ohne sich der Symbolik der Zahlen bewusst zu sein, und sie können durch entsprechende spielerische Angebote gut auf die Erfordernisse der Grundschule vorbereitet werden. In der

Grundschule muss es gelingen, eine Verbindung zwischen Intuition und Zahlensymbolik herzustellen. Der Weg dazu soll über eine Neugestaltung des Mathematikunterrichts in den Grundschulen beschritten werden.

Dazu einigte sich die Kultusministerkonferenz bereits im Oktober 2004 auf Bildungsstandards für Mathematik an den Grundschulen, an denen sich die Bundesländer bei der Erstellung der Lehrpläne für die Grundschulen, aber auch der Bildungspläne der Kindertagesstätten orientieren sollen. Ausdrücklich wird erwähnt, dass der Mathematikunterricht der Grundschule die frühen mathematischen Alltagserfahrungen der Kinder aufgreifen, sie vertiefen und erweitern soll, um dadurch grundlegende mathematische Kompetenzen zu entwickeln. »Auf diese Weise wird die Grundlage für das Mathematiklernen in den weiterführenden Schulen und für die lebenslange Auseinandersetzung mit mathematischen Anforderungen des täglichen Lebens geschaffen« (KMK 2005, S. 7). Dabei sollte im Unterricht stets dabei bedacht werden, dass bei den Schüler*innen eine nachhaltige positive Haltung und Einstellung zum Fach entwickelt wird. Nur so können Motivation, Ausdauer und Selbstvertrauen in ihre mathematischen Kompetenzen und Einsicht in den Nutzen des Gelernten entstehen.

In den Lehrplänen (2022) werden auf der Grundlage der Basiskompetenzen und den Fähigkeiten und Fertigkeiten im Bereich der Pränumerik Standards formuliert (▶ Abb. 25), die sich auf inhaltliche und auf prozessbezogene Kompetenzen beziehen, wobei deutlich gemacht wird, dass beide Bereiche im alltäglichen Umgang mit mathematischen Fragen eng verknüpft sind, wie in den folgenden Praxisbeispielen deutlich wird. Die Zuordnung erfolgt über die Berücksichtigung von Schwerpunkten bei der Aufgabenstellung.

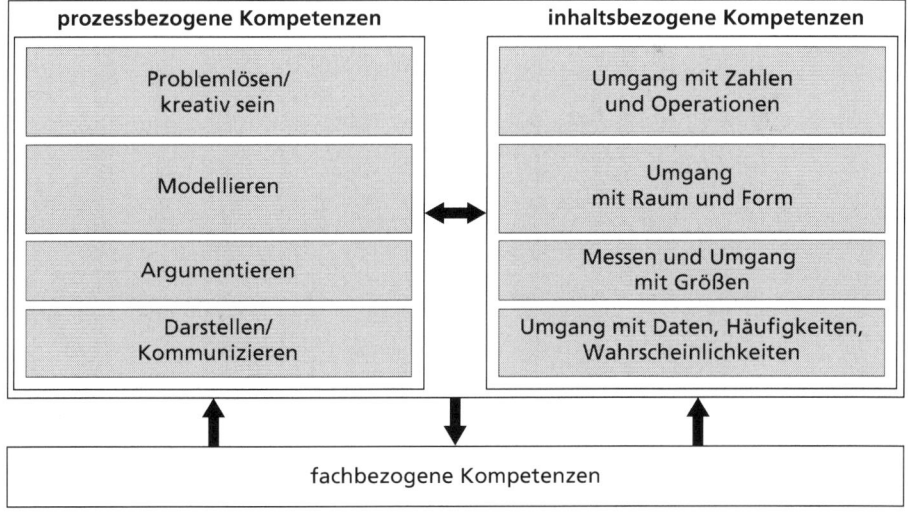

Abb. 25: Lehrplan für Grundschulen (2008/2020, S. 77)

Die prozessbezogenen Kompetenzen beziehen sich auf folgende Fähigkeiten und Fertigkeiten (KMK 2005, S. 7 ff.):

- *Problemlösen*
  Entwicklung von Lösungsstrategien, Anwendung mathematischer Kenntnisse, Fertigkeiten und Fähigkeiten bei der Bearbeitung problemhaltiger Aufgaben, Erkennen von Zusammenhängen und deren Übertragung auf ähnliche Sachverhalte. Dabei sind die Schüler*innen in der Lage, die Ergebnisse auf ihre Angemessenheit zu überprüfen, Fehler zu finden, zu korrigieren und verschiedene Lösungswege zu vergleichen und zu bewerten.
- *Kommunizieren/Darstellen*
  Beschreibung eigener Vorgehensweisen und – unter Verwendung sachgerechter mathematischer Fachbegriffe – mit anderen gemeinsam Lösungswege erarbeiten, reflektieren und dabei Verabredungen treffen. Dabei werden die Arbeitsergebnisse, Vorgehensweisen und Lernerfahrungen in geeigneter Weise dargestellt und z. B. in einem Lerntagebuch festgehalten.
- *Argumentieren*
  Hinterfragung, Überprüfung und Begründung mathematischer Zusammenhänge, Beziehungen und Gesetzmäßigkeiten an Beispielen. Darüber hinaus sind die Schüler*innen in der Lage, Vermutungen über mathematische Zusammenhänge oder Auffälligkeiten anzustellen und zu begründen.
- *Modellieren*
  Übersetzung von Sachproblemen aus der Wirklichkeit in die Sprache der Mathematik und deren Darstellung und mathematischer Lösung sowie die Überprüfung der Ergebnisse auf Plausibilität.

Tab. 7: Exemplarische Übersicht für prozessbezogene Kompetenzen

Intention	Bereich: Prozessbezogene Kompetenzen
Problemlöseaufgabe in der Gruppe	10 Schüler*innen (SUS) sollen mit einer bestimmten Anzahl von Materialien (10 Teppichfliesen, ein kleiner Kasten, ein Rollbrett und ein Seilchen) die Turnhalle durchqueren, ohne den Hallenboden zu betreten Schüler*innen probieren aus, wie sie die Aufgabe bewältigen können Moderation: »Bitte sprecht euch ab, wer vorangeht, wer vielleicht im Kasten sitzen darf, wie viele im Kasten auf dem Rollbrett sitzen, wer diesen zieht ...«
Impulse an SUS zur Selbstorganisation	Für den Rückweg wird die Anzahl der Fliesen reduziert. Daraus entwickeln sich folgende Fragestellungen: »Was macht jetzt den Unterschied für die Erledigung der Aufgabe aus?«
Fragen, Provokationen	»Welche neuen Strategien müssen entwickelt werden?« »Wie verändert sich der Abstand zwischen den ausgelegten Fliesen?«
Ikonische und symbolische Fortführung der Erfahrungsformate	SUS entwickeln unterschiedliche Lösungswege, die sie gegenüber anderen sprachlich oder bildlich vertreten Eigene Aufgaben und Fragestellungen erfinden

Variation der Bewegungsaufgabe: Das Material ist nicht festgelegt. Die Schüler*innen dürfen sich aus einem Materialpool die Materialien entnehmen, die sie brauchen, um die Aufgabe bewältigen zu können. Daraus entwickeln sich folgende Fragestellungen:

- »Wie viele Teppichfliesen brauchen wir, damit alle 10 auf die andere Seite gelangen ohne den Boden zu berühren?«
- »Wofür könnten wir den kleinen Kasten oder das Rollbrett brauchen?«
- »Macht es einen Unterschied, ob die Kleineren vorangehen oder erst die Großen aus der Gruppe?«

Bei diesen Bewegungsaufgaben haben Schüler*innen die Möglichkeit, ihre »prozessbezogenen Kompetenzen« anzuwenden. Sie müssen eine Strategie entwickeln, wie die Aufgabe zu bewältigen ist, sie müssen dies aushandeln, gemeinsam überlegen und ihre Ideen argumentativ in der Gruppe vertreten. Die Variation der Aufgabe wird bewältigt, indem der Sachverhalt als mathematische Aufgabe erfasst wird und damit neue Lösungen gefunden werden.

Problemlösen äußert sich beispielsweise darin, dass Kinder Aufgaben und Fragestellungen erfinden, etwa durch Variation oder Fortsetzung von gegebenen Aufgaben, die teils durch Fragen der Pädagog*in oder durch die Schüler*innen eigenständig entwickelt werden. Diese Kompetenz ist zu beobachten, wenn Kinder etwa regelmäßige Figuren aus Bauklötzen bauen (Treppen, Spiralen oder symmetrische Figuren), im 2. Schuljahr etwa, wenn die Schüler*innen viele (alle) Aufgaben des kleinen Einmaleins aufschreiben, deren Ergebnis zwischen 20 und 40 liegt, oder im 3. oder 4. Schuljahr, wenn sie etwa Zahlenrätsel erfinden und einem anderen Kind stellen (»Ich denke mir eine Zahl, addiere 5, multipliziere mit 2 …«) (Benz et al. 2017, S. 66). Zu den inhaltsbezogenen mathematischen Kompetenzen in den Bildungsstandards zählen Zahlen und Operationen; Raum und Form; Muster und Strukturen; Größen und Messen; sowie Daten, Häufigkeit und Wahrscheinlichkeit (Benz et al. 2017, S. 72). »Mit dem Ziel der Herstellung von Kontinuität und Kohärenz orientiert sich auch die Formulierung der inhaltsbezogenen mathematischen Kompetenzen in dieser Expertise an den KMK-Bildungsstandards für den Primarbereich« (Benz et al. 2017, S. 71f.).

Für den Kompetenzbereich der »Zahlen und Operationen« lassen sich folgende Zielbereiche der frühen mathematischen Bildung herleiten (ebd., S. 75f.):

- verbales zählen/rückwärts-zählen (z.B. auf dem Zahlenstrahl),
- Objekte zählen und Zahlen darstellen (Anzahlen durch Abzählen auffassen und eine Menge entsprechend eines Zahlworts darstellen),
- Simultanauffassung/Quasisimultanauffassung (bei Mengen bis zu vier oder fünf Objekten, z.B. bei Würfelbildern),
- vergleichen von Mengen (durch 1:1-Zuordnung oder durch Abzählen nach ihrer Mächtigkeit vergleichen und Zahlworte und Zahlsysteme der Größe nach vergleichen),

- erstes Rechnen (Probleme lösen in Form von Addition/Subtraktion), z. B. mit Materialien),
- Mengen halbieren, Mengen verdoppeln,
- Teile-Ganzes-Verständnis: anhand von konkreten Materialien Mengen zerlegen und zusammensetzen oder bestimmen können, wie viele Objekte verdeckt sind, wenn nur ein Teil einer bekannten Menge zu sehen ist, unterstützt durch Handlungen mit Material (ebd., S. 76).

Innerhalb des Lernfeldes Raum und Form geht es innerhalb der inhalts-bezogenen Kompetenzen um die Entwicklung von »Raumvorstellungen« bzw. »räumliche Fähigkeiten«, welche den Aufbau von mentalen Vorstellungsbildern und räumlicher Objekte sowie das Operieren mit diesen in der Vorstellung umfassen, als Teilziel erachten. Kinder in diesem Alter sollen bereits grundlegende Kompetenzen im Umgang mit zwei- und dreidimensionalen Formen erworben sowie erste Erfahrungen mit geo-metrischen Abbildungen gemacht haben (ebd., S. 77 f.). »Eine Voraussetzung für die Kompetenzentwicklung im Bereich ›Raum und Form‹ stellt die Entwicklung der visuellen Wahrnehmung mit den Bereichen ›Auge-Hand-Koordination‹, ›Figur-Grund-Wahrnehmung‹, ›Formkonstanz‹, ›Lage im Raum‹ und ›Räumliche Beziehungen‹ dar« (Benz et al. 2017, S. 77.).

Das Lernfeld Raum und Form wird unterteilt in:

- Räumliche Orientierung (Orientierung im Raum, Perspektivübernahme) und hinsichtlich der Sprache differenziert. Insbesondere die Begriffe von Raum-Lage-Beziehungen (vor, hinter, unter, über, neben, oben, unten, links, rechts u. a.) stellen hier eine wesentliche Grundlage.
- Die räumliche Visualisierung (Mentales visuelles Operieren) akzentuiert die Fähigkeit, Beziehungen zwischen Objekten sowie die Lage dieser in Bezug auf den eigenen Körper zu erkennen. Dies ist eine Voraussetzung, sich Objekten aus einer veränderten Perspektive vorstellen zu können. Innerhalb der bewegungsorientierten Lernprozesse können einfache Bauwerke anhand von Abbildungen erkannt und nachgebaut werden.
- Geometrische-Figuren-Erkennen, -Benennen und -Darstellen bedeutet, dass sie nach ihren Formen zerlegt und zusammengesetzt werden können und nach Eigenschaften (z. B. Größe) beschrieben und sortiert werden können (▶ Abb. 26).
- Symmetrische Figuren erkennen und achsensymmetrische Figuren herstellen können (ebd., S. 79).

Im Bereich Muster und Strukturen wird zu Beginn der Grundschule vorausgesetzt, dass Schüler*innen strukturierte Zahlvorstellungen (z. B. in Eierkartons oder Dominospiel) erkennen und Grundkompetenzen wie das Klassifizieren nutzen können, um Muster und Mustervorlagen zu erkennen und fortzusetzen, Muster nach einer Vorlage oder aus dem Gedächtnis nachlegen oder Muster beschreiben, erfinden oder reparieren zu können. Zudem ergeben sich Erkenntnisse über einfache Gegensätze oder Proportionalitäten: weiterer Weg – mehr Schritte – mehr Kinder etc. (ebd., S. 81 f.).

4.3 Bewegungs- und körperorientierte Zugänge

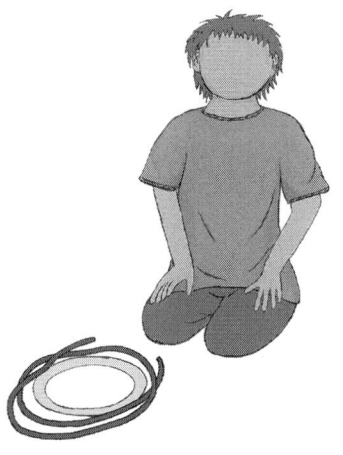

Abb. 26: Formen nachlegen

Der Kompetenzbereich Größen und Messen stellt zentrale Ziele in der Entwicklung über das Wissen der Größenbereiche dar: Längen, Flächen- und Rauminhalte, Gewichte, Geldwerte und Zeitspannen sowie die Fähigkeiten in Bezug auf das Messen und Schätzen von Größen und das Rechnen mit ihnen. Zu Beginn der Einschulung kennen Kinder schon erste Maßeinheiten wie Meter oder Kilogramm. Mit einer geeigneten größenbezogenen Terminologie wird eine Grundlage für das Verständnis von Größen geschaffen (ebd., S. 84f.):

> »sowohl beschreibende Begriffe wie groß, klein, lang, kurz, schwer, leicht, als auch vergleichende Begriffe wie länger, kürzer, dicker, dünner, schwerer, leichter. Um Objekte der Größe nach zu ordnen, spielen auch Superlative eine Rolle (z.B. schwerste, leichteste, kürzeste, längste)« (ebd., S. 85).

Abb. 27: Vergleichen von Größen

Der Kompetenzbereich »Daten, Häufigkeit und Wahrscheinlichkeit« thematisiert alle Arten von Phänomenen und Situationen, welche statistische Daten beinhalten und bei denen der Zufall eine Rolle spielt.

> »Dabei können in Fragestellungen aus dem Alltag (z. B. ›Werde ich beim Spielen irgendwann eine Sechs würfeln?‹) die Begriffe ›sicher‹, ›wahrscheinlich‹ und ›unmöglich‹ reflektiert, erste Datenerhebungen (z. B.: ›Wie viele Kinder spielen heute in der Bauecke?‹) durchgeführt und ggf. auch kombinatorische Fragestellungen aufgegriffen werden (›Wie viele Möglichkeiten gibt es? Wie kann man es herausfinden?‹)« (ebd., S. 85).

4.3.3 Körperbezogene Basiskompetenzen für mathematische Operationen

Als Voraussetzung für die Aneignung pränumerischer Fähigkeiten müssen psychomotorische Basiskompetenzen gefördert werden, denn

> »die Fähigkeit[,] zu rechnen, kann erst dann entwickelt werden, wenn verschiedene Wahrnehmungsbereiche gereift sind und auch in Kontakt miteinander stehen, also integriert sind. Dabei handelt es sich um Bereiche der Motorik, der räumlichen Orientierungsfähigkeit, der auditiven Wahrnehmung, der visuellen Wahrnehmung, der Reaktionsgeschwindigkeit und dem Gedächtnis sowie der Orientierung in der Zeit« (Stangl 2022, o. S.).

Vor Entwicklung und Förderung der Pränumerik müssen also zunächst psychomotorische Basiskompetenzen gefördert werden. Dazu gehören die taktil-kinästhetische/propriozeptive Wahrnehmung sowie Körperschema und Lateralität. Über das Spüren des eigenen Körpers, über körperliche Erfahrungen von Begrenzungen, von Kontakt und Widerstand entwickeln Kinder ihr Körperschema und damit »eine wesentliche Grundlage für die Entwicklung und Ausdifferenzierung der in der Mathematik relevanten Raumwahrnehmung und Raumvorstellung, die wiederum wesentliche Grundlage für das räumliche Denken ist« (Bergeest et al. 2015, S. 309).

Betrachten wir diese Aneignung des Körperschemas im Laufe der kindlichen Entwicklung, dann ist das Wahrnehmen des eigenen Körpers immer mit Bewegung verbunden. Schon Säuglinge eignen sich dadurch ein Bild von sich und von ihrer Umwelt an. Sie beginnen ihre Umwelt über das »Greifen zu begreifen«. Säuglinge erkunden ihren eigenen Körper, betasten ihren Mund, »spielen« mit ihren Fingern, drehen sich von der Bauch- in die Rückenlage, richten ihren Kopf auf und machen dabei erste Erfahrungen im horizontalen Raum. Sie betasten Gegenstände ihrer Umwelt, nehmen sie in die Hand, stecken sie in den Mund und lassen sie fallen, »erobern« sich – ausgehend von ihrem Körper – den Nahraum.

Mit etwa einem Jahr ist es dann soweit: Nach vielen, mühevollen Versuchen kann sich das Kind aufrichten und frei stehen, die vertikale Raumachse erobern. Ein wichtiger Entwicklungsschritt ist vollbracht: der zum aufrechten Gang. Das Kind hat einen freien Blick in den Raum, es hat die Hände frei, um Gegenstände zu tragen und mit ihnen zu hantieren, es hat endlich die Möglichkeit, mit »großen Schritten« seine Umwelt zu erkunden.

Auch für mathematische Kompetenzen muss das Kind lernen, eine Beziehung zwischen Körper und Umwelt herzustellen, es erfährt durch die Stabilisierung seines Gleichgewichtssystems, dass es eine Körpermitte hat.

> »Es erschließt sich über Schwerkrafterfahrung die vertikale Dimension und wird sich dem ›Oben‹, dem ›Unten‹, dem ›Vorne‹ und zuletzt dem ›Hinten‹ bewusst. Die beginnende Überkreuzung der Körpermitte gilt als Startschuss für die Lateralitätsentwicklung. In der Kindergartenzeit müssen Kinder Gelegenheit bekommen, ihre seitliche Präferenz kennenzulernen und auszubilden. Die Seitenbevorzugung verändert radikal den ›räumlichen Blick‹ des Kindes auf die Welt und hat massiven Einfluss auf die Handlungen des Kindes. Die rechte bzw. linke Neigung zur Welt lässt die horizontale Dimension in einem anderen Blickwinkel erscheinen« (Strelow o. J., S. 48; ▶ Kap. 3.3).

Damit gelingt es dem Kind, ausgehend von seiner Körpermitte, sich im Raum zu orientieren. Durch sein Handeln mit Objekten im Raum entwickelt es auch eine Vorstellung von Zeitstrukturen und erfährt leibhaft die Begriffe »vorher« und »nachher« und eignet sich mit dem Nachvollziehen von Reihenfolgen eine wichtige Vorläuferfähigkeit der Pränumerik an. Die Grundlage zum »Verstehen« des Zahlenstrahls als »räumlich-numerische Assoziation von Zahlenfolgen/Mengenabfolgen« (ebd.) ist gelegt.

Dieser Zusammenhang wurde auch »neurologisch« nachgewiesen: Bei der Größenrepräsentanz von Zahlen (mentaler Zahlenstrahl) und räumlicher Orientierung ist das gleiche Gehirnareal aktiv. »Das heißt, dass jedes Mal, wenn Zahlengröße verarbeitet wird, auch evolutionär ältere Prozesse (z.B. räumliche Wahrnehmung) involviert zu sein scheinen. Somit kann die Assoziation von Zahlgröße und Raum bereits auf neuronaler Ebene beobachtet werden« (Wunsch et al. 2020, S. 69).

Studien aus dem Bereich der »Zahlenstrahlschätzaufgabe« belegen diesen Zusammenhang. So sollten in einer Studie Kinder im Vorschulalter

> »an einem Zahlenstrahl von eins bis zehn mit markierter fünf in der Mitte sich beim Hüpfen entscheiden, ob die gefragte Zahl höher bzw. niedriger als der Mittelwert fünf ist. Die Studie ergab in Kurzzusammenfassung, dass Zahlenabfolgen räumlich von links nach rechts aufsteigend wahrgenommen werden, aber auch, dass der sichtbare Zahlenstrahl mit seinem Mittelwert ›fünf‹ bei der Aufgabenstellung von den Kindern mit ihrer Körpermitte verknüpft wurde« (Strelow o. J., S. 34).

Diese Ergebnisse werden unterstützt durch das Konzept der »embodied cognition« (▶ Kap. 3.2).

Man kann davon ausgehen, dass Zahlen im Denken durch räumlich-geometrische Beziehungen repräsentiert werden – ein Grund mehr, bei der Entwicklung des Zahlenverständnisses Bewegungsaufgaben zur Orientierung im Raum zu nutzen.

Möglichkeiten der Raumerfahrung

Den Kindern werden Bewegungsräume in der Turnhalle oder im Freien angeboten, welche sie ohne Gefahren erkunden und erobern können. Der Sicherheitsaspekt liegt dafür in der Verantwortung der Erwachsenen. Ist dies gewährleistet, so können die Kinder – je nach Alter – loslegen. Sie krabbeln, kriechen, nutzen Fahrgeräte (Rollbretter, Roller, Fahrräder …). Sie steigen auf die Leiter, springen herab und bekommen dabei ein Gefühl von Höhen und Tiefen. Beim Bau von Höhlen erhalten

Abb. 28: Legen einer Strecke auf einer Körperseite

sie eine Vorstellung von Raumgrößen. Sie werden eingeengt, müssen sich den Raum mit anderen Kindern teilen. Sie haben aber die Möglichkeit, mit anderen gemeinsam ihren Raum zu erweitern oder noch zu verengen. Richtig begrenzt wird ihr Raum, wenn sie mit einem Schwungtuch oder mit Weichbodenmatten zugedeckt werden. Im Bällchenbad können sie auch erleben, wie sich volle Räume anfühlen.

Eine sehr gute Möglichkeit, die Verortung im Raum erfahren zu lassen, bietet die Gestaltung und das Erproben eines Bewegungsparcours (▶ Tab. 8).

Tab. 8: Exemplarische Übersicht zum Erfahrungs- und Aufgabenformat für Orts- und Lagebeziehungen

Intention	Bereich: Raumwahrnehmung
Erfahrung von Orts- und Lagebeziehungen im Raum	Schüler*innen (SUS) erkunden und erproben einen vorstrukturierten Bewegungsparcours Schüler*innen suchen ihren Weg selbst Moderation: »Schaut euch genau um, damit ihr den Weg noch einmal genau so gehen könnt«
Impulse an SUS zur Selbstorganisation	SUS gehen zu zweit oder zu mehreren zusammen und sollen ihren Weg so gut beschreiben, dass die*der Partner*in ihn nachvollziehend beschreiten kann
Fragen, Provokationen	»Mit welchen Beschreibungen könnt ihr eure*n Partner*in gut durch den Parcours lotsen und bestimmte Plätze (Orte) markieren?« »Welche anderen Hilfsmittel könnt ihr den Weg eurer Partner*in vorgeben (z. B. Pfeile, Karten)?«
Ikonische und symbolische Fortführung der Erfahrungsformate	SUS zeichnen ihren eigenen Weg auf Papier nach SUS nutzen Angaben einer Windrose (Norden, Süden, Osten, Westen) SUS vermessen den Raum und die Lagebeziehungen einzelner Objekte mit Längen- und Breitenangaben

Hier können die Kinder erfahren, was es bedeutet: vor mir, unter mir, neben mir, links, rechts von mir. Sie erfassen Beziehungen zwischen den Gegenständen, die sich

Abb. 29: Raumerfahrungen innerhalb eines Bewegungsparcours

auf dem Kasten, im Kasten, unter dem Kasten befinden. Sie lernen dabei, auch andere Perspektiven einzunehmen: Peter steht auf dem Kasten, Paul neben dem Kasten; Peter steht links, Paul rechts vom Kasten.

Wichtig ist dabei die verbale Begleitung der Aktivitäten der Kinder durch den Erwachsenen. »Du stehst jetzt auf dem Kasten, willst du runterspringen?« oder »Peter steht vor dir, du kannst nach ihm springen«. Durch gezielte Fragestellung kann diese Verortung auch von den Kindern eingefordert werden: »Wer steht vor dir?« oder »Wer steht rechts von dir?« Dadurch werden die Ort- und Lagebeziehungen angeregt und gefestigt.

Eine weitere gute Möglichkeit ist das Bewältigen von Strecken nur materialgeleiteter Wege (Seile, Zollstücke, Holzlegeteile etc., ▶ Abb. 30), die die Schüler*innen als Balancierweg auf, neben oder auch zwischen ihren Füßen vorwärts oder rückwärts zurücklegen können.

4.4 Pränumerische, geometrische und sachrechnenbezogene Erfahrungen als Grundpfeiler der Numerik in körper- und bewegungsbezogenen Lernprozessen

Pränumerische Kompetenzen eines Kindes entwickeln sich – bei entsprechender Förderung – wechselseitig mit den Basiskompetenzen. Als gute Prädikatoren für arithmetische Fertigkeiten werden in der Literatur übereinstimmend Klassifikationsleistungen, Seriationsleistungen, Mengenerfassung und Mengenvergleich, 1:1-Zuordnung, Gedächtnisleistungen, räumliche und zeitliche Orientierung sowie Zählfertigkeiten genannt (Merdian 2005, S. 2; ▶ Abb. 31). Als pränumerischen (vorzahligen) Bereich definiert das Lernfeld der Mathematik alle kategorie- und

Abb. 30: Ablauf eines materialgeleiteten Weges im Raum

vorstellungsbildenden Denkprozesse, die der Bildung des Zahlbegriffs und dem Operieren mit Zahlen (numerischer Bereich) vorausgehen. Er umfasst überwiegend den Umgang mit Objekten und Mengen.

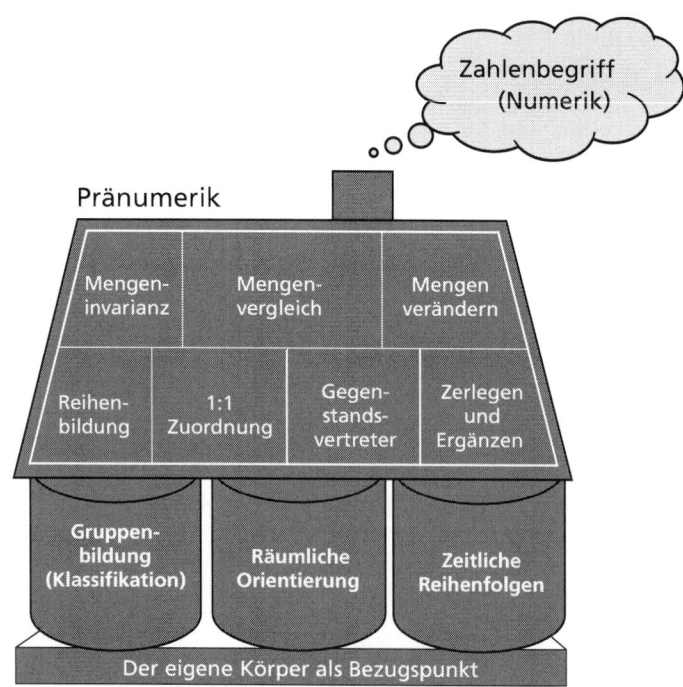

Abb. 31: Basiskompetenzen und Bereiche der Pränumerik nach Roda-Schule (2019, S. 9)

4.4 Pränumerische, geometrische und sachrechnenbezogene Erfahrungen

Objektpermanenz (ein Gegenstand existiert, auch wenn ihn das Kind nicht mehr sieht) sowie das Kennen und Wahrnehmen des eigenen Körpers und die räumliche und zeitliche Orientierung (Verständnis und Begreifen von Zeitrhythmen wie Tages- oder Wochenrhythmus sowie Zeitstrukturbegriffe wie »morgens« oder »abends«) stellen das Fundament für die Entwicklung mathematischer Kompetenzen und den Umgang mit mathematischen Beziehungen. Darüber hinaus stellen Gruppenbildungen anhand von Objektmerkmalen (Klassifikationen) eine weitere Herausforderung dar. Eine kriteriengebundene Mengenbildung setzt Wahrnehmung und Unterscheidung von Objektmerkmalen voraus (Roda-Schule 2019, S. 9). Erst dadurch ist es Kindern möglich, Merkmale, wie z. B. Farbe, Form, Größe o. ä., zuzuordnen und für eine Kategorisierung, Gruppenbildung oder Reihenfolge zu nutzen.

Dies ist zugleich eine Grundlage für die Addition, denn nur Objekte, welche gleiche Merkmale, also Gemeinsamkeiten aufweisen, können auch zusammengefasst, addiert werden. Ein Angebot an strukturierten Materialien trägt dazu bei, verschiedene Eigenschaften von Gegenständen zu erkennen und nach Merkmalen zu ordnen. Dabei können Gegenstände klassifiziert und beschrieben und unterschiedliche Kategorien gebildet werden – eine wichtige Voraussetzung für die Erarbeitung des Zahlbegriffs. Zudem ist diese Fähigkeit elementar für die spätere Fähigkeit der Zuordnung von Mengen zu Mächtigkeitsgruppen, wie z. B. das Trennen von Zweier-Mengen.

Aufbauende und vertiefende Erfahrungs- und Spielformen:

- Die Form als Merkmal im Spiel mit Gegenständen erkennen, welche sich durch markante Eigenschaften unterscheiden wie: eckig – rund, kurz – lang und breit – schmal.
- Auf dem Boden werden Reifen und Teppichfliesen ausgelegt. Die Kinder haben die Aufgabe, den Raum zu durchqueren und nur auf den Fliesen oder nur mit Hilfe der Reifen zu durchqueren.
- Die Schüler*innen haben die Aufgabe, mit Heulrohren eine Murmelbahn zu bauen. Eine Gruppe darf lange Rohre benutzen, eine andere Gruppe muss es mit kurzen Rohren schaffen. Welche Gruppe ist schneller am Ziel?
- Mit Hilfe von Langbänken überqueren die Kinder die »Schlucht« zwischen zwei hohen Turnkästen. Über einer Schlucht zeigt die breite Seite der Langbank nach oben, bei der nächsten die schmale Seite. Welche »Schlucht« ist einfacher zu überqueren?
- Auch beim Aufräumen kann die Form ins Spiel gebracht werden. Beim Einsammeln benutzter Materialien haben die Kinder die Aufgabe, die Gegenstände nach ihren Eigenschaften zu sortieren (klassifizieren): »Die eckigen Gegenstände kommen in den ersten Karton, die runden in den zweiten – immer nur gleiche zusammenlegen!«

Unter Zählfähigkeit versteht man das reine verbale Zählen (Aufsagen der Zahlwortreihe/Weiterzählen) von Kindern. Dies beinhaltet ebenfalls das Abzählen von Elementen einer Menge. Um die Zahlfähigkeit anwenden zu können, ist es jedoch von Nöten, dass Kinder bereits wissen, dass sie jedem Objekt, welches sie zählen, ebenso ein Zahlwort zuordnen dürfen (Prinzip 1:1-Zuordnung; ▶ Abb. 32) und dass die letztgenannte Zahl bei dieser Zuordnung die Antwort auf die Frage »Wie viele … sind es?« darstellt (Erhorn/Gasteiger 2020, S. 74f.). Die Zählfähigkeit und das Assoziieren von Zahlen mit Mengen kennzeichnen den Übergang zur Numerik.

Abb. 32: 1:1-Zuordnung im Handeln

Bei der Reihenbildung (Seriation) werden Objekte entsprechend eines bestimmten Kriteriums (z. B. Form, Größe, Farbe) in eine vorgegebene Reihe geordnet. Dies stellt höhere kognitive Ansprüche an die Klassifikation (Gruppenbildung anhand von Objektmerkmalen), da zusätzlich innerhalb einer Gruppierung noch Vergleiche zur Festlegung einer entsprechenden Reihung gezogen werden müssen. Die Seriation bereitet Kinder auf die spätere Mächtigkeitsaussage sowie die Ordnungsrelation, also die Stellung der Zahl in der Reihe vor. Ohne die gelernte Reihenbildung ist ein späteres Zahlenverständnis unmöglich (ebd.).
Aufbauende und vertiefende Erfahrungs- und Spielformen:

- Kinder haben die Aufgabe, sich nach ihrer Körpergröße in einer Reihe aufzustellen (▶ Abb. 33). Eine besondere Herausforderung kann es sein, wenn dabei die Augen verschlossen sind.
- Eine Gruppe von fünf bis acht Kindern steht zusammen. Ein Kind schließt die Augen und versucht, die übrigen Kinder nach der Körpergröße geordnet in eine Reihe zu stellen. Zum Schluss reiht sich das ordnende Kind selbst in die Reihe ein. Die Kinder vergleichen gegenseitig ihre Körpermaße: Wer hat die größten Füße, Arme, Beine, Finger, Schrittlänge, Handspanne, Daumenbreite oder -länge?

4.4 Pränumerische, geometrische und sachrechnenbezogene Erfahrungen

Abb. 33: Aufstellen nach Körperlänge

Eine 1:1-Zuordnung ermöglicht es den Kindern, eine Zuordnung von Einzelobjekten vorzunehmen. Weiterhin wird die Überprüfung zweier Objektmengen auf die gleiche Mächtigkeit erleichtert. Außerdem wird die Erarbeitung der Relation »gleich viele« oder »nicht gleich viele« sowie das Verständnis für den Grundsatz der Invarianz (Mengenerhaltung), trotz Veränderungen des Erscheinungsbildes, ermöglicht (ebd.).

Der bewusste/flexible Gebrauch von Gegenständen, die für etwas stehen (wie etwa Symbole und Plättchen), sind eine elementare Voraussetzung für den losgelösten Umgang mit Mengen. Daraus resultiert ein Verständnis von Zahlen als abstrakte und relative Größe. Durch das Zerlegen und Zusammenbauen von Objekten analysieren Kinder die Beschaffenheit, Eigenschaften sowie Gesetzmäßigkeiten. Das Wissen, dass ein Ganzes sich aus mehreren Elementen zusammensetzen lässt, führt zum additiven Umgang mit Mengen und zugehörigen Elementen. Dies bereitet Kinder auf das Operieren mit Zahlen als irreversible Größe vor. Durch das Vergleichen von Gegenständen und Mengen lernen Kinder die Beziehungen untereinander, diese können z.B. mehr, weniger oder gleich »viele« sein. (ebd.).

- Platz-Finden evtl. noch inhaltlich erweitern, damit es nicht nur auf Farbe bezogen ist, sondern auf mehr, weniger etc.
- Auch die Farbe kann durch den Einsatz bunter Materialien (Bälle, Teppichfliesen), als Merkmal identifiziert werden.
- Auf dem Boden werden verschiedenfarbige Teppichfliesen ausgelegt. Die Kinder haben die Aufgabe den Raum zu durchqueren und dürfen dabei z.B. nur die blauen Fliesen nutzen. Erweiterung: Teppichfliesen verschiedener Form (rund, rechteckig, dreieckig).

- Bunte Bälle aus dem Bällchenbad werden im Raum verstreut. Die Kinder haben die Aufgabe, die Bälle einzusammeln. Wer hat am schnellsten 10 rote Bälle gesammelt? Erweiterung: Bälle unterschiedlicher Größe und/oder unterschiedlicher Art (Tennis-, Hand-, Fuß-, Medizin- oder Softbälle).
- Beim Spiel mit dem Schwungtuch wird der Impuls gegeben: Alle Kinder mit braunen Haaren, alle, die etwas Blaues anhaben, alle, die gerne Pizza essen usw., wechseln den Platz.
- Beim Fangspiel dürfen die Fänger nur ein Kind fangen, da die gleiche Haarfarbe hat. Erweiterung: Das ungefähr gleich groß ist.

»Die Anordnung, Art und Größe der Mengenelemente sind für die Mächtigkeit der Menge (›wie viele?‹) unerheblich« (Erhorn/Gasteiger 2020, S. 75). Das bedeutet, dass die Kinder ein Verständnis dafür erlangen, dass eine Menge die gleiche bleibt (Mengeninvarianz), solange ein Element nicht weggenommen bzw. hinzugefügt wird. Durch Hinzufügen bzw. Entfernen von Elementen oder Objekten verändert sich die Mächtigkeit einer Menge. In diesem Kontext erfolgt eine Differenzierung in »mehr« bzw. »weniger«. In der Verminderung bzw. Vergrößerung von Mengen lernen Kinder das Verständnis von additiven Operationen und der dazugehörigen Zeichen + bzw. – (Roda-Schule 2019, S. 11 f.).

Die Bedeutung der Zahl als Bezeichnung der Mächtigkeit einer Menge kann durch folgende Übungs- und Spielformen erarbeitet werden (▶ Tab. 9).

Tab. 9: Exemplarische Übersicht zum Erfahrungs- und Aufgabenformat zur Mächtigkeit der Mengen

Intention	Bereich: Zahl als Mächtigkeit einer Menge
Erfahrung von Mengen und Mengenvarianz	Bildung von gleich großen Spielgruppen: Kinder laufen durcheinander. Lehrkraft ruft eine Zahl, nach der sich entsprechend viele Kinder sofort zusammenstellen und eine Gruppe bilden
Zuordnung von Zahlwort und Element	Die Kinder holen eine benannte Anzahl an Bällen aus dem Materialraum (z. B. jedes Kind 2 Bälle). Beim Abzählen der Bälle festigt sich das Wissen, dass die Anzahl der Objekte eine Menge ergibt
Erfahrung des eigenen Körpers als Maßstab	Die Kinder sollen mit möglichst großen Schritten oder mit der eigenen Körperlänge die Halle durchqueren. Dabei wird die jeweilige Anzahl der jeweiligen Schritte bzw. der Körperlängen gezählt
Zuordnung der Anzahl akustischer, optischer oder taktiler Signale zu körperlichen Aktivitäten	Durch Vormachen werden bestimmte Körperbewegungen initiiert: z. B. 5 x klatschen, stampfen, mit einem Basketball auf den Boden ticken, ggf. abwechselnd
Impulse an Schüler*innen (SUS) zur Selbstorganisation	SUS treffen eigene Zuordnungen mit selbstgewählten Materialien, möglicherweise in Kleingruppen, die sich Aufgaben für die anderen ausdenken

Tab. 9: Exemplarische Übersicht zum Erfahrungs- und Aufgabenformat zur Mächtigkeit der Mengen – Fortsetzung

Intention	Bereich: Zahl als Mächtigkeit einer Menge
Fragen, Provokationen	»Was macht den Unterschied der mit dem Körper gemessenen Ergebnisse aus?« Kann man auch von Gegenständen ausgehen, die zu einer Zahlenanordnung der Kinder auffordern? Besser: »Können auch Gegenstände zu einer Zahlenanordnung auffordern?«
Ikonische und symbolische Fortführung der Erfahrungsformate	Aufmalen oder Aufschreiben der gemachten Erfahrungen sowie die Erfahrungen mündlich darstellen lassen

Sachbezogener Umgang mit Größenvorstellungen

Das Messen von Größen kann gut mit dem eigenen Körper geschehen, liegt es doch nahe, zu vergleichen, ob etwas größer oder kleiner ist als das Kind von Kopf bis Fuß, oder zu messen, wie weit etwas entfernt ist, wenn ich die Arme ausstrecke oder die Finger ausbreite.

Größenunterschiede können unmittelbar am eigenen Körper erfahren werden, indem sich die Schüler*innen durch kleine oder große Reifen winden, sich in einer großen oder kleinen Höhle verstecken.
Fragen, die hier gestellt werden können:

- »War es schwierig für dich, durch den Reifen zu krabbeln?«
- »War es bei dem roten Reifen einfacher als bei dem blauen?«
- »Hast du Peter beobachtet? Warum war es für ihn einfacher?«
- »Für wen war es am leichtesten, durch den roten Reifen zu krabbeln? Und warum?«

Der eigene Körperumfang kann im Vergleich zu eine*r Mitschüler*in eingeschätzt werden, wenn sich ein*e Schüler*in auf den Boden legt und der*die Mitschüler*in mit einem Seilchen den Körperumriss legt. Die Schüler*innen legen sich abwechselnd in die ausgelegte Figur und können so Unterschiede erkennen (die noch deutlicher werden, wenn sich auch die Lehrkraft in den Umriss legt).
Fragen, die hier gestellt werden können:

- »Schau mal genau hin! Passt Peter gut in den Umriss, der für dich ausgelegt wurde, oder ist da noch Platz am Kopf und an den Beinen?«
- »Was denkst du? Würde dein Lehrer auch in den Umriss passen?«
- »Wie viel länger müssten die Beine dann sein, dass sich dein Lehrer hineinlegen kann?«
- »Kannst du das mal so auslegen, dass es für deinen Lehrer passen könnte?«

4 Theoriegeleitete Praxis für Unterricht und Förderung

Alternativ kann dies auch mit Hilfe einer Umrisszeichnung auf ein Papier, das etwa seiner Körpergröße entspricht (Tapetenbahn) durchgeführt werden. Dies bietet dann auch noch die Möglichkeit, die Unterschiede einzuzeichnen und bildhaft darzustellen. Dazu legt sich ein*e Schüler*in auf das Papier, ein*e Mitschüler*in fertigt mit einem dicken Stift eine Umrisszeichnung an. Dann wechseln sie die Aufgabe. Sie legen sich wechselseitig in die eigene Umrisszeichnung und in die der*des anderen Schüler*in und vergleichen die Größen.

Die Schüler*innen bekommen den Arbeitsauftrag, die Länge einer Schnur abzumessen. Sie benutzen dazu ihre »Körpermaße«: Daumenbreite, Spanne, Elle, Fuß und Länge eines Schrittes. Die*Der Schüler*in A kommt zum Ergebnis, dass die Schnur eine Länge von 2 Schritten, 3 Füßen, 2 Ellen, 2 Spannen und drei Daumenbreiten hat. Das Ergebnis der*des Schüler*in B ist: 2 Schritte, 3 Füße, 1 Elle, 2 Spannen und zwei Daumenbreiten. Die Mitschüler*innen kommen möglicherweise zu unterschiedlichen Ergebnissen.

Fragen, die hier gestellt werden können:

- »Warum kommt ihr nicht zum gleichen Ergebnis?«
- »Was könnte man tun, um die Länge der Schnur exakt zu messen?«

Nun werden die Schnur und auch die Körperteile mit dem Zollstock gemessen und die Ergebnisse mit denen der Mitschüler*innen verglichen (▶ Tab. 10). Es zeigen sich deutliche individuelle Unterschiede, woraus die Erkenntnis gewonnen wird, dass es notwendig ist, normierte Messgeräte und Standardgrößen als Maßeinheiten festzulegen, da nur so die Ergebnisse unabhängig von einem bestimmten Repräsentanten sein können.

Tab. 10: Messen mit unterschiedlichen Längenmaßen (im Außenbereich)

Die Länge der Schnur beträgt bei der*dem Schüler*in A	Schüler*in B		
2	2		Schritte
...	...		Fußlängen
...	...		Ellenlängen

4.4 Pränumerische, geometrische und sachrechnenbezogene Erfahrungen

Tab. 10: Messen mit unterschiedlichen Längenmaßen (im Außenbereich) – Fortsetzung

Die Länge der Schnur beträgt bei der*dem		
Schüler*in A	Schüler*in B	
...	...	Handspannen
...	...	Daumenbreite

Um eine Vorstellung von Hohlmaßen (Liter) zu entwickeln, werden die Schüler*innen zu einem Staffellauf aufgefordert. Sie stehen in Gruppen auf dem Schulhof oder Sportplatz. Bei jeder Gruppe steht ein Eimer, gefüllt mit Wasser. Aufgabe ist es, den auf der gegenüberliegenden Seite stehenden Eimer zu füllen. Die*Der erste Schüler*in der Gruppe startet mit einem gefüllten Ein-Liter-Gefäß, läuft zum Eimer auf der anderen Seite, schüttet das Wasser in den Eimer. Sie*Er kommt zurück, die*der 2. Schüler*in füllt das Gefäß und läuft wieder los.
Fragen, die hier gestellt werden können:

- »Was denkst du, wie oft müssen die Schüler*innen laufen, bis der Eimer voll ist?«
- »Wie viele Liter passen also in den Eimer?«

Dies lässt sich rechnerisch überprüfen: Auf dem Eimer steht die Maßeinheit 10 Liter und das Gefäß, mit dem die Schüler*innen das Wasser transportierten, fasste einen Liter. Es war also richtig, dass die Schüler*innen zehnmal laufen mussten, denn: 10 x 1 Liter = 10 Liter

Die oben vorgestellten Bewegungs- und Spielformen zur Aneignung mathematischer Kenntnisse erleichtern den Lernprozess vor allem für Kinder innerhalb der Förderung und des Unterrichts. Zahlreiche Studien belegen, dass Lernen in Bewegung und Spiel nicht nur die Motivation der Kinder erheblich steigert, sondern Lernprozesse erleichtert, unterstützt und effektiviert (▶ Kap. 2.2.1).

Neben der Methode der Bewegung als unterstützende Maßnahme im Lernprozess von Kindern zeigt es sich, dass Aufgaben auch als sinnvoll erfahrbar sein müssen. Dies machte eine Untersuchung mit brasilianischen Straßenkindern deutlich.

Sie trugen zu den Einkünften ihrer Familien bei, indem sie an den Straßenecken Süßigkeiten, Obst und Softdrinks verkauften.

> »Diese Kinder zeigten ein exzellentes Rechenverständnis, wenn Aufgaben im Kontext des Straßenverkaufs präsentiert wurden, aber ein schwaches Verstehen, wenn dieselben Aufgaben in einem konventionellen schulischen Format gestellt wurden. [... I]m Kontext des Verkaufs lösten sie die Aufgaben. Als formales mathematisches Problem präsentiert, erschienen sie ihnen bedeutungslos, indem sie versuchten, die Aufgaben mit einem nicht verstandenen Algorithmus zu lösen. Die Mathematik für Kinder sinnvoll zu machen und sicherzustellen, dass sie die zugrundeliegenden Konzepte und Verfahrenswege verstehen, gehört zu den größten Aufgaben, denen sich Lehrer gegenüberstehen« (Siegler et al. 2005, S. 461 f.).

Nicht das Lösen von symbolisch notierten Rechenaufgaben, sondern das Bewältigen von Rechenanforderungen kennzeichnet Rechenfähigkeiten im pränumerischen Bereich (Erhorn/Gasteiger 2020, S. 75). »Kinder sind mit Eintritt in die Grundschule durchaus in der Lage, kontextgebundene Aufgaben, wie z. B. ›Zu deinen drei Bonbons bekommst du noch zwei geschenkt. Wie viele hast du dann?‹ zu lösen« (ebd.).

Umgang mit geometrischen Formen

Neben der Arithmetik ist die Geometrie eine weitere wichtige Voraussetzung für die Entwicklung von Zahlenvorstellungen, da es dem Kind gelingen muss, innere Vorstellungsbilder aufzubauen. Beim Rechnenlernen geht es schließlich darum, Denkbilder (z. B. Vorstellen eines Zahlenraums) zu entwickeln und zu verändern (Schulz 2014, S. 3). Als Lerninhalte dienen einerseits Flächenformen (Vier- oder Rechteck, Quadrat, Kreis u. a.), die von Schüler*innen entdeckt und durch vorgegebene oder selbst gefundene Kriterien entdeckt, verglichen und klassifiziert werden sollen. In verschiedenen Anordnungen und Kombinationen verschiedener Flächen entstehen unterschiedliche Figuren und Muster. Andererseits gehören geometrische Körperformen (Würfel, Zylinder, Kegel u. a.) auch zu den Lerninhalten, weil diese Körperformen durch die räumliche Anordnung mehrerer Flächen (wie etwa ein Würfel) zusammengesetzt sein können.

Bei dem Entdecken von Flächenformen kann gut an die Erfahrungen zur räumlichen Orientierung und Messen (Länge, Höhe, Breite) angeschlossen werden:

- Wie viele Schritte, Fußlängen oder Sprünge (Bewegungsanlässe) müssen aufgewendet werden, um den Raum zu vermessen?
- Wie viele Kinder müssen hintereinander auf den Boden (verschiedene Seiten des Raumes) gelegt werden und was schließen die Kinder daraus, wenn in der Diagonalen mehr Kinder für die Strecke gebraucht werden?

Körperformen als räumliche Anordnungen lassen sich mit dem gängigen Interieur eines Bewegungsraumes (Kastenteile, Bänke, Schaumstoffteile u. a.) oder in kleineren Räumen durch Würfel und anderen Bausteinen gut konstruieren und hinsichtlich ihrer verschiedenen Eigenschaften (z. B. Ecken, Kanten, quadratische Flächen) erkunden und beschreiben. Im Gegensatz zu den Flächenformen können die Körperformen als Modelle immer wieder sinnlich wahrgenommen (z. B. betastet),

4.4 Pränumerische, geometrische und sachrechnenbezogene Erfahrungen

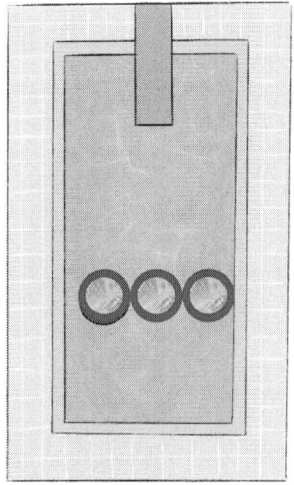 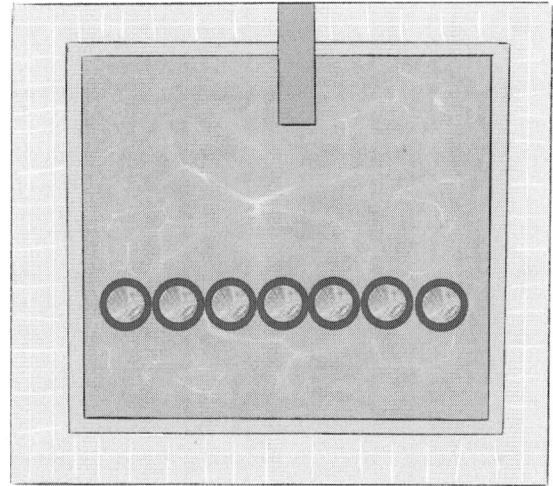

Abb. 34: Vermessen verschiedener Schwimmbecken mit Schwimmreifen

beschrieben und nachgestellt werden. Offene Formen können mit unterschiedlichen oder gleichen Materialien nach bestimmten Kriterien gefüllt werden (▶ Abb. 34). Um die Zahlvorstellungen weiterzuentwickeln, spielen räumliche Anordnungen und räumliche Strukturen eine Rolle (ebd.). Um diese zu erfassen, bedarf es räumlicher Vorstellungsfähigkeiten, die durch das erkundende und haptische Entdecken mobilisiert, modelliert und ästhetisiert werden können (▶ Tab. 11, ▶ Abb. 35).

Tab. 11: Exemplarische Übersicht zum Erfahrungs- und Aufgabenformat für geometrische Flächen

Intention	Bereich: Geometrie
Unterschiedliche Formen von Flächen entdecken	Schüler*innen (SUS) bekommen die Aufgabe, in Kleingruppen möglichst viele unterschiedliche geometrische Flächen mit dem eigenen Körpern herzustellen SUS stellen Flächen mit dem ganzen Körper oder einzelnen Körperteilen (Finger, Hände, Arme, Beine) dar Moderation: »Was geschieht, wenn auf den einzelnen Seiten unterschiedlich viele Elemente angeordnet wären?«
Impulse an SUS zur Selbstorganisation	SUS sollen die verschiedenen Formen hinsichtlich ihrer Merkmale beurteilen »Wie und wodurch erhält man zwei gleich lange Seiten?«
Fragen, Provokationen	»Durch welche Maßnahmen verändert sich der Winkel?«
Ikonische und symbolische Fortführung der Erfahrungsformate	SUS zeichnen oder fotografieren ihre erfundenen Flächen »Wodurch unterscheiden sich die einzelnen Flächen und wie werden sie genannt?« »Durch welche Eigenschaften unterscheidet sich ein rechter von einem spitzen Winkel?«

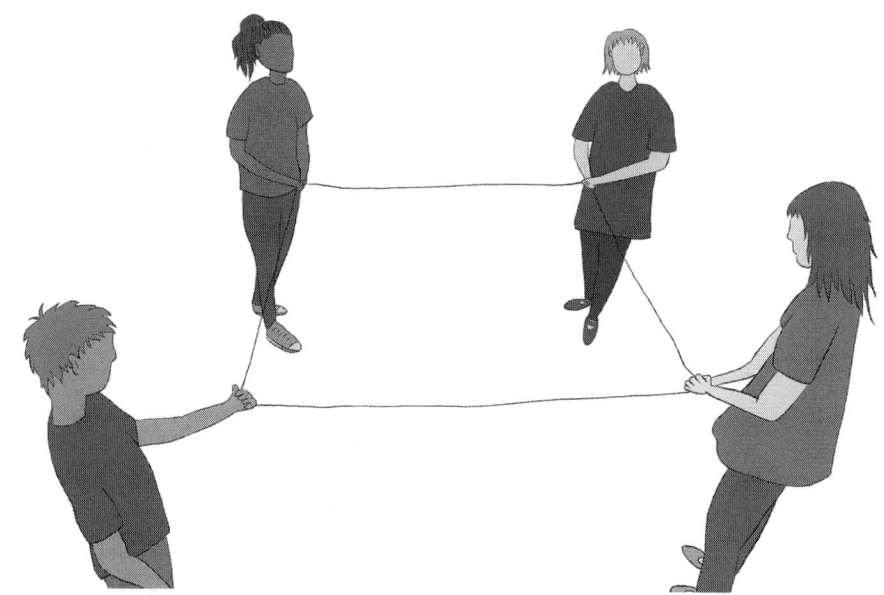

Abb. 35: Erstellen unterschiedlicher Flächen mit Seilen

4.4.1 Numerik als Unterrichts- und Förderthema

Die Numerik wird als der Bereich der Mathematik verstanden, bei welchem es um die Zahlenlehre geht. In diesem Kontext sollen die Schüler*innen lernen, mathematische Mittel zu kennen und anzuwenden, um damit mathematische Probleme möglichst genau zu lösen. Der numerische Bereich und der pränumerische Bereich hängen sehr eng zusammen, weil letzterer die Grundlagen für Rechenoperationen legt. Ebenfalls dazu gehören der geometrische Bereich und das Sachrechnen. Damit Schüler*innen einen möglichst umfassenden Zahlbegriff entwickeln können, ist es bedeutsam, dass möglichst alle Zahlaspekte der Zahlen in enger inhaltlicher Zusammenschau angesprochen werden (Roda-Schule 2019, S. 13 f., ▶ Abb. 36). Zu den Zahlaspekten zählen:

- der Kardinalzahlaspekt (Bestimmen der Mächtigkeit einer Menge),
- der Ordinalzahl-Aspekt (»Ich bin dritter geworden«),
- der Zählaspekt (»4, 5, 6 …« oder »Auf Seite 1 findet man die Lösung«),
- der Maßzahlaspekt (»Ich bin so groß wie eine Bank«),
- der Codierungszahlaspekt (Telefonnummern, Postleitzahl),
- die Rechenzahlen (»Vier Trauben und vier Trauben sind acht Trauben«),
- die Operatorzahlen (»Ich bin zweimal in die Küche gelaufen und habe jeweils drei Kekse gegessen, dann habe ich sechs Kekse gegessen«) (Roda-Schule 2019, S. 14).

4.4 Pränumerische, geometrische und sachrechnenbezogene Erfahrungen

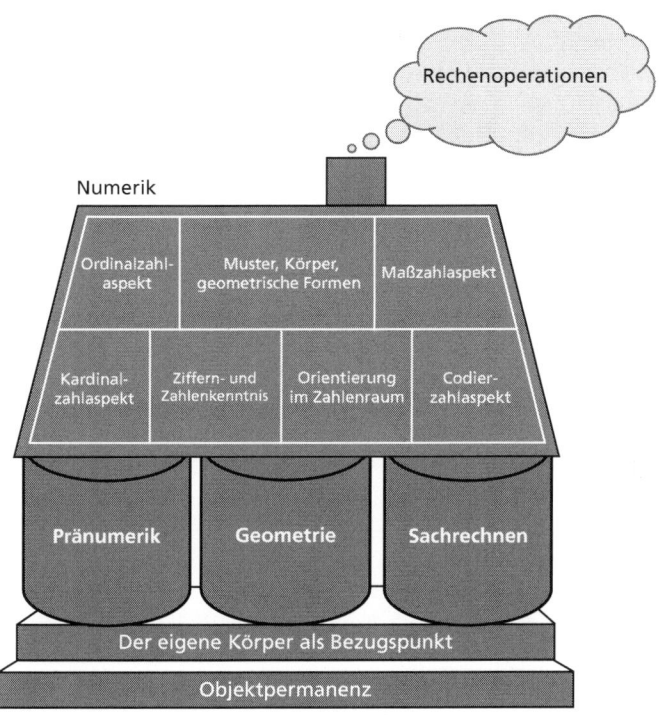

Abb. 36: Basiskompetenzen und Bereiche der Numerik (aus: Roda-Schule 2019, S. 13)

Für die Förderung der inhaltsbezogenen Kompetenzen mithilfe der »enaktiven« Darstellungsformen werden im Folgenden die drei ersten Bereiche beispielhaft aufgeführt.

Der kardinale Aspekt der Zahlen sollte auch immer wieder durch die Benennung von Zahlen in der Alltagswelt genutzt werden: »Wir Menschen haben eine Nase, einen Mund, aber zwei Arme, zwei Beine, zwei Hände, zwei Füße, zwei Augen und zwei Ohren. Eine Ampel hat drei Lichter, ein Hund und der Tisch haben vier Beine. Unsere Hand hat fünf Finger, der Käfer hat sechs Beine. Die Woche hat sieben Tage ...«

Neben dem kardinalen ist der ordinale Zahlenaspekt eine Grundvoraussetzung für den Umgang mit Zahlen, d.h., das Kind lernt, dass eine Zahl eine festgelegte Position innerhalb einer Zahlenreihe hat und dass jede Zahl nur einmal und stets in der gleichen Position zwischen zwei Zahlen vorkommt. Damit kann das Kind vorwärts und rückwärts zählen und auch mit verschiedenen Ausgangswerten das Zählen beginnen.

Die Bedeutung der Zahl als Zähl- oder Ordnungszahl (ordinaler Aspekt) kann durch folgende Erfahrungs- und Spielformen erarbeitet werden (▶ Tab. 13).

4 Theoriegeleitete Praxis für Unterricht und Förderung

Tab. 12: Exemplarische Übersicht zum Erfahrungs- und Aufgabenformat für den Ordinalaspekt von Zahlen

Intention	Bereich: Ordinaler Aspekt von Zahlen
Zahlen als Zähl- oder Ordnungszahl erkennen bis 10 (manche Zahlen werden doppelt oder mehrfach vergeben)	Schüler*innen (SUS) machen mit Rollbrettern ein »Sechstagerennen«. Die*Der Pädagog*in verteilt Startnummern SUS sollen sich genau in dieser Reihenfolge aufstellen und losfahren SUS sollen auf Zuruf einer Zahl den Arm heben, wenn die eigene davor oder dahinter liegt
Impulse an SUS zur Selbstorganisation	SUS sollen sich in Verbindung mit einer verabredeten Zahl eigene Rechenaufgaben im Zehnerbereich überlegen: Wenn jemand eine Zahl (z. B. die 6) ruft, fahren alle Kinder, die die Zahlen darunter oder darüber haben, zu dem Kind und ordnen sich in der jeweiligen Reihe ein
Fragen, Provokationen	Wenn die Zahl (z. B. die 6) gerufen wird, strecken alle Kinder, die die fehlende Zahl bis zum vollen Zehner haben, ihre Arme hoch (also alle Kinder, denen die Zahl 4 zugewiesen worden ist) »Welche anderen Rechenoperationen könnt ihr noch im Zehner- oder ggf. im Zwanzigerbereich durchführen?«
Ikonische und symbolische Fortführung der Erfahrungsformate	SUS malen oder schreiben die Aufgaben auf (evtl. Zahlenstrahl dazugeben) SUS bringen die Aufgaben in eine symbolische Form (z. B. 6 + 4 = 10) SUS überlegen sich Aufgaben auf dem Papier, die dann mit Rollbrettern »nachgespielt bzw. -gerechnet« wurden

Gerade hinsichtlich der ikonischen und symbolischen Darstellungsformen lassen sich viele in Bewegungssituationen übertragen und/oder mit anderen Aspekten der Numerik verbinden, z. B. bei Größenaufstellungen:

- »Alle Schüler*innen mit einem gepunkteten T-Shirt stehen am Anfang der Reihe auf Position 1.«
- »Alle Kinder mit einem gestreiften T-Shirt sollen auf die dritte Position gehen.«
- »Wo muss ich mich einordnen, wenn ich eine Blume auf dem T-Shirt habe?«

Bei der Einführung der Zahl als Zähl- oder Ordnungszahl ist zu berücksichtigen, dass Kinder erst in einem bestimmten Alter bereit sind, sich dieses Wissen anzueignen. Nach Hasemann (o. J.) entwickelt sich die Zählkompetenz der Kinder in fünf Phasen, die für eine diagnostische Einschätzung innerhalb des Unterrichts und in einer Förderung hilfreich sein können:

- *Phase 1* (verbales Zählen)
  Die Zahlwortreihe ist noch nicht strukturiert, sie wird wie ein Gedicht aufgesagt und kann noch nicht zum Zählen eingesetzt werden.
- *Phase 2* (asynchrones Zählen)
  Im Alter von etwa 3 ½ bis 4 Jahren benutzen die Kinder die Zahlwörter zum

4.4 Pränumerische, geometrische und sachrechnenbezogene Erfahrungen

Abb. 37: Verschiedene Zuordnungen an Positionen (von links nach rechts: gepunktet, einfarbig dunkel, gestreift, einfarbig hell, zweifarbig, mit Motiv)

Zählen in der richtigen Reihenfolge, jedoch wird oft noch ein Objekt übersehen oder das gleiche Objekt zweimal gezählt.
- *Phase 3*
Wenn ungeordnete Objekte gezählt werden sollen, fangen die Kinder mit etwa 4 ½ Jahren an, die Objekte beim Zählen zu ordnen.
- *Phase 4*
Im Alter von etwa 5 Jahren wissen die Kinder, dass sie beim Zählen mit der Eins anfangen müssen, dass jedes Objekt nur einmal gezählt wird und dass die letztgenannte Zahl die Anzahl der Objekte angibt.
- *Phase 5* (abkürzendes Zählen)
Die Kinder im Alter von 5 ½ bis 6 Jahren erkennen oder bilden Strukturen wie z. B. das Zahlenbild der Fünf. Sie können von einer Zahl an aufwärtszählen, sie können in Zweierschritten und auch rückwärtszählen. In dieser Phase können die meisten Kinder bereits einfache Rechnungen ausführen. Danach ist davon auszugehen, dass Kinder erst im Alter von etwa 5 Jahren in der Lage sind, »richtig« zu zählen.

Gefördert werden kann dies durch den Einsatz des »Zahlenwegs« (▶ Abb. 38):

- Vorwärts- und Rückwärtszählen beim Abschreiten eines »Zahlenstrahls«, der als Zahlenweg mit Fliesen ausgelegt ist,
- den größeren und den kleineren Nachbarn einer gegebenen Zahl auf dem Zahlenstrahl finden,
- Zahlenfolgen beim Abschreiten auf dem Zahlenstrahl fortsetzen,
- unterbrochene Zahlenfolgen vervollständigen: Zahlen auf dem Zahlenstrahl verdecken und erraten,
- besondere Zahlenfolgen fortsetzen: eins, drei, fünf, sieben.

4 Theoriegeleitete Praxis für Unterricht und Förderung

Abb. 38: Rechnen mit dem Zahlenweg und Zuordnungen der Mengen

Bei der Würfelstaffel würfeln die Gruppen:

- Bei geraden Zahlen gehen sie entsprechend viele Schritte nach vorne, bei ungeraden nach hinten. Stehen sie nach zehn Würfen vor der Startlinie oder dahinter?
  Variation: Die Kinder müssen so lange würfeln und entsprechende Schritte machen, bis sie eine bestimmte Zahl erreicht haben.
- Atomspiel: Die Kinder laufen zur Musik durch den Raum. Bei Musikstopp wird von der Gruppenleitung eine Zahl gerufen. Die Kinder müssen sich entsprechend dieser Zahl gruppieren.
  Variation: Die Spannung wird erhöht, wenn zusätzlich ein »Teufelchen« im Spiel ist. Es sitzt auf einem Kasten und darf bei Musikstopp alle die Kinder fangen, die noch nicht zu einer Gruppe gefunden haben. Diese werden dann ebenfalls zu »Teufelchen«.

Zahlen und Operationen im Zehnerbereich (Rückgriff auf Gesten)

Für die Festigung von Zehnerergänzung setzen sich zwei Schüler*innen gegenüber. A zeigt mit den Fingern eine Zahl, B muss diese durch Zeigen mit den Fingern so schnell wie möglich (▶ Kap. 3.3)

- auf 10 ergänzen,
- verdoppeln (▶ Abb. 39),
- halbieren …

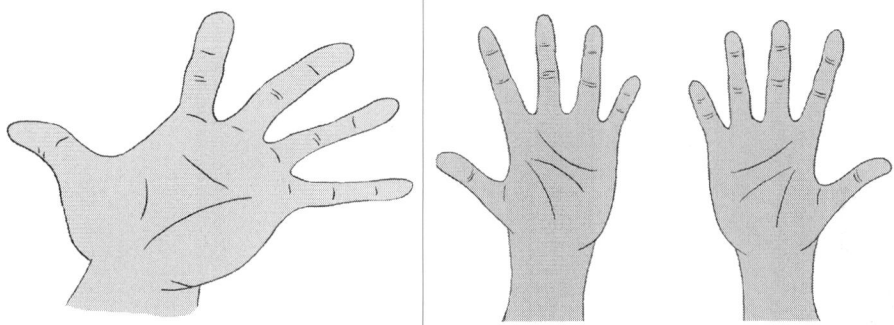

Abb. 39: Rechnen mit Handgesten (hier verdoppeln)

Diese Aufgabe kann auch mit Chips auf der ikonischen Darstellungsform durchgeführt werden:

Der*Die Schüler*in A legt vor sich eine bestimmte Anzahl Chips ab, der*die Schüler*in B hat die Aufgabe, die Anzahl so schnell wie möglich

- auf 10 zu ergänzen,
- zu verdoppeln,
- zu halbieren …

Überprüft werden die Ergebnisse durch Rechnung auf der symbolischen Darstellungsform:

- 6 + ? = 10 (Ergebnis = 4)
- 5 x 2 = 10
- 6 : 2 = 3

Eine sehr körperbetonte Erfahrungssituation zum Zählen, zum Multiplizieren und zum Dividieren ist der »Doppelhopser«: Zwei Schüler*innen stehen sich gegenüber. A hopst mehrfach und gibt die Anweisung an B:

- »Hüpf genauso oft!«
- »Hüpf doppelt so oft!«

- »Hüpf halb so oft!«
- »Hüpf (nach Ansage) + 3- oder 4-mal ... so oft!«

Diese Rechenoperationen können wie oben dargestellt ebenfalls mit Chips ikonisch nachvollzogen werden:

Der*Die Schüler*in A legt eine bestimmte Anzahl Chips vor sich hin und gibt dem*der Schüler*in B die Anweisung,

- genauso viele,
- doppelt so viele,
- halb so viele,
- dreimal oder viermal so viele Chips hinzulegen.

Danach werden die Ergebnisse durch die symbolische Darstellung rechnerisch überprüft:

- 6 = 6
- 2 x 6 = 12
- 6 : 2 = 3
- 3 x 6 = 18
- 4 x 6 = 24

Weitere Spielideen mit Zahlen:

Für einen Additionslauf wird eine Zielzahl, z. B. 30, festgelegt. In jeder Ecke des Raumes steht eine Gruppe mit Würfel, Stift und Blatt.

- Der*Die erste Schüler*in in der Gruppe würfelt, schreibt seine*ihre Zahl, z. B. 4, auf und läuft 4 Runden.
- Der*Die nächste Schüler*in würfelt, läuft seine*ihre Rundenzahl ...
- ..., bis die festgelegte Zielzahl erreicht oder überschritten ist.
  Variation: Wird die Zielzahl überschritten, dann wird beim nächsten Würfeln die erzielte Zahl abgezogen, dann wieder addiert, bis die Zielzahl exakt getroffen ist.

Um das »Kleine Einmaleins« zu üben, werden Zahlenfamilien gebildet. Jede*r Schüler*in bekommt eine Zahlenkarte zu den 1x1-Reihen. Die Schüler*innen bewegen sich zur Musik im Raum, bei Musikstopp müssen die Schüler*innen sich austauschen, sich ihre Zahlen zeigen und sich gemeinsam zuordnen, zu ihrer Familie finden.

Beispiel: Die Schüler*innen mit den Zahlen 3, 6, 9, 12, 15, 18 finden zur Dreierfamilie zusammen, sie dürfen aber nur zu dritt zusammenstehen. Die Schüler*innen mit den Zahlen 2, 4, 6, 8, 10, 12 gehören zur Zweierfamilie und finden sich als Pärchen zusammen.

Variation: Diese Spielform kann auch am Tisch durchgeführt werden. Die Schüler*innen legen ihre Kärtchen vor sich hin und entscheiden gemeinsam, wer zu welcher Familie gehört.

Sie werden dabei auch feststellen, dass manche Schüler*innen die Wahl haben. So kann sich z. B. die 6 zur Zweier- oder zur Dreierfamilie zuordnen.
    Daraus können rechnerische Zusammenhänge erschlossen werden: 2 x 3 = 6

Eine weitere Erfahrungssituation für das »Kleine Einmaleins« ist das Klatschspiel:

- Alle Kinder bewegen sich durch den Raum und klatschen bei ihren Schritten im Rhythmus einer 1x1-Reihe, wobei jeder x-te Schlag besonders betont wird.
  Beispiel: 1 2 3 4 5 6 7 8 9 10 11 *12* …

Diese Spielform kann auch als Tanz durchgeführt werden:

- Dabei stehen die Kinder im Kreis und fassen sich an den Händen. Je nach 1x1-Reihe führen die Kinder die Tanzbewegungen entsprechend oft aus. Dabei zählen sie mit.
  Beispiel 3er-Reihe:
  – Drei Schritte nach rechts und beim 3. Schritt stampfen. Dabei zählen: 1–2–3.
  – Drei Schritte nach links und beim 3. Schritt stampfen. Dabei zählen: 4–5–6.
  – Drei Schritte zur Mitte und Hände heben: Dabei zählen: 7–8–9.
  – Drei Schritte zurück, Hände senken und loslassen. Dabei zählen: 10–11–12.
  – Mit drei Schritten um sich selbst drehen. Dabei zählen: 13–14–15.
  – Wiederholung von vorne bis 30 zählen.

Unterschiede zwischen Einern, Zehnern und Hunderten

Um eine Vorstellung von Einer-, Zehner- und Hundertstellen zu entwickeln, wird mit Seilchen jeweils ein Kreis für Einer, Zehner und Hunderter am Boden ausgelegt (▶ Tab. 13).

- Die Lehrkraft nennt eine Zahl, die Schüler*innen müssen diese Zahl darstellen.
  Beispiel: 234
- Zwei Schüler*innen müssen sich in den Hunderterkreis stellen, drei in den Zehnerkreis und vier in den Einerkreis.

Im Erfahrungs- und Aufgabenformat für das Rechnen im Einer-, Zehner- und Hunderterraum handelt es sich um unterschiedliche Übungen entsprechend der enaktiven, ikonischen und symbolischen Aktionsform.

Tab. 13: Exemplarische Übersicht zum Erfahrungs- und Aufgabenformat für das Rechnen im Hunderterraum

Intention	Bereich: Rechnen im Hunderterraum
Rechnen mit Einern, Zehnern und Hunderten Beispiel: 234 + 9	Im Raum sind drei große Kreise mit unterschiedlich dicken Seilen markiert (der Kreis mit dem dünnsten Seil steht für Einer, der Kreis mit der mittleren Dicke für Zehner). Der o. g. Grundaufbau bleibt erhalten Im Hunderterkreis stehen zwei Schüler*innen (SUS), im Zehnerkreis drei und im Einerkreis vier SUS. Nun wird der Einerkreis mit weiteren neun SUS gefüllt. Wenn die Zahl 10 erreicht ist, also nachdem sechs SUS in den Einerkreis gegangen sind, geht eine SUS als Stellvertreter*in für die 10 Einer in den Zehnerkreis. Es bleiben noch drei SUS, die in den Einerkreis gehen Moderation: »Wie könnt ihr sicherstellen, dass genau neun SUS sich auf die Kreise aufteilen?«
Impulse an SUS zur Selbstorganisation	SUS überlegen sich eigene Aufgaben Variation von Aufgaben, in der mindestens zwei Stellvertreter*innen in den nächstdickeren Kreis wechseln
Fragen, Provokationen	»Wie müsst ihr euch organisieren, wenn es nicht um Additions-, sondern um Subtraktionsaufgaben geht?«
Ikonische und symbolische Fortführung der Erfahrungsformate	SUS übertragen die Aufgaben auf Kreise auf Papier und rechnen mit Chips. Beispiel: Zu Beginn liegen im Hunderterkreis zwei schwarze Chips, im Zehnerkreis drei blaue Chips und im Einerkreis vier rote Chips. Jetzt müssen neun rote Chips dazu gezählt werden, wobei die SUS wissen, dass in jeden Kreis maximal neun Chips liegen dürfen. Beim 10. Chip muss getauscht werden Die SUS ändern die Darstellungsform und malen auf ein Blatt Papier drei Kreise, von denen einer mit 1, der zweite mit 10, der dritte mit 100 beschriftet wird. Jetzt nennt die Lehrkraft eine dreistellige Zahl. Die SUS müssen die entsprechende Anzahl an Chips in die richtigen Kreise legen. Sie schreiben die richtige Zahl darunter SUS übertragen Aufgaben in symbolischer Form in die enaktive Darstellungsform zurück (z. B. das Ergebnis wird bekannt gegeben) und aus den drei Gruppen (Einer, Zehner, Hunderter) werden »blind« SUS von eine*r Schüler*in dirigiert oder die jeweiligen Gruppenmitglieder müssen sich selbst finden und zuordnen

4.4.2 Sachaufgaben in der Mathematik

Sachrechnen ist Anwendung von Mathematik auf vorgegebene Sachprobleme und Mathematisierung konkreter Erfahrungen und Sachzusammenhänge vorwiegend unter numerischem Aspekt (Strehl 1979, S. 24). Sachaufgaben sind Sachsituationen, in denen Schüler*innen lernen, Mathematik in alltagsnahen Situationen anzuwenden. Eine Lösung für derartige Situationen erfordern mathematische Fähigkeiten. »Gute Sachaufgaben« stimulieren Modellbildung, das Deuten und Verstehen von Sachsituationen im Lichte mathematischer Begriffe. Sachaufgaben können in vielen Bereichen vorkommen, z. B. im Alltag, in der Wissenschaft, im Handel oder in der Technik.

4.4 Pränumerische, geometrische und sachrechnenbezogene Erfahrungen

Indem mit einer Bewegungsaufgabe zunächst erfahren wird, wie Mathematik praktisch erlebt werden kann, öffnet sich ggf. die Neugier auf Lösung einer entsprechenden Sachaufgabe.

Aufgabe 1: Fähre am Fluss

Auf einer Klassenwanderung kommen die 24 Schüler*innen der Klasse 2a mit ihrem Lehrer an einen Fluss, wo eine Fähre zum anderen Ufer übersetzt. In die Fähre passen aber neben dem Fährmann nur fünf Kinder. Wie oft muss der Fährmann fahren, um alle Kinder und den Lehrer auf die andere Seite zu bringen?
Lösungsansatz: In der Turnhalle oder auf dem Schulhof werden zwei Reifen (als Fähre) aneinandergelegt. Die Turnhalle ist der Fluss. Die Kinder steigen in die Reifen, heben sie bis an die Hüfte und gehen auf die andere Seite des Flusses.
Variation: Wie oft müsste der Fährmann fahren, wenn er ein größeres Boot hätte, in dem Platz für acht Kinder wäre? Wie oft müsste er fahren, wenn er nur ein kleines Boot mit Platz für zwei Kinder hätte?

Aufgabe 2: Wie viele Luftballone passen in einen großen Pappkarton?

Lösungsansätze:

- Pappkarton ausmessen.
- Luftballone zur Verfügung stellen.
- Wie groß muss man Luftballone aufblasen?
- Länge der Ballone messen.
- Eventuell nur mit einem Ballon messen (Richtung, Lage des Ballons verändern).
- Ergebnisse hinterfragen (Warum sind sie so unterschiedlich?).
- Nicht funktionierende Lösungsansätze durchstreichen, neu beginnen!
  → Vielfältige Beurteilungskriterien.

Aufgabe 3: Wie bekommt man heraus, wann oder wo eine Person eine andere einholt – bei unterschiedlichem zeitlichen Start und unterschiedlicher Geschwindigkeit?

Lösungsansatz:
In der Sporthalle oder auf dem Sportplatz kann die praktische Lösung einer Bewegungsaufgabe erlebbar gemacht und anschließend in einem fiktiven Beispiel errechnet werden:

- Zwei Personen haben unterschiedliche Startbedingungen: Eine*r startet später als der*die andere und beide laufen in unterschiedlicher Geschwindigkeit, so dass sie sich irgendwo auf der gleichen Strecke treffen.
- Die Mitschüler*innen schätzen nun ein, wann die eine die andere Person eingeholt haben wird.

- Diese Einschätzungen werden im Hinblick auf Ausgangsbedingungen und zugrundeliegende mathematische Größen bzw. Einflussfaktoren diskutiert und entweder vor Ort oder im Klassenraum ihren mathematischen Ausdruck finden, und zwar mit der *zugrunde liegenden Formel der Wegstrecke s* in Abhängigkeit der *Geschwindigkeit v* und der *Zeit t*.

Transfer vom Handeln zur theoretischen Problemlösung anhand der Beispielaufgabe: Geschenke vergessen! Der vergessliche Weihnachtsmann und die schnellen Elfen
   Es ist der 24. Dezember und der Weihnachtsmann ist schon mit seinem Schlitten unterwegs zu der ersten großen Stadt, um dort die Geschenke zu verteilen. Nachdem der Weihnachtsmann das Geschenklager mit vollgepacktem Schlitten schon verlassen hat, stellen die Elfen entsetzt fest, dass der Weihnachtsmann einige Geschenke vergessen hat. Sie wissen, dass der Weihnachtsmann ca. vier Stunden bis zur 200 km entfernten Stadt braucht. Die Elfen beladen schnell den Rennschlitten und fahren schließlich eine halbe Stunde nach dem Weihnachtsmann los. Der Rennschlitten fährt mit einer Geschwindigkeit von 60 km/h. Schaffen es die Elfen noch den Weihnachtsmann vor der Stadt einzuholen oder wird es enttäuschte Kinder geben?
Tipps für das Lösen von Sachaufgaben für Schüler*innen in Mathe:

- In Anknüpfung an die erlebte Bewegungsaufgabe in der Sportstunde lies die Fragestellung sorgfältig und verstehe, was gefragt wird.
- Identifiziere alle relevanten Einflussfaktoren und gegebenen Größen der Fragestellung. Schreibe sie auf, um den Überblick zu behalten.
- Wähle die passende Formel oder Methode aus, um das Problem zu lösen. Überlege, welche Größe du berechnen möchtest und welche Größen du bereits kennst.
- Setze die gegebenen Werte in die ausgewählte Formel ein und löse die Gleichung.
- Überprüfe das Ergebnis auf Plausibilität und ob es sinnvoll ist. Wenn möglich, überprüfe das Ergebnis durch eine andere Methode oder einen anderen Ansatz.
- Fasse das Ergebnis zusammen und beantworte die ursprüngliche Fragestellung.

4.5 Gesellschaftliche und naturwissenschaftliche Phänomene, Metaphern und Abstraktionen über Bewegung erfassen (Sachkunde)

»*Das Wesen der Dinge hat die Angewohnheit, sich zu verbergen. Dem, was ich geschaut, gehört, gelernt habe, gebe ich den Vorrang.*«
Heraklit (480 v. Chr.), griechischer Philosoph

Sachkunde und ihr Unterricht (auch Heimat- und Sachunterricht) ist Teil des allgemein-bildenden deutschen Schulsystems und bislang (überwiegend) auf die Grundschule begrenzt. Sachunterricht wurde Anfang der 1970er Jahre als Unterrichtsfach der Grundschule etabliert, und löste – die bis zu diesem Zeitpunkt unterrichtete – »Heimatkunde« ab. Als Sammelbecken sämtlicher sozial- und naturwissenschaftlicher Grundschul-Didaktiken fehlte ihm eine eigene Didaktik und erst recht die eindeutige wissenschaftliche Bezugsdisziplin (Pech 2009, S. 1). Die ersten Sachunterrichtsprofessuren wurden erst mit Beginn der 1980er Jahre an deutschen Hochschulen etabliert. Als didaktisches Fach an den Universitäten der verschiedenen Bundesländer zeigte sich der Sachunterricht – auch in den modularisierten Studiengängen – als überaus heterogen (ebd.).

Seinem derzeitigen Selbstverständnis nach trägt Sachunterricht dazu bei, dass Kinder ihre Lebenswelt verstehen lernen, indem er ihnen ermöglicht, »Sachen« als Erfahrung, Kenntnis und Wissen zu begegnen. Bildung wird dabei als ordnende, deutende und verstehende Fähigkeit interpretiert. Das bildungsrelevante Moment des Sachunterrichts bedingt damit einen Dialog, die Verhältnisse von »Ich und Du«, »Ich und Sache« als auch von »Ich und Welt« zu reflektieren. Entsprechende Bildungsangebote bedürfen daher im Sinne Klafkis (vgl. 1994) der Momente einer Gegenwarts- und Zukunftsbedeutung sowohl in Hinsicht auf die Subjekt- wie auf die Gesellschaftsentwicklung (Pech 2009, S. 6). Sie sollten darauf abzielen, »erfahrungsgebundene Eigentheorien im Sinne von Reflexion, Abstraktion und Verallgemeinerung als ›zukunftsfähig‹ gestalten zu können« (ebd.). Bildungswirksam wird der Sachunterricht durch die gestaltende Erschließung der Welt, in der das Kind den Aufforderungscharakter und den Widerstand der »Gegenstände« erfährt. Als Lehre von den Sachen ist Sachunterricht damit auf das Erklärungswissen der Wissenschaften angewiesen. Lernerfahrungen verbinden Kind und Sache (Köhnlein 2022, S. 100), die wiederum »eine gemeinsame Grundlage haben (müssen), wenn man sie aneinander anschließen will«.

Der Sachunterricht legt Grundlagen für den Fachunterricht an weiterführenden Schulen. Daraus resultiert eine doppelte Anschlussaufgabe:

> »Der Sachunterricht muss einerseits anschlussfähig sein an die Lernvoraussetzungen, an die vor- bzw. außerschulisch erlangten Wissensbestände und Kompetenzen sowie an die Fragen, Interessen und Lernbedürfnisse der Schülerinnen und Schüler. Andererseits muss er Anschluss suchen an das in Fachkulturen erarbeitete, gepflegte und weiter zu entwickelnde Wissen« (GDSU 2013, S. 10).

Es bedarf demnach einer unterrichtlichen Anordnung, »wonach Fragen, Interessen und Lernbedürfnisse der Schüler*innen mit dem in Fachkulturen erarbeiteten Wissen beantwortbar sind oder zumindest bearbeitet werden können« (Scholz 2020, S. 3). Eine Möglichkeit, das Spannungsfeld zwischen Lebenswelt und Wissenschaft zu überbrücken, besteht darin, dass es nicht primär auf die Fülle des Einzelwissens ankommt, sondern auf das Verstehen von Zusammenhängen. Generell ist Sachunterricht auf die Aneignung des Wissens von der Welt gerichtet.

Die Dimensionen des Sachunterrichts

> »gliedern das Universum der Sachen und bezeichnen Bereiche des Vertraut-Werdens der Kinder mit
>
> - der heimatlichen Lebenswelt und der kulturellen Vielfalt (lebensweltliche Dimension),
> - der Geschichte des Gewordenen (historische Dimension),
> - der Landschaft, ihrer Gestaltung, Erschließung und Nutzung (geografische Dimension),

- wirtschaftlichem Handeln (ökonomische Dimension),
- vielfältigen sozialen Bezügen und politischen Regelungen (gesellschaftliche Dimension)« (GDSU 2013, S. 14).

Die Konzeption des »Mehrperspektivischen Unterrichts« (MPU) ist darauf angelegt, gesellschaftliche Handlungsfelder an differenziert ausgearbeiteten Beispielen wie »Supermarkt«, »Krankenhaus« oder »Sprudelfabrik« modellhaft so zu rekonstruieren, dass grundlegende Strukturen, Regeln und Funktionen erfahrbar und verstehbar werden (Köhnlein 2012, S. 211 ff.). Von Seiten der GDSU wird auch die Notwendigkeit der Vernetzung verschiedener sachunterrichtlicher Perspektiven betont. In der Gegenwart orientieren sich aktuelle Konzeptionen, wie der exemplarisch-genetische und der vielperspektivische Sachunterricht (Thomas 2018, S. 108 ff.), an den Dimensionen des gesellschaftlichen, historischen, geographischen, ökonomischen, physikalischen und chemischen, technischen, biologischen und ökologischen Sachbezuges (Möller 2022, S. 262).

4.5.1 Die »Sachen« des Sachkundeunterrichts

Sachunterricht führt in den Bereich der »Sachen« ein. Sie stehen zunächst für nicht näher bezeichnete Gegenstände oder für Dinge. Als Sammelbegriff können sie aber immer auch eine Vielfalt von Erscheinungen beinhalten: als Vorgänge: Vorfälle oder Umstände; als Ereignisse: Begebenheiten, Tatsachen, Wahrnehmungen, Wahrheiten; als Situationen: Episoden; Ziele: Aufgaben oder Anliegen. »Sachen« sind Gegenstände unseres Denkens, Handelns und Sprechens. Sie befinden sich als Sache oder Sachverhalt immer in situativen oder übergeordneten Zusammenhängen, so dass man Aussagen über ihre Gegebenheit und ihre Beziehungen machen kann (Köhnlein 2022, S. 40).

Über die Sachen des Sachunterrichts wird auch im sozialen Miteinander engagiert diskutiert; Lernende und Sachverhalte kommen gleichzeitig in den Blick, Emotion und Kognition sind gleichermaßen von Bedeutung. Für den Sachkundeunterricht kommt es darauf an, auszuwählen, welche Sachen und Sachverhalte zu Gegenständen der Auseinandersetzung des Sachunterrichts werden. Unter dem Leitmotiv von Bildung erhält Sachkundeunterricht einen über den Aufbau von Wissen, Können und Leistungsfähigkeit hinausreichenden Sinn, der sich wesentlich auf das Werden der Persönlichkeit und die Befähigung zu verantwortlichem Handeln bezieht (Reheis 2016, S. 24). In diesem Sinne werden die Schüler*innen auf die Sachfächer der weiterführenden Schulstufen vorbereitet.

4.5.2 Zur Geschichte des Sachunterrichts

Sachunterricht als Schulfach an westdeutschen Grundschulen wurde im Zuge einer umfassenden Bildungsreform (etwa um 1970) lehrplanmäßig etabliert. Er löste den bis dahin üblichen heimatkundlichen Unterricht ab. Die Entwicklung des Sachunterrichts hat allerdings eine Vorgeschichte, ohne deren Kenntnis der Entstehungszusammenhang des modernen Sachunterrichts nicht ausreichend erklärbar ist

(Götz 2022, S. 231 f.). Die ideengeschichtlichen Anfänge reichen bis ins 17. Jahrhundert zurück, in eine Zeit, in der es in den deutschen Territorialstaaten noch kein öffentliches Pflichtschulwesen gab.

Wegbereiter für den Einzug der sog. »Realien« (bildlich dargestellte Sachen verbunden mit Sprache) in den schulischen Bildungskanon war J. A. Comenius (1592–1670). Sein Schul- und Lehrbuch »Orbis sensualium pictus« (»Die sichtbare Welt«, 1658) war für 100 Jahre das am meisten verbreitete Unterrichtsbuch in deutschen Landen, aber auch weit darüber hinaus. Nach seinen Prämissen beginnt jegliche Erkenntnis mit sinnlicher Wahrnehmung. Reale Erscheinungen und Vorkommnisse – seien es Pflanzen, Tiere, Himmelskörper oder Handwerkskünste – erhalten erstmals den schulförmigen Status von Unterrichtsgegenständen. Jede Unterweisung hatte »anstatt mit der Auseinandersetzung in Worten … mit der Anschauung der Dinge« zu beginnen (zit. in Flitner 1972, S. 143).

Die Anschauungsgebundenheit der Begriffs- und Erkenntnisgewinnung von Kindern war auch für Pestalozzi (1780/1983, S. 6) maßgebend, insbesondere als Begründung für seine Auffassung von der bildenden Wirkung der »nähesten Verhältnisse« und damit für den heimatkundlichen Unterricht der Weimarer Grundschule im 19. Jahrhundert (Götz 2022, S. 234).

Diese Art von Unterricht wie auch der kindgemäße Sachunterricht der 1950er und 1960er Jahre orientierte sich vor allem daran, Kindern die erlebte Umwelt theoretisch erfassen zu lassen sowie sie zur Heimatverbundenheit zu erziehen. Nur was im Erleben des Kindes eine Rolle spielte, konnte zum Gegenstand des Unterrichts werden

Realgeschichtlich veränderte sich mit der ersten industriellen Revolution im 18. und 19. Jahrhundert die Grundlage der Produktion von der bäuerlich-handwerklichen zur industriellen Produktionsweise. Um die neuen Techniken (z. B. zur Herstellung von mechanischen Webstühlen und Dampfschiffen, zur Förderung von Kohle und zur Verarbeitung von Eisenerz) handhaben zu können, bedurfte es einer Massenalphabetisierung der in die Manufakturen und Maschinenhallen geworfenen Arbeitskräfte und einer damit verbundenen obligatorischen Elementarschulpflicht.

> »In ihrer Sorge um die Verelendung des niederen Volkes einerseits und dem sozioökonomischen Bestreben des Merkantilismus zur Nutzbarmachung von Individuen durch Hinführung der Jugend zur Arbeitswelt andererseits entstehen Konzepte für das Volksschulwesen, die darauf gerichtet sind, dem einfachen Volk elementare Kenntnisse im Schreiben, Lesen und Rechnen sowie auch Arbeitstugenden wie Achtsamkeit, Industriegeist und Gemeinschaftssinn nahezubringen« (Eichner 1996, S. 10 ff.).

Bereits in der Frühphase der Industrialisierung sah Karl Marx die »Verbindung von produktiver Arbeit und Unterricht nicht nur als eine Methode zur Steigerung der gesellschaftlichen Produktion, sondern als die einzige Methode zur Produktion vollständig entwickelter Menschen«. Dazu bedürfe es einer Arbeitspädagogik, die die Schüler*innen nicht nur zu spezialistisch-arbeitsteiliger Tätigkeit, d. h. zu »bloßen Trägern einer gesellschaftlichen Detailfunktion« befähigen, sondern sich in einem »polytechnischen Unterricht« zu »total entwickelten Individuen« bilden (Marx 1973/1867, S. 509).

Die Bildungsideen der Reformpädagogik und der Arbeitsschulbewegung haben das frühe Volksschulwesen wie auch die Lehrpläne der sog. »Arbeitslehre« und das

Berufsschulwesen bis in die Gegenwart nachhaltig geprägt. Zugrunde gelegt wird ein ganzheitlicher Begriff von Arbeits- und Berufsbildung. Das Prinzip des handlungsorientierten Lernens wird mit pädagogisch intendierter Arbeit verbunden: Fächer mit praktisch akzentuierten Inhalten und der entsprechenden Einrichtung von Werkstätten. Die »Erziehung zur Arbeit« als pädagogisches Prinzip ist im Wesentlichen auf die Arbeitsschulbewegung (u. a. auf Kerschensteiner) zurückzuführen: Planung und (Mit-)Gestaltung von Arbeitsabläufen, praktische Durchführung notwendiger Arbeitsschritte und das sichtbare Produkt der Arbeit waren und sind relevante Motive dieses Konzepts (vgl. dazu Fölling-Albers/Fölling 2000, S. 258–269, zit. in Giest/Wittkowske 2022, S. 484).

4.5.3 Didaktische Dimensionen des Sachunterrichts

Im Sinne einer praktischen Kenntnisnahme von Phänomenen der Arbeitswelt sollte bereits im Sachunterricht der Grundschule den Schüler*innen »mehr Gelegenheit zum Selbermachen, Selbstgestalten und Selbstverändern von, mit und durch Sachen gegeben werden« (Giest/Wittkowske 2022, S. 484). Sachen (mit-) zu gestalten heißt, im konkret-praktischen Tun mit anderen zu kooperieren, spielerisch bzw. von Vermutungen geleitet systematisch etwas auszuprobieren, etwas zu konstruieren, zu pflegen, (an-) zu bauen, zu testen und in Gebrauch zu nehmen, zu produzieren und zu (de-)montieren. Diese Tätigkeiten sind stets auch mit Sinnhaftigkeit, Bedeutsamkeit, Motivation, Aktivität, Kreativität und Gebrauchswertorientierung verbunden. Eine solche Ausrichtung bedeutet allerdings ein Umdenken, ein »Neu-Denken«, das mehr Möglichkeiten schafft, im praktischen Handeln Erfahrungen zu sammeln – ein Plädoyer für eine Veränderung in der Bewertung sinnlicher Wahrnehmungen und praktischer Tätigkeiten im Kindesalter (Giest/Wittkowske 2022, S. 487).

Im Fachdiskurs des Sachunterrichts nimmt diese Sichtweise als Erfahrungsorientierung einen festen Platz ein. In vielen Lehrplänen für den Sachunterricht ist die Rede von vorschulischen Erfahrungen und der Erfahrungswelt der Kinder, von Sacherfahrungen oder sinnlichen Erfahrungen, die aber nicht nur aufgegriffen und verarbeitet, sondern auch erweitert bzw. erst gestiftet werden müssen (Schultheis 2022, S. 413 f.). Zur Erfahrungsorientierung gehört auch ein »Lernen mit allen Sinnen«, und zwar nicht nur als Wahrnehmungsschulung, sondern als multisensorische und sinnerschließende Sachbegegnung sowohl in der Schule als auch in außerschulischen Lernorten.

Die Forderung nach Erfahrungsorientierung im Sachunterricht bezieht sich also auf schulkritische Positionen und Reformbestrebungen. Unterricht wird dabei nicht auf die Präsentation von Bildern und Worten reduziert, sondern berücksichtigt auch die anschauliche Wirklichkeit und die subjektive Bedeutsamkeit von Lernprozessen (Schultheis 2022, S. 214). »Da das Kind mit seinen individuellen Erfahrungen und seiner je eigenen Motivation als Ausgangspunkt von Unterricht gesehen wird, rücken Verstehenswege in den Blick, die auch die affektiven und emotionalen Seiten eines Unterrichtsgegenstandes berücksichtigen« (Schomaker 2005, S. 1).

Die sachunterrichtsdidaktische Reflexion greift auch Deweys Verweis auf die aktive und passive Seite der Erfahrung heraus. So lässt sich das von Dewey beschriebene Erfahren differenzieren sowohl als aktives »Zugehen auf Etwas« als auch auf ein »Widerfahren« als Erleiden, welches Erwartungen durchkreuzen kann und hingenommen werden muss (Popp 1985, S. 99, zit. in Schultheis 2022, S. 415). Nach Schultheis müssen im Hinblick auf Lern- und Lehrprozesse Stufen und Weisen des Erfahrens unterschieden werden. Kinder werden bis ins Grundschulalter von den Dingen unmittelbar in Bann gezogen, zu Aktivitäten und Erkundungen herausgefordert. In diesem Rahmen machen sie vielfältige Lernerfahrungen.

Indem sich Schüler*innen auf die zu erschließenden Sachen ausrichten und sie mit der eigenen Person in Beziehung setzen, können sie sich darüber klarwerden, können sie in der körperlich-sinnlichen Begegnung mit ihnen neue Vorstellungen assoziieren und entwickeln sowie Sinnhaftigkeit für sich selbst und andere entdecken. In der nächsten Stufe wird gezielt beobachtet und erprobt, »wie« und »unter welchen Umständen« etwas geschieht, um schließlich Regelmäßigkeiten herauszufinden, ob und wie etwas bei gleichen Bedingungen wiederkehrt. Der Weg zur Wissenschaft, d. h. zur methodisch geleiteten Erfahrung, stellt sich damit einerseits als eine Engführung der alltäglichen Erfahrung dar, andererseits aber auch als eine Möglichkeit, Alltagserfahrungen (kritisch) zu prüfen und auf diese Weise weitergehende Erfahrungen zu machen.

Für die Sachunterrichtsdidaktik bedeutet dies, dass sich der Übergang zwischen Alltagserfahrung und wissenschaftlicher Erfahrung nicht von selbst vollzieht. Dabei werden die Schüler*innen nicht nur didaktisch begleitet, sondern das zu Lernende wird vor dem Hintergrund des impliziten und expliziten Körperbewusstseins reflektiert. Die o. g. »Stufen und Weisen des Erfahrens« sind durchaus kompatibel mit den bruner'schen Darstellungsweisen des Enaktiven, Ikonischen und Symbolischen: Es gibt verschiedene Möglichkeiten der Erschließung eines Sachverhaltes und seiner Repräsentation durch die Lernenden. Dabei kommen dem Handeln, der bildlichen Darstellung und der Sprache eine hervorragende Bedeutung zu (▶ Kap. 3.4).

Damit müssen Lernende auch im Sachunterricht über das Handeln in Bewegung (enaktiv), dessen Übersetzung in reale und virtuelle Bilder und körperlich/leiblichen Darstellungen (ikonisch) auch Interpretationsmuster, Denkmodelle und Begriffe (symbolisch) erschließen. Im Sachunterricht verläuft der inhaltlich-intentionale Anspruch der Erschließung von Sachzusammenhängen meist umgekehrt und umfasst folgende vier Dimensionen:

1. über Bestehendes aufklären,
2. für Neues öffnen,
3. sinnvolle Zugangsweisen aufbauen sowie
4. zum Handeln ermutigen (Kahlert 2022, S. 472).

Unter Nutzung der bruner'schen Kategorien und der Maßgabe, Bewegung als Lernprinzip zur Anwendung zu bringen, muss Sachunterricht die Abfolge zunächst genau umgekehrt als üblich gestalten, wobei im Sinne des hermeneutischen Zirkels der Weg sowohl vom Konkreten zum Abstrakten als auch vom Abstrakten zum Konkreten wechselweise gegangen werden kann (Beispiele siehe unten).

Der qualitative Anspruch dieses Erschließungsprozesses erwächst aus der Aufgabe, Verstehen zu fördern (ebd., S. 120 ff.). Köhnlein charakterisiert das Verstehen »als ein mentales Nachkonstruieren eines Sachverhaltes [...], als ein Durchschauen und strukturelles Erfassen von Zusammenhängen, Ursachen und Wirkungen und [...] ein Einfügen des Verstandenen in die eigene kognitive Struktur« (2012, S. 321 f.). Sachen zu erschließen sind Verstehensprozesse. Ihr Gelingen ist entsprechend danach zu beurteilen, ob aus der Begegnung mit einer Sache eine fruchtbare, aktive Auseinandersetzung wird, innerhalb derer den Kindern ihre individuellen Wahrnehmungs-, Deutungs- und Interpretationsmuster bewusst werden – als Ausgangspunkt eines Auf- und Ausbaus stabiler, intersubjektiv gültiger, allgemeiner Sinn- und Sachzusammenhänge – nach Maßgabe fachwissenschaftlicher Deutungen und Erklärungen (GDSU 2013, S. 21).

Für den Aufbau einer nicht nur rationalen Beziehung zu den Sachen brauchen Kinder innere Freiheit, dingliche Möglichkeiten (Ressourcen, Gegenstände, Orte) und geeignete Partner*innen (Gebhard 1997, S. 56).

Indem Schüler*innen durch Frage- oder Problemstellungen angeregt werden, zu einem bestimmten Thema Situationen zu gestalten oder aufzusuchen, können sich wertvolle Lernanlässe und Erkenntnisse ergeben (Krause-Sauerwein 2014, S. 126 ff.). Dabei nehmen Lernende einen intentionalen Bezug zur Sache bei sich selbst wahr (z. B. als Gefühl, Assoziation, Widerstand), entwickeln Ideen und bringen Vorschläge (ggf. in Begegnung mit anderen) ins Spiel, probieren aus, beurteilen unterschiedliche Perspektiven und reflektieren die Gesamtsituation. Das Thema wird im Wechsel leiblicher und kognitiver Formen weiter erforscht und bearbeitet. Aus der Sache und aus der Situation heraus wird die Selbstorganisation der Lernenden gefordert. Dabei wird der Blick immer auch nach »innen« gerichtet. In diesem Prozess greifen Lernende aus eigenem Antrieb bewusst und unbewusst auf ihr implizites und explizites Wissen (Bewegungsmuster und Begriffe bzw. Metaphern) zu und vermitteln es mit der Situation.

In vielen Fällen können methodische Vorschläge für Querverbindungen zwischen den Fächern gemacht werden. Gemäß dem Prinzip eines fächerverbindenden Unterrichts (Rauscher 2012, S. 68) kann so aus verschiedenen Perspektiven auf dasselbe Thema geblickt werden, um der Komplexität und Vielperspektivität gerecht zu werden. Lehrkräfte schaffen Lernbedingungen und fungieren als Impulsgeber. Die Schüler*innen selbst formen die Situation. Dabei geht es darum, dem Lerngegenstand so direkt wie möglich zu begegnen, statt sich nur gedanklich mit ihm auseinanderzusetzen. Hilfreich dabei sind Lernformen wie Genetisches, Erfahrungsorientiertes, Exemplarisches, Entdeckendes, Projektorientiertes, Forschendes und Szenisches Lernen sowie Exkursionen und Lernen in außerschulischen Zusammenhängen.

4.5.4 Körper- und bewegungsorientierte Gestaltungsmöglichkeiten in »kontextzentrierten« Lernsituationen

Im Folgenden sollen exemplarisch für vier Dimensionen des Sachunterrichts Lernsituationen gezeigt werden, wie auch über sinnhaftes Bewegen und körperliche Reflexion Sachverhalte erschlossen werden können:

- Arbeit und Produktion (ökonomische Dimension),
- Geschichte des Gewordenen (historische Dimension),
- soziale Bezüge und politische Regelungen (gesellschaftliche Dimension),
- Landwirtschaft (mehrperspektivische Dimension).

Ökonomische Sachverhalte (ökonomische Dimension)

Praktisches wie ökonomisches Lernen besitzen nach wie vor keinen hohen Stellenwert im Sachunterricht, denn beide scheinen mit Themen wie »Wünsche und Bedürfnisse, Konsum, Werbung und Berufe« in den Lehrplänen aller Bundesländer abgedeckt zu sein. Hingegen werden die existenzielle Bedeutung von Ökonomie für menschliches Leben und gesellschaftliche Entwicklung (Pech 2009, S. 4), ebenso wie »Arbeit« und z. B. ihre »Flexibilisierung«, »Arbeitslosigkeit« und ihre Ursachen und Konsequenzen kaum thematisiert (Gläser 2022, S. 169 f.). Einerseits werden ökonomische und die damit eng verbundenen politischen Zusammenhänge von vielen Pädagog*innen als für Grundschulkinder zu schwierig angesehen, andererseits machen die internationalen Schulleistungstests bislang einen Bogen um die gesellschaftswissenschaftliche Bildung. Dennoch müssen sich Kinder schon frühzeitig in einer wirtschaftlich geprägten Lebenswirklichkeit zurechtfinden. Einerseits sind sie in der Familie oft sehr hautnah betroffen (z. B. die wachsende Zahl an Kindern, die unter der Armutsgrenze leben müssen). Andererseits verfügten Kinder und Jugendliche (6–17 Jahre) 2020 statistisch immerhin über 23 Milliarden Euro und sind damit ein (auch stark beworbener) Wirtschaftsfaktor. In Arbeitswelt und Gesellschaft vollziehen sich gleichzeitig enorme Veränderungen, von denen Kinder nicht nur mittelbar über ihre berufstätigen/arbeitslosen Eltern betroffen sind (Giest 2009, S. 44).
Folgende inhaltliche Schwerpunkte sollten im Unterricht aufgegriffen und vertieft werden:

- die individuelle und gesellschaftliche Bedeutung der Arbeit, auch als Bestandteil kindlicher Lebenswirklichkeit (Armut, Reichtum, Interessenskonflikte z. B. Lohnkämpfe, Streik und Aussperrung, Entlassung usf. – Chancen und Grenzen von Selbst- und Mitbestimmung in Arbeitsprozessen),
- der Wandel der Arbeitswelt und beruflicher Anforderungen (z. B. ständig anwachsende Anforderungen an Arbeitnehmer*innen durch intelligente Produktion, Bedeutung des Lernens),

- der Strukturwandel und die damit zusammenhängenden gesellschaftlichen Probleme (z. B. Arbeitslosigkeit, Globalisierung),
- die eigene Rolle als Verbraucher*in (z. B. Taschengeld, Konsumentscheidungen in der Familie in Abhängigkeit vom Verdienst),
- die Bedeutung ökonomischer Grundkonzepte (Eigentum, Gewinn, Wettbewerb, Geld- und Zahlungsverkehr),
- berufliche und ehrenamtliche Tätigkeit der Eltern und Verwandten (z. B. Erwerbsarbeit, freiwillige gesellschaftliche Arbeit, Hausarbeit innerhalb von Familie und Schule) (Gläser 2007; Stoltenberg 1998, zit. in Giest 2009, S. 45 f.).

Exemplarisches Thema: Entwicklung von der Handwerksarbeit zur arbeitsteiligen Lohnarbeit

Das Wort Arbeit hat unterschiedliche Bedeutungen. Arbeit kann als Erwerbsarbeit, als Kopf- oder Handarbeit, fremdbestimmt oder selbstbestimmt geleistet werden und je nachdem, welcher Aspekt dominiert, wird sie in der Geschichte und auch heute noch gesellschaftlich unterschiedlich bewertet. Obwohl »Arbeit« im Mittelalter einen hohen Stellenwert in der Wertehierarchie der Gesellschaft einnahm, wurde sie seinerzeit strikt standesbezogen zugewiesen. Die handwerkliche Ausbildung in den Städten wurde zum Grundmuster der Arbeitserziehung. Arbeitsunlust und Bettelei wurden stigmatisiert, Fleiß, Ordnung, Mäßigung und Disziplin erhielten eine zentrale Bedeutung (Gonon 2004, zit. in Giest 2009, S. 40).

Die Arbeit eines selbstständigen Handwerkers hat folgende Merkmale:

- Sie wird in den verschiedenen Gewerken (Tischler, Bäcker, Schuster etc.) individuell vollzogen,
- sie ist selbstbestimmt, indem Planung und Ausführung, also Kopf- und Handarbeit, in einer Person vereint sind,
- sie wird mit eigenen Werkzeugen verrichtet. Das Produkt, das Ergebnis ihrer Arbeit gehört den handwerklichen Produzenten und wird als Ware bzw. Dienstleistung verkauft.

Tab. 14: Exemplarische Übersicht zum Erfahrungs- und Aufgabenformat zur Entwicklung der Handwerksarbeit zur Arbeitsteilung

Intention	Bereich: Entwicklung der Handwerksarbeit zur Arbeitsteilung
Schüler*innen (SUS) bauen ein Vogelhäuschen in zwei unterschiedlichen Formen der Fertigung	Eine Gruppe SUS baut ein Vogelhäuschen in allen Arbeitsschritten und die andere Hälfte baut es in vorgegebenen Teilschritten SUS sollen den Unterschied zwischen handwerklicher Gesamtarbeit und Arbeit in Teilschritten herausspüren Moderation: »Wie fühlt es sich an, das ganze Häuschen selbst zu bauen, oder nur den Teilschritt in wiederholender Form zu bearbeiten?«
Impulse an SUS zur Selbstorganisation	SUS sollen in einem zweiten Arbeitsschritt den Bau im Rollenwechsel vornehmen und die Zeit stoppen, welche Gruppe eher fertig ist

Tab. 14: Exemplarische Übersicht zum Erfahrungs- und Aufgabenformat zur Entwicklung der Handwerksarbeit zur Arbeitsteilung – Fortsetzung

Intention	Bereich: Entwicklung der Handwerksarbeit zur Arbeitsteilung
Fragen, Provokationen	Moderation: »Was denkt ihr, welche Methode ist ökonomischer?« »Was hat das für Konsequenzen?« (Identifikation und Entfremdung, Produkt des Einzelhandwerkers ist teurer, weil langsamer als die arbeitsteilig kooperierenden Arbeiter*innen) »Von wem sind die Kooperierenden abhängig?«
Ikonische und symbolische Fortführung der Erfahrungsformate	SUS zeichnen die Produktionsschritte nach und erstellen eine Positiv-Negativaufstellung: »Wem gehört das Produkt?« »Wer verkauft das Produkt? Wo? Wie?« »Worin besteht der Unterschied von Lohnarbeit und Arbeit in eigener Verantwortung bei Selbstständigen?«

Wurden die verschiedenen Arbeitsschritte zur Erstellung eines Produkts bisher von ein- und demselben Handwerker nacheinander verrichtet, werden sie mit dem Übergang von den Manufakturen zur industriellen Produktion arbeitsteilig voneinander losgelöst – bis zu dem Punkt, wo jeder Arbeitsschritt zur ausschließlichen Funktion eine*r besonderen Arbeiter*in wird. Aus dem individuellen Produkt eines selbstständigen Handwerkers, der »alles aus einer Hand« verrichtet hat, verwandelt sich die Ware in das gesellschaftliche Produkt von Arbeiter*innen, von denen jede*r fortwährend nur eine und dieselbe Teiloperation verrichtet (Marx 1973/1867, S. 357 f.). Auf diese Weise konnte z. B. eine größere Menge fertiger Produkte (Waren) in einer bestimmten Zeitfrist geliefert werden.

Um bestimmte Sachverhalte von »Arbeit« weiter zu erschließen und zu vertiefen, wird unter dem Vorzeichen leiblicher Aktivitäten die von Kahlert (2022, S. 472) vorgeschlagene Reihenfolge umgedreht:

1. Zum Handeln ermutigen,
2. sinnvolle Zugangsweisen aufbauen,
3. sich für Neues öffnen sowie
4. über Bestehendes aufklären.

- Zunächst werden die Schüler*innen seitens der Lehrkraft ermutigt, sich weiter mit dem Thema »Arbeit« außerhalb der Schule auseinanderzusetzen.
- Zugänge können gefunden werden z. B. durch Gespräche oder Interviews mit den Eltern, mit anderen Erwachsenen und Freund*innen, aber auch mit Arbeitenden in zugänglichen Arbeitsstätten (z. B. in Geschäften, Restaurants, bei der Polizei etc.). Auch Museumsbesuche mit dem Fokus auf vergangene Arbeit können ergiebig sein.
- »Neu« kann sein, dass die Kinder selbstständig Formen finden, wie sie ihre »Forschungsergebnisse« in der Klasse präsentieren: schriftlich, mündlich oder bildlich, möglicherweise pantomimisch. Ebenso neu kann sein, die mit den gemachten Erfahrungen verbundenen Gefühle, Haltungen und Assoziationen auszudrücken.

- *Mögliche Ergebnisse:* Die*Der Handwerker*in hat in der ersten Form das Werk als Ganzes hergestellt, kennt sich aus und ist stolz auf ihr*sein Werk. In der zweiten Form wird die Gesamtarbeit in verschiedene Teilschritte zerlegt und von spezialisierten Arbeiter*innen in Arbeitsteilung bzw. Kooperation hergestellt (▶ Abb. 40). Das Produkt ist nun von mehreren gemacht. Effekt: Die Teilung der Arbeit ist ökonomisch effizienter.
- Anschließend werden die auftauchenden offenen Fragen zusammengestellt, diskutiert und kategorisiert. In der Moderation der Diskussion kann die Lehrkraft Vorschläge machen, wie durch praktische Arrangements Erkenntnisse und Haltungen, begleitet von Gefühlen, zum Thema »Arbeit« erlangt und vertieft werden können.
- Daraus können dann Verbindungen hergestellt werden zu weiteren ökonomischen Kategorien wie »Arbeitsteilung«, »Eigentum«, »Effizienz«, »Planung und Ausführung«, »Einkauf und Verkauf« etc. Anschluss- bzw. Nachbarthemen: Kinderarbeit, Arbeitsdruck/Stress, Problemlöseaufgaben, aber auch Themen wie Natur und Garten, Vogelkunde und Ökologie. Darstellungsformen: Filme und Texte über den Übergang von handwerklicher zu industrieller Arbeit.

Abb. 40: Erfahrungen in der arbeitsteiligen Produktion

Geschichte des Gewordenen (historische Dimension)

Kinder müssen in der Regel nicht besonders motiviert werden, sich für Geschichtliches zu interessieren, kindliche Neugier richtet sich oft auf die Vergangenheit: »Oma, Opa, Mama, Papa …, erzähl doch mal, wie es früher war?« »Wer war der erste Mensch?« »Wie wurde aus dem Affen der Mensch?« »Warum gibt es heute keine Dinosaurier mehr?« Diese Fragen zeugen vom Interesse und der kindlichen Neugier an der Vergangenheit.

Ziel geschichtlichen Denkens und geschichtlicher Wissenschaft besteht darin, gegenwärtige Gegebenheiten auf ihren Ursprung in der Vergangenheit zu befragen und zu verstehen. Deshalb ist die Beschäftigung mit der Vergangenheit niemals Selbstzweck (z. B. aus purer Neugier zu erfahren, wie es früher war), sondern soll dazu beitragen, »die Gegenwart in ihrem Geworden-Sein zu verstehen, um auf dieser Basis Handlungsmöglichkeiten für die Gestaltung von Gegenwart und Zukunft zu erschließen« (Giest 2009, S. 193).

Der historische Gegenstand – WAS

Gegenstand historischen Lernens ist die Geschichte. Geschichte bedeutet dabei nicht Naturgeschichte (die den Entwicklungsgesetzmäßigkeiten der Natur unterworfen ist). Vielmehr handelt es sich um von und durch Menschen gemachte Geschichte. Menschliches Handeln hat zu allen Zeiten beigetragen, Geschichte zu gestalten. Indem menschliches Handeln rekonstruiert wird, kann »aus der Geschichte gelernt werden«.

Dabei geht es immer auch um die Untersuchung und Analyse zentraler Kategorien wie Kultur, Macht, Sozialstruktur, soziales Handeln usw. Dabei werden die gegebenen politischen, sozialen, ökonomischen Machtverhältnisse nicht einfach hingenommen, sondern neben anderen geschichtlichen Ereignissen auch Unrecht, Ausbeutung, Unmenschlichkeit auch beim Namen genannt (Roth 1980, S. 14). Beispielsweise dürfen die seinerzeitigen spektakulären Ritterspiele (Turnierkampf auf Pferden mit wehenden Fahnen) nicht vergessen lassen, dass z. B. der für Kinder faszinierende Prunk der Ritter und Fürsten erst durch die Ausbeutung und Unfreiheit der hörigen Bauern möglich gemacht wurde.

Zugänge zu geschichtlichen Zusammenhängen – WIE

Welche Zugänge gibt es zur Geschichte? Den wichtigsten Zugang zur Geschichte bieten vor allem Quellen: schriftliche Quellen (Urkunden, Verträge, Zeitungsartikel, Plakate, Flugblätter, Tagebuchnotizen, Reden, Werke der Geschichtsschreiber), Geschichtskarten, Bilder, Bodenfunde, Bauwerke (Kirchen, Rathäuser, Burgen, Paläste, Bauernhäuser, Wohnhäuser, Denkmäler, Statuen) u. a. Quellen sind Gegebenheiten einer vergangenen Kultur, die als bedeutungsvolle Zeichen »gelesen« werden müssen. Soweit es sich um Dinge des Alltags handelt (z. B. Steinzeitfeuerzeug), kann oftmals durch das Handhaben oder auch Nachspielen einer Alltagssituation die Bedeutung erschlossen werden.

Im Spiel werden in der Regel nur die äußerlichen Seiten der historischen Rolle (z. B. des Ritters) übernommen, das Denken, Fühlen und im Wesen auch das Handeln verbleibt in der Gegenwart. Die Schwierigkeit historischen Lernens besteht darin, sich von der Gegenwart zu lösen und Sachverhalte, Ereignisse, Anschauungen und eben auch Sachzeugen aus der historischen Situation heraus zu beurteilen.

Quasi-reale Exkurse in die Vergangenheit sind an außerschulischen Lernorten möglich. Es gibt beispielsweise Museumsdörfer, Bauernhöfe, Burgen u. v. a., wo Schüler*innen, häufig höherer Klassen, die Möglichkeit geboten wird, eine Zeitlang Geschichte »nachzuleben« (Giest 2009, S. 194).

Sind diese Möglichkeiten nicht gegeben, ist eine gezielte Quellenarbeit erforderlich (Michalik 2022, S. 454). Zunächst geht es darum, Fragen an die Geschichte zu stellen und sich dabei schon darüber Gedanken zu machen, auf welchem Wege, d. h. mit Hilfe welcher Quellen, sie zu beantworten sind. In diesem Sinne soll im Folgenden eine Form von historischem »Nacherleben« vorgestellt werden.

Exemplarisches Thema: »Grabe, wo du stehst« – Ansatz einer »Geschichte von unten«

Die Wurzeln dieser Form von Geschichtsaufarbeitung stammen aus den 1970er und 1980er Jahren, als es darum ging, erstmals auch Alltagsgeschichte(n) des »kleinen Mannes« und der »kleinen Frau« zu betrachten. Die daraus hervorgegangene Geschichtsbewegung wollte der wissenschaftlich-universitären Geschichtsdarstellung etwas entgegensetzen bzw. sie ergänzen. Sven Lindqvist, promovierter Literaturhistoriker und Enkel eines Zementarbeiters, schrieb 1978 am Beispiel der Zementindustrie Schwedens ein Handbuch für Arbeiter*innen, die ihre historisch gewordenen Lebensverhältnisse erforschen wollen. In der seinerzeitigen Bundesrepublik Deutschland gründeten sich im Rahmen dieser Bewegung ab den 1980er Jahren unzählige Geschichtswerkstätten und -initiativen. In vielen Städten und Dörfern, Gewerkschaftshäusern und Bildungseinrichtungen schlossen sich Ehrenamtliche und akademische Historiker*innen zusammen, um Tabuthemen aufzuarbeiten und kritisch in die Öffentlichkeit zu bringen. So wurde zum Thema Nationalsozialismus z. B. die Zwangsarbeit der Öffentlichkeit zugänglich gemacht ebenso wie Themen der Arbeiterbewegung und der Frauengeschichte – Themen, die auch dank der Arbeit der Werkstätten heute kein Tabu mehr sind.

»Grabe, wo Du stehst« kann sich auf vielfältige lokale historische Themen richten: Geschichte der Familie, des Ortes, von Unternehmen, berühmter Persönlichkeiten, des örtlichen Schwimmbads usw. Auch in der Schule, dort, wo man als Schüler*in mindestens zehn Jahre seines*ihres Lebens lernt und belehrt wird, kann nach Quellen gegraben werden, z. B. auf welche Art und Weise die zu erziehenden Schüler*innen geformt werden sollten.

Methodisch kann die »Ausgrabung« und Veröffentlichung pädagogischer Verhältnisse so verlaufen, dass den Schüler*innen Texte aus dem Kanon der »Schwarzen Pädagogik« vorgelesen werden und die Anweisungen nachvollzogen werden. Die Schüler*innen der Grundschule sollen dabei insbesondere auf ihre körperlichen Befindlichkeiten sowie die bei ihnen entstehenden Gefühle und Assoziationen achten. Diese werden nach Abschluss der historischen Lektion und ggf. auf dem Flipchart oder der Tafel dargelegt. Gefragt werden kann nach dem Sinn und Zweck bzw. der Funktion derartiger pädagogischer Verhaltensweisen, um anschließend gesellschaftliche Zusammenhänge der auf die Disziplinierung des Körpers ausgerichteten Maßnahmen oder »Zurichtung« zu erschließen.

Beispieltext

»Auf dem Schulweg hatten sie gemessen einherzuschreiten, ›ohne zu laufen und ohne zu springen‹, beim Treppensteigen ›mit den Beinen regelmäßig abzuwechseln‹; für das Gehen im Allgemeinen galt es, ›nicht zu weite Schritte zu machen‹ und beim Anheben der Füße ›die Fußsohlen nicht in die Höhe (zu) werfen, sondern die Zehen immer etwas gegen den Fußboden (zu) ziehen‹. Beim Sitzen dagegen ›muss nicht gelitten werden, daß Kinder die Füße übereinander schränken‹ oder ein Bein über das andere kreuzen; daß sie ›mit den Augen zwinkern‹ oder ›mit offenem Mund‹ dasitzen. ›Sie scheuen sich, auch die kleinste Bewegung zu machen … keiner verzieht eine Miene!‹

[…] Mit unendlicher Hingabe und einer ruhelosen Pedanterie tüftelten Pädagogen ein unentrinnbar dichtes Netz von Regeln etwa für die richtige Haltung beim Schreiben aus, Regeln, an die der kindliche Körper wie eine Gliederpuppe an Fäden aufgeknüpft wurde. ›Die Querachse des Körpers‹, so lautet eine dieser hochkomplizierten Gebrauchsanweisungen zur Bedienung von Kindern, ›steht (beim Schreiben) parallel zum Längsrande des Tisches. Die Füße stehen auf dem Boden; die Oberschenkel haben eine waagerechte, die Unterschenkel eine senkrechte Richtung. Bei der zur Weiterführung der Zeilen notwendigen Bewegung des Vorderarms hat sich derselbe um den in möglichst unveränderter Lage bleibenden Unterstützungspunkt derartig zu drehen, daß er (als Radius angenommen) auf der Tischplatte einen Kreisbogen durchläuft.‹«

»Das Ideal eines Kindes, das keinen Mucks von sich gibt und wie im Tode erstarrt ist, haben die Erziehungsberechtigten durchzupauken versucht, indem sie ihre Aufmerksamkeit vor allem der physischen Schwachstelle, dem Körper ihrer Zöglinge widmeten« (Der Spiegel 1977, S. 68).

Dieser Text kann in weiteren Anschluss- bzw. Nachbarthemen vertieft werden, insbesondere in solchen Themen, die sich auf körperliche Reaktionen beziehen. Dazu gehören beispielsweise Stresssymptome, Anpassung und Formen des Widerstands, Verinnerlichung von Werten, Handlungsspielräume in Schulen.

Soziale Bezüge und politische Regelungen (gesellschaftliche Dimension)

Der Sachunterricht hat die Aufgabe, die Politikkompetenz zu fördern und dadurch die Bildung zu eine*r politisch mündigen Bürger*in anzubahnen. Die Grundschüler*innen sind zu befähigen, am politischen Leben in Selbstachtung teilnehmen zu können.

Im Sachkunde-Lehrplan von NRW steht ab dem Schuljahr 2022/23 im Bereich Demokratie und Gesellschaft die sozialwissenschaftliche Perspektive des Sachunterrichts im Mittelpunkt. Darin ist geboten, dass sich die Schüler*innen mit Formen, Merkmalen und Regeln demokratischen Zusammenlebens in der Gesellschaft (Klasse, Schule, Gemeinschaften) sowie mit den Rechten und Aufgaben ihrer Mitglieder und politisch-sozialen Problemen auseinandersetzen (Ministerium für Schule und Bildung des Landes Nordrhein-Westfalen 2023, S. 182).

Konkret kann demokratisches Zusammenleben auch heißen, dass junge Menschen Unterricht und Schulleben aktiv mitgestalten. Es gilt, ein demokratieförderliches Klima und mehr Selbstwirksamkeit der Schüler*innen in die Schulen einziehen zu lassen. Das BLK-Schulentwicklungsprogramm »Demokratie lernen & leben« (2002–2007) hat damit eine »pädagogische Antwort« auf Gewalt, Rechtsextremismus, Rassismus und Antisemitismus unter Jugendlichen und jungen Erwachsenen und auf die seit Jahren gravierend zunehmende Politik(er)-Verdrossenheit und Politik-Distanz gegeben (Edelstein/Fauser 2001, S. 7). Schule ist in Hinblick auf den Autoritätskontext, die Leistungsanforderungen und den in der Realität geringen Anteil von echter Mitsprache Teil der Verdrossenheit. Wann durfte man als Schüler*in schon mal Positionen von Lehrer*innen in Frage stellen oder bestimmte Inhalte (mit-)entscheiden?

Innerhalb des BLK-Programms wurden vor allem Erfahrungen mit *elementaren demokratischen Prozessen* gemacht. Schüler*innen, deren Wort etwas in der Schule zählt, sind auch eher dazu bereit, Verantwortung für etwas zu übernehmen, als Schüler*innen, die bevormundet, gegängelt und eingeschränkt werden. Demokratie ist damit eine rechtliche und allgemein anerkannte Aufgabe von Schule (vgl. Edelstein 2001, S. 9).

Zu demokratischen Prozessen gehören:

- aushandeln, etwas verhandeln,
- kooperieren,
- planen,
- abstimmen,
- entscheiden.

Partizipation stellt ein zentrales Prinzip der Demokratie dar, zugleich ist sie ein wichtiges Element und Ziel der Demokratiepädagogik. Ohne sie kommt es in keiner Weise zur Ausbildung von Demokratiekompetenz. Mehr Gelegenheiten, die Partizipation bewusst fördern würden, setzen eine partizipationsfreundlichere Schulkultur voraus (Giesel 2007, S. 159).

Demokratie erfahren wir durch Zugehörigkeit, Mitwirkung, Anerkennung und Verantwortung. Dazu gehört aber auch das Wissen über demokratische Grundsituationen, und diese nicht mit falschen Handlungen auszuführen bzw. auf sie zu reagieren, zum Beispiel um dazuzugehören, eine Gruppe von anderen auszugrenzen und abzuwerten, oder einer Gruppe blind zu folgen. »Demokratie soll als Qualität des gemeinsamen Lebens in der Schule erfahren werden und zugleich Gegenstand des Lernens werden« (Edelstein 2001, S. 21).

Nach dem Konzept des »verständnisintensiven Lernens« (ebd., S. 22) sollen Wissen, Handlung und Erfahrung für langfristige Lernprozesse miteinander verknüpft werden (BLK 2008).

Wie kann nun Bewegung in die schulische Demokratieentwicklung kommen?

Exemplarisches Thema: Demokratie als Erfahrung in der Sporthalle

Im Politikunterricht geht es neben dem Wissen über Rechtsstaat und Demokratie auch um die Entwicklung subjektiver Sinnhaftigkeit, um Eigensinn, wechselseitige Anerkennung, Solidarität und eine lebendige Konfliktkultur. Um sich systematisch mit Werten, Wertkonflikten und ihrer Bewältigung auseinanderzusetzen, unterschiedliche Perspektiven einzunehmen, die damit verbundenen Gefühle zu bearbeiten und aus dem Ganzen persönliche Konsequenzen abzuleiten, brauchen Schüler*innen Erfahrungsräume. Erfahrung von Welt kann – im Unterschied zu Fachwissen – nicht gelernt oder gelehrt werden, sondern nur am eigenen Leibe erlebt und reflektiert werden. Besonders das Erfahren von Differenzen lässt Räume zur Reflexion entstehen. Auf dieser Basis kann Mündigkeit gedeihen (Reheis 2016, S. 24).

Grundlegende Bildungsprozesse, um eine Haltung zur Welt zu finden, bestehen ebenso darin, ein achtsames Verhältnis zum eigenen Körper und seinen Bewegungsmöglichkeiten zu entwickeln und sinnliche Erfahrungen im leiblichen Resonanzraum an Sinn binden zu können (Prohl/Laging 2006, S. 10 f.). Sinn wiederum drückt sich neben sprachlichen auch in sinnlichen Symbolen aus, mit denen der Mensch der Welt Bedeutung verleiht, denn »ein Sinnlich-Äußerliches besitzt in sich die Kraft, […] ein ›innerliches‹ Sein in sich auszudrücken und es uns unmittelbar zu offenbaren« (Cassirer 1985, S. 9). Dieser unmittelbare Ausdruck ist eng verbunden mit einem spontanen symbolischen Erleben, welche Befindlichkeiten in einer bestimmten Situation welche Bedeutungen haben (Schröder 2012, S. 248). Bedingung der Möglichkeit, um sportiven Mensch-Welt-Bezügen Bildungsrelevanz zuschreiben zu können, sind Situationen, die eine selbstständige Reflexion des Subjekts herausfordern oder zumindest zulassen (Giese 2014, S. 476; ▶ Tab. 15).

Tab. 15: Exemplarische Übersicht zum Erfahrungs- und Aufgabenformat zur Veränderung von Regeln

Intention	Bereich: Lernen demokratischer Verhaltensweisen
Veränderungen der Regeln und Auswirkungen auf den Gruppenprozess	Schüler*innen (SUS) spielen Ultimate Frisbee® (Vorgaben wie Fairplay, kein Körperkontakt, Spiel ohne Schiedsrichter*in) SUS können alles verändern, erweitern, abschaffen oder neu einführen (▶ Abb. 41) Moderation: »Was ist bedeutsam, wenn ihr gemeinsam Regeländerungen und/oder Problemlösungen umsetzen wollt?«
Impulse an SUS zur Selbstorganisation	SUS sollen in einem zweiten Arbeitsschritt das Spiel weiterentwickeln (Reifung der Spielidee) und unterschiedliche Veränderungen vornehmen
Fragen, Provokationen	Moderation: »Was ist notwendig, damit alle mit der neuen Spielidee zufrieden sind?« SUS diskutieren, wie wichtig eine demokratische Kommunikationsfähigkeit ist, um gemeinsam Regeländerungen, Problemlösungen bzw. problemlöseorientierte Gruppenaktivitäten zu entwickeln

Tab. 15: Exemplarische Übersicht zum Erfahrungs- und Aufgabenformat zur Veränderung von Regeln – Fortsetzung

Intention	Bereich: Lernen demokratischer Verhaltensweisen
Ikonische und symbolische Fortführung der Erfahrungsformate	SUS erstellen ein Wandplakat und werten verschiedene Fähig- und Fertigkeiten nach deren Werten. Wie können diese Voraussetzungen Regeländerungen, Problemlösungen bzw. problemlöseorientierte Gruppenaktivitäten noch erprobt und gefördert werden?

Ein Grundgedanke des inhaltserschließenden Bewegten Lernens besteht darin, keine vorher bekannten Inhalte und Abläufe zu reproduzieren, sondern selbsttätig nach Lösungen zu suchen, diese zu erproben, ggf. zu verwerfen oder weiterzuentwickeln. Angewandt auf Sportspiele bedeutet dies, dass Lernende, ausgehend von ihrem impliziten lebensweltlichen Hintergrund, ein Spiel als von Menschen geschaffenes Kulturgut erkennen, seine Konstruktionsprinzipien in Bezug auf Werte, Normen, Sinn bzw. Thema und Aufgaben verstehen und es so entsprechend ihren Gegebenheiten rekonstruieren und spielen lernen (Schröder 2018, S. 26). In diesem Sinne verdeutlicht Böttcher (2003) schon vor längerer Zeit die Eignung des Bewegten Lernkonzepts anhand der Einführung der Trendsportart Ultimate Frisbee® in einer 6. Klasse eines Gymnasiums. Er legitimiert diese Vorgehensweise mit dem Bildungsauftrag des zuständigen Kultusministeriums (vgl. HKM 1990, S. 19 f.).

Abb. 41: Regeln aushandeln

Die Schule und der Unterricht bieten also durchaus Räume (im doppelten Sinn), demokratisches Verhalten zu erfahren und durch Wiederholung immer wieder zu erarbeiten und zu festigen sowie zwischen Sachunterricht und Sportunterricht »didaktische Netze« zu knüpfen (Kahlert 2016, S. 222). Sport, Bewegung und Politik sind in der schulischen Bildungspraxis konstruktiv aufeinander zu beziehen, indem Bildungsgehalte in der Klasse wie in der Sporthalle in Bewegung gebracht, inszeniert und reflektiert werden. Insbesondere Symbolcharakter und Sinnhaftigkeit von Bewegung ermöglichen, das Eine im Anderen zu erleben und zu verstehen. Die Schüler*innen erfahren, dass sie etwas bewegen und verändern können und dass sie selbst und ihr Wirken wichtig sind. Und dies ist eine nachhaltige demokratische Grunderfahrung (Schröder 2017, S. 133).

Vielperspektivität von Landwirtschaft

Vielperspektivität gilt als etablierte Leitkonzeption für einen Sachunterricht, der sich als fächerübergreifendes Kernfach der Grundschule versteht (Perspektivrahmen der GDSU 2013). »Sie spaltet nicht das, was wir als Wirklichkeit erfahren in Stücke, sondern verweist auf die gegenseitige Abhängigkeit der Aspekte« (Köhnlein 2011, S. 16). Eine wichtige Grunderfahrung für Kinder besteht darin, dass sie sich einem Sachverhalt unter verschiedenen Perspektiven nähern, ihn auch in Bewegung erfahren und verstehen können. Beispiele für multidimensionale Vermessungen und Entfaltungen vielperspektivischer Sachverhalte können sein z. B. »Hafen« (Köhnlein 1996, S. 53), »Wasser und Wasserversorgung« (Kahlert 2016, S. 242 ff.), »Wald« (Thomas 2018, S. 111 f.) oder auch das hochaktuelle Thema »Nachhaltigkeit von Wirtschaft« (GDSU 2014, S. 49). Am Beispiel »Landwirtschaft« (▶ Tab. 16) sollen die Schüler*innen jeweils die Perspektive verschiedener an Landwirtschaft (z. B. Getreideanbau oder Tierhaltung) beteiligter Akteur*innen einnehmen. Diese Akteur*innen und/oder beteiligten Parameter können z. B. Landwirt, Pflanzen, Tiere, Pestizide, Energie, Konsumenten, aber auch Luft, Wasser oder Erde u. a. sein.

Nachdem die Schüler*innen sich zunächst zu jeweiligen Expert*innen ihrer gewählten Perspektive gemacht haben, begegnen sie anderen Akteur*innen und tauschen die jeweiligen Interessen und Handlungsnotwendigkeiten aus. Dabei sollen ziel- und zweckgerichtete oder symbolische Handlungen auch in Bewegung dargestellt werden. Anschließend werden die Aussagen auf einem Wandplakat geordnet und festgehalten. Daraus werden Themen von interessengeleiteten Gruppen aufgegriffen und weiterbearbeitet.

Tab. 16: Exemplarische Übersicht zum Erfahrungs- und Aufgabenformat zur Vielperspektivität von Landwirtschaft

Intention	Bereich: Vielperspektivität von Landwirtschaft
Unterschiedliche Perspektiven des Themas Landwirtschaft sammeln (ggf. spezialisiert auf z. B. Tierhaltung oder Getreideanbau)	Schüler*innen (SUS) werden angeregt, verschiedene Perspektiven von Landwirtschaft zusammenzutragen SUS können frei assoziieren, wer oder was zur Landwirtschaft gehört Die Perspektiven werden auf der Tafel/am Flipchart festgehalten Auftrag SUS: Sich als Expert*innen ihrer Perspektive aus dem Bereich »Landwirtschaft« kundig zu machen (lesen, Material sammeln, Mitmenschen fragen, Filme, sich ggf. vor Ort erkunden etc.)
Impuls: SUS stellen sich als Akteur*in in ihrer jeweiligen Perspektive dar und begegnen anderen Akteur*innen	1. SUS bewegen sich als Akteur*innen in ihrer Rolle 2. SUS begegnen eine*r anderen Akteur*in und schildern sich gegenseitig ihre Lage, ihr Selbstverständnis, ihre Interessen (jeweils 3) und setzen sich ggf. auseinander 3. Danach findet eine weitere Begegnung mit eine*r anderen Akteur*in statt
Fragen, Provokationen, Erfahrungen, Gefühle	Es muss nicht alles verbalisiert werden, sondern kann auch in Form von Gesten und anderen Begegnungen erfolgen Moderation: »Schildert eure Begegnung mit anderen Akteur*innen!«

Tab. 16: Exemplarische Übersicht zum Erfahrungs- und Aufgabenformat zur Vielperspektivität von Landwirtschaft – Fortsetzung

Intention	Bereich: Vielperspektivität von Landwirtschaft
Ikonische und symbolische Fortführung der Erfahrungsformate	SUS erstellen ein Wandplakat mit den Aussagen als Netzwerk unterschiedlicher Perspektiven der Akteur*innen dar. Anhand der aufgezeigten Positionen und Widersprüche werden weitere Lernschritte formuliert und Interessengruppen zu vertiefenden Themen gebildet

4.6 Physik und Naturphänomene als Teil von Sachkunde

>»Gebt mir einen Hebel, der lang genug,
und einen Angelpunkt, der stark genug ist,
dann kann ich die Welt mit einer Hand bewegen.«
Archimedes (287–212 v. Chr.), Physiker, Mathematiker und Mechaniker

Wie wir unsere Mitwelt wahrnehmen und interpretieren, ist in hohem Maße durch die Naturwissenschaften und ihre Erkenntnisweisen beeinflusst. Der Forscherdrang des Menschen hat das Wissen über unsere Welt und über die Physik als Teil der Naturwissenschaften vertieft. Ihre experimentelle Erforschung, messende Erfassung und mathematische Darstellung von Naturvorgängen sowie Anwendung ihrer Erkenntnisse in Produktion und Forschung hat enorme Auswirkungen auf unseren Alltag. Daher nimmt die naturwissenschaftliche Perspektive auch im Sachunterricht der Grundschulen eine zentrale Stellung ein. Sie thematisiert die Frage nach dem Verhältnis von Mensch und Natur im Allgemeinen und Kind und Natur im Besonderen (Giest 2017, S. 9).

Kinder im Grundschulalter sind meist an naturwissenschaftlichen Themen sehr interessiert. An ihren Interessen und Erfahrungen kann zielgerichtet im Unterricht angeknüpft werden, indem sie nicht nur physikalische Erkenntnisse und Methoden über Sachverhalte und Zusammenhänge der lebenden und nicht lebenden Natur erwerben, sondern sie durch eigene Erfahrungen, Ideen, Fragestellungen, forschende Praxis in Verbindung mit der eigenen Lebenswelt bringen.

Das Verhältnis des Menschen zur Natur kann durch persönliche Sinnhaftigkeit, Erfahrung bewusster wahrgenommen, untersucht, verstanden und im persönlichen Handeln berücksichtigt und gestaltet werden (vgl. ebd.). Die Gestaltung physikalischen Sachunterrichts hängt aber nicht nur von gesellschaftlichen Einflüssen ab, sondern ist von erziehungswissenschaftlichen Erkenntnissen, der (physik-)didaktischen Unterrichtsforschung, der Lebenswelt der Kinder und den Schüler*innen selbst abhängig (Haider 2022, S. 136).

Geschichte der Physik

Früher hieß »Physik« die Lehre von der ganzen Natur (*physis* = griech. Natur). Heute geht es in der Physik um das Studium der unbelebten Natur. Die Physik wird in verschiedene Teilbereiche untergliedert. Die »klassische« Physik (17. bis 19. Jahrhundert), die stark durch Isaac Newton geprägt wurde, beschäftigte sich mit den Teilbereichen Mechanik, Akustik, Optik und Wärmelehre. Ihre Phänomene können oftmals direkt mit menschlichen Sinnen beobachtet werden. Bei den Teilbereichen Elektrizitätslehre und Magnetismus sind viele Vorgänge trotz alltäglicher Erfahrungen nicht sinnlich wahrnehmbar.

Die »moderne« Physik wurde durch die Arbeiten von Albert Einstein (Relativitätstheorie), Erwin Schrödinger und Werner Heisenberg (Quantentheorie) und anderen im 20. Jahrhundert begründet. Neben diesen Theorien zählen dazu unter anderem die Atom-, Kern-, Teilchen- und Festkörperphysik. Direkte Beobachtungen von Vorgängen sind hierbei mit menschlichen Sinnen (meist) unmöglich; teilweise sind sehr aufwendige Experimente nötig (Grotz 2018, S. 1).

> »Die moderne Physik besteht nicht nur aus neuen Entdeckungen und Erfindungen durch die Relativitätstheorie und durch die Quantenphysik[,] sondern auch aus völlig neuen Sichtweisen und flexiblen Denkweisen von Zusammenhängen und Verschränkungen zwischen den Dingen. Die moderne Physik hat sich von dem Klischee des Schwarz-Weiß-Denkens verabschiedet, für das es nur getrennte Dinge, ohne fließende Übergänge gibt. Solche unbeweglichen, dogmatischen schwarzweißen Denkweisen können wir zurück verfolgen bis zu dem griechischen Philosophen Aristoteles. In der Zeit der Klassischen Mechanik hatten sie einen überwältigenden Erfolg. Galilei behauptete, das Buch der Natur sei in der Sprache der Mathematik geschrieben. Das war die sehr kurzgefasste Formulierung der Klassischen Mechanik. Die moderne Physik hat sich keineswegs von der Mathematik verabschiedet, ganz und gar nicht. Doch der heilige Ernst und der starre und absolute Dogmatismus hat nachgelassen. Moderne Denkweisen in der Physik können mit den Begriffen von fließenden Übergängen, von Zwischenstufen, von Zusammenhängen zwischen den Dingen und von Schwingungen gekennzeichnet werden. Seit Faraday und Maxwell hat sich eine Verschiebung der Untersuchungsobjekte ergeben: Seit der Mitte des 19. Jahrhunderts drehen sich die Denkmodelle der modernen Physik nicht mehr um getrennte, isolierte Körper, die im Nichts schwimmen, sondern um die Zwischenräume zwischen den Körpern und um die flexiblen Beziehungsgeflechte zwischen den Dingen und um die Netzwerke, die die Dinge umgeben. Das sind ganz neue physikalische Denkweisen, die durchaus Dunkelzonen und Zweifel und Ungewissheiten kennen, die den Bereich der Exaktheit überschatten. Neue Beiträge der physikalischen Denkweisen sind auch durch eine Flexibilität bei der Bildung von Begriffen gekennzeichnet. Sie lassen sich nicht auf einige wenige Begriffe oder auf eine starre und exakte Festlegung der Wortwahl festnageln« (Kohl 2022, S. 1).

Physik als Schulfach

Die Bedeutung von Physik und ihre gesellschaftliche Akzeptanz sind widersprüchlich. So spielt Physik einerseits eine unverzichtbare Rolle z. B. bei Fragen erneuerbarer Energien und der Bewältigung der bedrohlichen planetaren Klimaveränderungen. Andererseits wird Physik als Schulfach von vielen Schüler*innen als unattraktiv, »fern und lebensschwer« betrachtet (Miericke 2003, S. 30). Die Tradition der Vermittlung von Physik im deutschen Raum wurde lange Zeit nicht als Teil von Bildung gesehen. Zu Zeiten Wilhelm von Humboldts und seines humanistischen Bildungsideals (18. und 19. Jahrhundert) wurde der Physik weder für höhere noch für niedrigere Bildung ein Bildungswert zugesprochen.

Ausgelöst durch den »Sputnik-Schock« wurde Physik-Unterricht auch für den Sachunterricht der Bundesrepublik in den 1970er Jahren relevant: Um in der naturwissenschaftlichen Forschung dem »Osten« nicht unterlegen zu sein und aus Sorge um die nationale Leistungsfähigkeit wurde der Bedarf an gut ausgebildeten Fachkräften in den naturwissenschaftlich-technischen Disziplinen formuliert. Den frühen Jahrgangsstufen wurde dabei ein erheblicher Reformbedarf zuerkannt (vgl. Möller 2002). Wissenschaftsorientierte Curricula (z. B. SCIS, SAPA etc.) aus dem englischsprachigen Raum, insbesondere den USA, wurden adaptiert und teilweise aufgegriffen. Large-Scale-Untersuchungen wie z. B. PISA und TIMSS stellten bei deutschen Schüler*innen weiterführender Schulen erhebliche Kompetenzmängel im Bereich naturwissenschaftlicher Bildung fest. Eine der Ursachen für einen rapiden Rückgang des naturwissenschaftlichen Interesses wird darin gesehen, dass Wissensbestände kumuliert werden, die nicht auf sinnhaftes Verstehen der Naturwissenschaften ausgerichtet sind (vgl. Gebhard/Rehm 2018). In der Folge wurde vor allem eine quantitative Verstärkung gut ausgebildeter Fachkräfte in den naturwissenschaftlich-technischen Disziplinen initiiert.

Die seinerzeit (1970) aufgestellten Forderungen sind allerdings bis heute nicht erfüllt (vgl. Möller 2002). In der Ausbildung von Grundschullehrkräften, insbesondere für den Sachunterricht, wurde nur in einigen Bundesländern reagiert. Einzelne Universitäten führten entsprechende Lehramtsstudiengänge für Naturwissenschaft und Technik in der Grundschule (z. B. in Regensburg und in Berlin) ein (Haider 2022, S. 137).

4.6.1 Bedeutung der Physik für kindliche Lernprozesse

Die Fähigkeit, Phänomene der Mitwelt wahrzunehmen, zu ordnen, zu begreifen und als Erfahrungsgrundlage zu verinnerlichen, muss erst entwickelt werden.

> »Ein verfrühender und übereilter, meist sogar vorweggenommener Einmarsch in das Reich der quantitativ belehrenden Apparate, der nur nachgeahmten Fachsprache, der nur bedienenden Formeln, der handgreiflich missverständlichen Modellvorstellungen, ein solcher Unterricht zerreißt für viele schon in frühen Schuljahren unwiederbringlich die Verbindung zu den Naturphänomenen und stört ihre Wahrnehmung, statt sie zu steigern. Er reduziert die Sensibilität für Phänomene und für Sprache gleichermaßen« (Wagenschein 2002, S. 151).

Demgegenüber gilt es, die angeborene Neugierde der Kinder aufzugreifen und »Physik als eine Art der Auseinandersetzung mit der Natur im Kinde werden zu lassen« (Wagenschein 1965, S. 12). Die Verbindung sinnhafter und sinnlicher Erfahrungen in und mit Naturphänomenen ist mehr als ein Wissen über gesetzmäßige Zusammenhänge zwischen physikalischen Faktoren und Größen, die aus den Naturvorgängen herausgearbeitet werden müssen. Aus dem Beobachten und Erleben wird ein Erkennen und Erklären, was schließlich als physikalische und mathematische Fachsprache zu einer Symbolisierung dieser Naturzusammenhänge führt. Um dies zu erreichen, ist seitens der Lehrkräfte eine Grundhaltung des Abholens und Begleitens notwendig, so dass Kinder das Verstehen von Wissen leibhaftig erleben können, anstatt unverstandenes Scheinwissen auswendig zu lernen. Kindern muss Gelegenheit gegeben werden, Bedeutungen selbst zu entdecken oder zu erfinden, wie es Vertreter*innen des »Genetischen Lernens« fordern. Hier entsteht aus dem Erfahrenen zuerst eine Frage und dann eine mögliche Antwort, zuerst ist das Phänomen bedeutsam und dann der Begriff, erst die Muttersprache und dann die Fachsprache (Labudde 1993, S. 73). »Die Muttersprache ist die Sprache des Verstehens, die Fachsprache besiegelt es, als die Sprache des Verstandenen« (Wagenschein 1970, S. 162).

Alltagssprache und Fachbegrifflichkeit

Alltagssprache drückt Alltagsvorstellungen aus. Sie zeichnet sich dadurch aus, dass die verwendeten Begriffe nicht eindeutig definiert sind, da dies im Alltag nicht notwendig ist. Im gegenseitigen Verständnis »weiß« man zwar, was ungefähr gemeint ist, die Definitionen der einzelnen Begriffe differieren jedoch von Person zu Person. Auch die Beziehungen der Begriffe untereinander sind nicht eindeutig strukturiert, da Worte und Redewendungen in vielfältigster Weise vor dem jeweiligen Hintergrund subjektiv verwendet werden. Ohne wissenschaftsorientierten Deutungen blieben die Kinder in der magischen Phase, in der der Apfel vom Baum fällt, weil er dort hinwill, und die Sonne untergeht, weil sie müde ist. Aus physikalischer Sicht ist es hingegen notwendig, die verwendeten Begriffe in der gemeinsamen Fachsprache der Physik eindeutig zu definieren, um für die Fachwissenschaft nachvollziehbare und »valide« Aussagen zu liefern. Daher besteht eine klare Struktur und Hierarchie der physikalischen Begriffe untereinander (Labudde 1993, S. 56f.). Für Wenka (1997, S. 29) gibt es für den Umgang mit der Diskrepanz zwischen Alltagssprache und Fachsprache keine allgemeingültigen Patentrezepte, sondern nur mögliche Wege. Physikdidaktisch schlägt er vor, bei der Einführung neuer Begriffe Sachverhalte zunächst in der Alltagssprache auszudrücken und erst, wenn die Schüler*innen mit einem Begriff ein Gesetz, Prinzip oder eine Messanweisung verbinden, langsam zur Fachsprache überzugehen. Erst wenn die Schüler*innen die Thematik verstanden haben, soll man zur Fachsprache übergehen. »Es hat wenig Sinn, einen Begriff von Anfang an den Schülern zu präsentieren, wenn dieser Begriff für die Schüler noch ›sinnleer‹ ist, denn kein Begriff kann präziser verstanden werden, als es die individuell vorhandene Denkstruktur zulässt« (Wenka 1997, S. 27). Bei vorgegebenen Experimenten sind die Schüler*innen durch die Aufgabenstellungen gezwungen, miteinander über physikalische Probleme zu diskutieren, wobei Einführung und Verwendung von physikalischen Begriffen unerlässlich ist.

Die Begriffsproblematik ist durchaus thematisierbar. Indem Schüler*innen ein Phänomen mit eigenen Worten beschreiben und unterschiedliche Bedeutungen differenzieren, entwickeln sie ein Verständnis für die Notwendigkeit verallgemeinerbarer abstrakter Begriffe. Entsprechend kann man die Hierarchie von Begriffen untereinander erarbeiten.

Falls Schüler*innen durch ihre sprachlichen Unschärfen aneinander vorbeireden und zu keiner Lösungsstrategie kommen, ist es Aufgabe der Lehrperson, die Schüler*innen mit physikdidaktischem Feingefühl auf die Problematik hinzuweisen.

Physikalisches Experimentieren im Unterricht

Das Experiment kann als ein wesentliches und absolut notwendiges Medium im Physikunterricht bezeichnet werden. In der Physik werden Zustandsänderungen von Objekten untersucht. Um naturwissenschaftliche Zusammenhänge »mit allen Sinnen« erfahren zu können, lassen sich zu vielen Themen gezielt Experimente durchführen. Versuche, die unter gleichen Bedingungen stets gleiche Ergebnisse liefern, bilden die Basis für das Formulieren von Gesetzmäßigkeiten und für technische Anwendungen. In vielen Fällen laufen wissenschaftsorientierte Experimente nach folgendem Schema ab:

- *Beobachten:*
  Aus unseren alltäglichen Erfahrungen haben wir eine Vorstellung von Naturerscheinungen. Beispiele dafür sind beispielsweise: Ein Regenbogen, ein Gewitter, das Gefrieren und Schmelzen von Wasser, das Schwimmen von Holz in Wasser, das Tönen einer Glocke, das Fallen eines Körpers ... All diese Vorgänge wiederholen sich unter gleichen Bedingungen immer wieder auf die gleiche Art und Weise. Was passiert allerdings, wenn sich einige Bedingungen ändern?
- *Fragen:*
  Wie entsteht ein Blitz? Warum kommt ein in die Höhe geworfener Stein auf die Erde zurück? Wie funktioniert eine Glühbirne, ein Auto oder ein Fernseher? Wie bei einem Puzzle lassen sich viele Antworten leicht(-er) finden, wenn das Wissen um die einzelnen »Bausteine« und ihrer Zusammensetzung vorhanden ist.
- *Experimentieren:*
  Mit Versuchen lassen sich einzelne Zusammenhänge in einer geeigneten Umgebung gezielt untersuchen. Während eines Versuchs wird sorgfältig beobachtet, gemessen und protokolliert. Die Ergebnisse eines Experiments können dann die eigene Vermutung bestätigen oder widerlegen.
- *Naturgesetz(e) formulieren:*
  Lassen sich physikalische Vorgänge unter gleichen Bedingungen zu jeder Zeit wiederholen, so lassen sich nach Auswertung der Ergebnisse allgemein gültige Aussagen folgender Art formulieren: »Falls diese und jene Bedingung gegeben ist, dann wird diese und jene Wirkung eintreten!«

Die Darstellung physikalischer Gesetze (Ursache und Wirkung) kann qualitativ in Worten oder quantitativ in mathematischer Form erfolgen. Eine Darstellung in mathematischer Form ist oft aussagekräftiger, erfordert allerdings eine Messbarkeit der entsprechenden Größen. Man kann von den Schüler*innen nicht erwarten, dass sie aus einem durchgeführten Experiment von selbst auf die dahinter liegenden Prinzipien und Theorien kommen. Vielmehr sind das Ringen um das Verständnis und die Suche nach der Lösung in den Vordergrund zu stellen. Natürlich kommt es darauf an, welche Ziele man mit einem Experiment verfolgt. Will man mit einem Experiment eine bereits behandelte Theorie experimentell untermauern, so steht die Erkenntnisfrage nicht im Vordergrund. Werden aber zu Beginn eines neuen Abschnittes selbstständig Experimente von Schüler*innen durchgeführt, ist didaktisch Offenheit gegenüber den Ergebnissen dieser Experimente angebracht. Denn sie können mit experimentellen Methoden positive wie negative Erfahrungen sammeln, um Einsichten in den jeweiligen physikalischen Sachverhalt zu erlangen. Nach einem angestrengten Lösungsversuch der Schüler*innen sind diese sehr hellhörig, wenn die Lehrkraft dann eine brauchbare, zielführende und plausible Theorie anbietet.

Es ist insofern sinnvoll, dass bei Experimenten im Physikunterricht weniger erkenntnis- und wissenschaftstheoretische Gründe als vielmehr eine didaktische Orientierung im Vordergrund stehen (Wenka 1997, S. 31). Experimente sind darüber hinaus notwendig, um zahlreiche Lernziele des Lehrplans realisieren zu können. Schülerexperimente lassen diese Ziele eher erreichen als Demonstrationsexperimente und wirken sich meist sehr positiv auf die Motivation der Schüler*innen aus (Duit et al. 1981, zit. in Wenka 1997, S. 32).

4.6.2 Zugänge zur Physik durch Lernen in Bewegung

Grundschule auch als Bewegungsraum zu gestalten heißt, Sachverhalte bzw. physikalische Kenntnisse nicht nur kognitiv zu erwerben, sondern – gekoppelt mit dem eigenen Körper in Bewegung – auch sinnlich und sinnhaft zu erfahren. Demgegenüber eignet sich für einen inhaltserschließenden Sachunterricht besonders auch die Verbindung von Physik und Sport. Reduziert man z. B. das Schulfach Sport auf seine phänomenale Dimension, so kommen vor allem »Bewegungen, Bewegungsfiguren, Kräfte, Energieumwandlungen, Leistungen und Gleichgewichtsverhalten in den Blick« (Schlichting 1992, S. 4; ▶ Abb. 42).

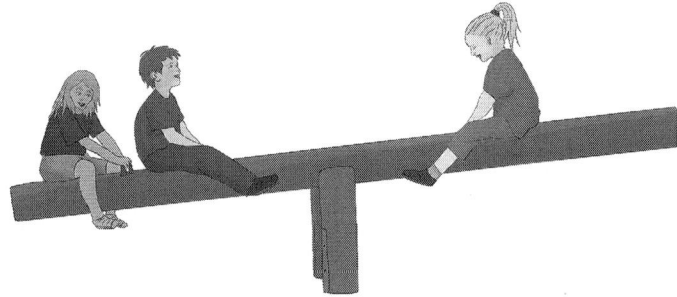

Abb. 42: Erfahrungen mit einer Wippe

Besonders im Sportunterricht spüren Schüler*innen »die Wirkung der Schwerkraft, sie merken, wie leicht es geht, einen Mitschüler mit einem Flaschenzug zu heben, erfahren bewusst die Wirkung der Drehimpulserhaltung usw.« (Wenka 1997, S. 5). Durch einschlägige Bewegungs-Experimente (s. u.) wird es möglich, Physik am körpereigenen Maßstab zu erfahren. So hat die Thematisierung physikalischer Phänomene in der Sporthalle hohen Erlebnischarakter. In tätiger Auseinandersetzung mit Physik können Schüler*innen erleben, dass sie selbst in der Lage sind, komplexe Vorgänge in ihrer Umwelt denkend zu durchdringen, d. h. zu ordnen und mit bereits Bekanntem zu verknüpfen. Dabei geht es weniger um die Fakten, die am Ende des Unterrichts stehen, sondern um den Prozess des Physik-Treibens, den Weg der Erkenntnis, den jede*r einzelne Schüler*in bewusst gehen soll (Müller/Schumann 2022, S. 19). Wesentlich für das bewegte und sinnhafte Erschließen von Sachzusammenhängen sind in der Physik Sprache und Experiment.

Wie bereits in Kapitel 3.4 (▶ Kap. 3.4) gezeigt, entwickelt sich Wissen nach Bruner (1974) als Spiralmodell auf verschiedenen Repräsentationsebenen: von der »Enaktiven Ebene« als Verinnerlichung körperlich/bewegungsorientierter Aktivitäten an und mit konkreten Gegenständen (implizites Wissen), über die »Ikonische Ebene« als bildlich abrufbare »ikonische« Darstellung bis zur Symbolischen Ebene als Zeichen, die Ausdruck expliziten Wissens für einen bestimmten Sachzusammenhang stehen (Wendler 2017, S. 133 f.).

Bruners Erkenntnisse bedeuten beispielsweise für das Fach Physik, dass die Lernenden zunächst Gelegenheit bekommen müssen, Erfahrungen mit natürlichen bzw. physikalischen Phänomenen zu machen. Diese regen dazu an, Muster und Strukturen zu erkennen und zu beschreiben.

Im zweiten Schritt gilt es, diese Erfahrungen in bildlicher Form darzustellen, und schließlich im dritten Schritt zu reflektieren, zu ordnen, zu systematisieren, zu formalisieren und in symbolische Begriffszusammenhänge zu bringen. Einsichten auf Basis gelebter Erfahrung stellen einen organischen Zusammenhang zwischen verinnerlichten Bewegungs- und Handlungsmustern sowie den kognitiv ausgedrückten ikonischen und symbolischen Formen der Abstraktion her. Schüler*innen, denen es ermöglicht wird, im Physikunterricht fachliche Sachverhalte körperlich und in Bewegung zu erfahren, zu erfragen, zu erfühlen und zu reflektieren, können Erlerntes als Erlebtes dauerhaft implizit wie explizit im Gedächtnis verankern.

Mit ihren neugierigen »Warum-Fragen« zeigen Kinder ihr Interesse, Naturphänomene deuten zu können (Lück 2000, S. 16). Mit den Antworten auf diese Fragen können sie sich grundlegenden Gesetzmäßigkeiten der Phänomene annähern und einen ordnenden Zugang zur Mitwelt erschließen. Dabei gilt es im Sinne einer »science inquiry« (Harlen 2014, zit. in Rückl 2019, S. 19), vier Hauptgruppen von Fähigkeiten und Fertigkeiten zu entwickeln, die in allen von Neugier geprägten Aktivitäten zu finden sein sollten:

1. Fragen stellen, Thesen formulieren oder Vorhersagen treffen und Untersuchungen planen und diese umsetzen;
2. empirische Beweise durch Beobachtung oder andere Informationsquellen sammeln (Daten sammeln);
3. analysieren, interpretieren und erklären (Schlussfolgerungen ziehen);
4. darstellen, argumentieren, reflektieren, evaluieren (Bericht erstatten, Reflexion, anwenden).

Fragen bei der Planung und Vorbereitung von Lernaktivitäten

- Was ist wichtig, damit Schüler*innen hier und heute Kompetenz in unserer Lebenswelt bekommen; die Welt, in der sie leben und handeln sollen, besser verstehen.
- Welche Lernerfahrungen sollen ihnen gezielt ermöglicht werden?
- Wie müssen diese Angebote gestaltet werden, damit sich die Persönlichkeit bildet in der Auseinandersetzung mit den Sachen?
- Wie greifen wir die Fragestellung der Schüler*innen auf, wie kann ihr Staunen, ihr Verstehen-wollen zum Wissen werden?
- Was sind die Vorerfahrungen der Schüler*innen, was sind z. B. ihre kognitiven Voraussetzungen?
- Welches sind die eigenen Erfahrungen und das eigene Wissen zum Thema?
- Wie sind die Möglichkeiten der Durchführung?

Bezüglich des Themas ist es schon bei der Vorbereitung wichtig, Schüler*innen zu motivieren:

- ihnen öffnende Fragen zu stellen oder Fragen der Schüler*innen aufzunehmen,
- mit den Schüler*innen über mögliche Vorgehensweisen zu sprechen,
- die Schüler*innen Vermutungen anstellen zu lassen,
- Beobachtungsaufgaben zu formulieren und evtl. Experimentieranleitungen auszuteilen.

Bei der Organisation der Raumstruktur ist zu achten auf eine genügende Größe mit den erforderlichen Sicherheitsabständen. Der Raum muss übersichtlich, aber auch gut abgeschirmt sein, damit konzentriertes Forschen ermöglicht wird. Zur Orientierung der Kinder ist es nützlich, die Gesamtzeit festzulegen und Unterbrechungszeichen für gewünschte Pausen zu vereinbaren. Gut überlegt sein muss der Einsatz von Materialien, d.h., es sind die notwendigen Materialien bereitzustellen oder zu besorgen und die Kinder müssen auf die damit verbundenen Gefahrenquellen hingewiesen werden. Schließlich gilt es, die Sozialstruktur festzulegen, also zu klären, ob die Forschungsaufgaben einzeln, in der Kleingruppe oder in der Gesamtgruppe erledigt werden und inwieweit die*der Erwachsene sich daran beteiligt.

Bei der *Durchführung* sollten die Kinder immer wieder motiviert und zum Experimentieren aufgefordert werden. Aufgabe des*der Erwachsenen ist es auch, den Verlauf des Experiments inhaltlich zu begleiten und, wenn nötig, durch gezielte Hinweise zu unterstützen.

Für die *Auswertung* sind folgende Schritte hilfreich:

- Die Schüler*innen teilen ihre Beobachtungen mit.
- Die Beobachtungen werden zur Diskussion gestellt.
- Der Ausgang des Experiments wird mit den anfangs gestellten Vermutungen verglichen.
- Die Schüler*innen stellen Erklärungsversuche an.
- Die Erklärungsversuche werden in der Gesamtgruppe diskutiert.

- Die Gesamtgruppe sucht nach Regeln oder Gesetzmäßigkeiten und zieht Schlussfolgerungen.
- Die Ergebnisse werden festgehalten.

Den Grundprinzipien dieser Konzepte folgend bietet sich in der Turnhalle die Möglichkeit, wesentliche Gesetzmäßigkeiten der Mechanik erfahrbar zu machen. Schüler*innen können an Turn- und Sportgeräten erfahren, wie sich die Verlängerung eines Hebels auswirkt, was geschieht, wenn beim Herumschleudern die Halteleine verkürzt wird, sie erspüren die Formen der Energieumwandlung beim Fallen und sie können am eigenen Leibe feststellen, dass beim Rutschen durch Reibung Wärme erzeugt wird.

Je nach Alter der Schüler*innen wird man den Lernprozess unterschiedlich gestalten. Für Vorschul- oder Grundschulkinder ist ein eher induktiver Weg angemessen. Bei älteren Schüler*innen bietet sich die deduktive Methode an, d. h., es besteht die Aufgabe, nach bestimmten Vorgaben in einem Bewegungsraum Situationen zu gestalten, welche die Möglichkeit bieten, vorgegebene physikalische Gesetzmäßigkeiten der Mechanik erfahrbar zu machen.

Nähert man sich den mechanischen Kräften an, so stößt man unweigerlich auf Isaac Newton (1642–1726), der mit der Formulierung seiner drei Bewegungsgesetze die Vorarbeiten der genialen Denker Kopernikus, Kepler und Galilei überzeugend bestätigte. Das Besondere daran war auch noch, dass diese Gesetze sowohl für die Erde und auch für das Weltall Gültigkeit hatten – was im Gegensatz zur traditionellen Lehre stand, die von Aristoteles und den Peripatetikern formuliert wurde und bis in das 17. Jahrhundert anerkannt wurden.

Das *1. Newtonsche Gesetz*, das »Trägheitsgesetz«, besagt, dass zur Änderung eines Bewegungszustandes immer Kräfte erforderlich sind: »Jeder Körper verharrt im Zustand der Ruhe oder der gleichförmigen Bewegung, solange keine äußeren Kräfte an ihm wirken.«

Das *2. Newtonsche Gesetz*, das »Kraftgesetz«, formuliert mathematisch genau den Zusammenhang zwischen Kraft, Masse und Beschleunigung.

Das *3. Newtonsche Gesetz* (»Kraft und Gegenkraft«) besagt, dass es zu jeder Kraft eine gleich große und entgegengesetzte Gegenkraft gibt.

Für jüngere Kinder lassen sich diese Gesetze durch entsprechende Bewegungsangebote in der Turnhalle sehr gut leibhaft erfahrbar machen.

1. Fahren die Kinder auf dem Rollbrett eine steile Rampe runter, dann treibt es sie weit in die Turnhalle hinein, bis sie an der Weichbodenmatte, die an der richtigen Stelle der Turnhallenwand aufgestellt wurde, gestoppt werden.
   Was passiert, wenn während der Fahrt das Rollbrett fahrende Kind von der Seite leicht angestupst wird? Was ändert sich?
2. Werfen die Kinder mit aller Kraft einen Medizinball, so ist leicht zu sehen, dass die Wurfweite abhängt, wie kräftig der Wurf ausgeführt wurde, und auch davon, wie schwer der Medizinball jeweils ist.
3. Stehen sich beim Tauziehen zwei Gruppen von etwa gleich starken Kindern gegenüber und ziehen gleichmäßig am Tau, so ist schnell festzustellen, dass sich nichts bewegt. Die Kräfte gleichen sich aus (▶ Abb. 43).

4.6 Physik und Naturphänomene als Teil von Sachkunde

Abb. 43: Spüren von Kraft und Gegenkraft

Gut zu erspüren ist dieses Gleichgewicht der Kräfte, wenn zwei etwa gleich schwere Kinder einander gegenüberstehen, sich an den Händen fassen und sich langsam nach hinten lehnen. Die beiden können gut so stehen bleiben, ohne umzukippen. Lehnt sich ein Kind weiter nach hinten, dann muss es das andere auch tun, und ist das eine Kind schwerer, so muss sich das andere schon sehr weit nach hinten lehnen, um nicht zu kippen (▶ Abb. 44).

Abb. 44: Gleichgewicht der Kräfte

Praktische Beispiele zum körperlichen Erfahren mechanischer Gesetzmäßigkeiten

An eine Sprossenwand werden zwei Rutschen eingehängt, eine davon etwas steiler als die andere.
Die Kinder werden zum Experimentieren eingeladen:

- Sie lassen Bälle herunterrollen, große und kleine; sie stellen fest, dass die Bälle von der steileren Rutsche schneller sind als von der flacheren.
- Sie legen Holzklötze auf die Rutschen, die erst in Bewegung kommen, wenn sie angestupst werden. Auch hier geht es bei der steileren Rutsche schneller.

- Schließlich setzen sie sich selbst auf die Rutsche. Auch hier geht es auf der steileren wieder schneller abwärts, am schnellsten mit einer Teppichfliese als Unterlage, aber nur dann, wenn die Gummiseite nach oben zeigt. Sitzen sie auf der Teppichseite und die gummierte Seite zeigt nach unten, dann bewegt sich kaum etwas, sie müssen schon kräftig nachhelfen, um sich zu bewegen.

In der Kleingruppe werden nun die Erfahrungen ausgetauscht: Schneller geht das Rutschen bei der steilen Rutsche. Am schnellsten rollten die Bälle runter, die Holzklötze waren viel langsamer, sie mussten erst angestupst werden, auch sie selbst mussten beim Runterrutschen nachhelfen, um in Bewegung zu kommen, mehr bei der flachen als bei der steilen Rutsche.

Aus der Erfahrung, dass der Holzklotz, einmal angestoßen, in Bewegung bleibt, entsteht die Erkenntnis, dass die Haftreibung größer ist als die Gleitreibung und dass die Rollreibung noch geringer ist und dass der Untergrund, sowohl der Rutsche als auch von dem Körper, der hinabgleitet, einen großen Unterschied ausmacht. Fühlen die Kinder nochmal genau nach, dann können sie auch erkennen, dass die Rutsche etwas wärmer geworden ist, wenn mehrere Kinder runtergerutscht sind.

Praktische Beispiele

Ein weiterer Erfahrungsaustausch bietet sich an bei einem Gespräch z. B. über schiefe Ebenen, Reibungsgesetze, Schwerkraft und Gleichgewicht im Alltag der Kinder. Auf die Frage nach Beispielen, die den Kindern einfallen, könnten kommen:

- Beim Gehen auf einen Berg wird es sehr anstrengend, wenn es steil bergauf geht und es wird noch schwieriger, wenn es rutschig ist, weil der Boden nass ist. Besonders schwierig ist es, wenn der Boden vereist oder mit Schnee bedeckt ist.
- Dafür kann man bei Schnee mit dem Schlitten runterfahren und das umso schneller, je steiler der Berg ist. Auch Schlittschuhfahren macht Riesenspaß, besonders wenn das Eis ganz glatt ist.
- Es ist sehr anstrengend, einen schweren Koffer zu tragen. Das ist einfacher, wenn Rollen darunter sind und man den Koffer ziehen kann.
- Beim Radfahren ist es wichtig, dass die Bremsen gut funktionieren, damit man schnell stehen bleiben kann. Wenn man oft bremsen muss, dann sind die Bremsen danach ganz warm. Wenn die Kette am Fahrrad trocken ist, dann ist es schwerer zu treten. Es geht wieder viel besser, wenn man Fahrradöl daran macht.
- Fußballschuhe haben Stollen an den Sohlen, damit man beim Spielen nicht rutscht und ganz schnell laufen kann. Deshalb haben auch die Sprinter Spikes an den Schuhen.
- ...

Ein beliebtes Spielgerät für Kinder ist die Wippe. Hier lassen sich Grunderfahrungen zum Hebelgesetz machen (▶ Abb. 45).

Die Kinder dürfen sich auf eine weit ausladende Wippe setzen und versuchen ins Gleichgewicht zu kommen, ohne sich mit den Füßen abzustoßen. Bald werden sie

4.6 Physik und Naturphänomene als Teil von Sachkunde

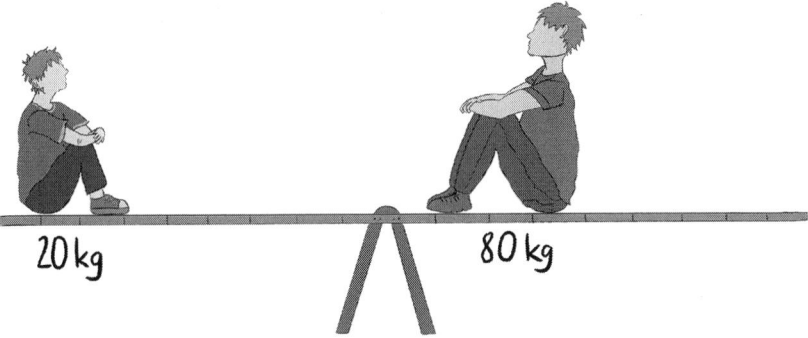

Abb. 45: Grunderfahrungen über Hebelgesetze auf der Wippe

feststellen, dass auf jeder Seite gleich viel Kinder sitzen müssen. Und klappt das nicht ganz, dann könnte es daran liegen, dass die Kinder auf einer Seite größer und damit auch schwerer sind. Wenn aber die großen Kinder weiter nach innen rücken, dann klappt das doch. Wenn man also weiter nach außen rückt oder sich ganz weit nach außen lehnt, dann ist man »schwerer«. Wenn man sich »richtig« hinsetzt, so kann sogar ein Kind mit einem Erwachsenen auf der Wippe ins Gleichgewicht kommen.

Praktische Beispiele zum körperlichen Erfahren von Geschwindigkeit und Fliehkraft

Ein beliebtes Spielgerät ist für die Kinder das Rollbrett. Bei der schiefen Ebene haben wir es schon kennengelernt: Je steiler die Abfahrt ist, desto schneller wird das Rollbrett. Die Kinder lieben es auch, von Erwachsenen möglichst schnell gezogen zu werden, besonders aufregend ist das, wenn sich die*der Erwachsene dabei im Kreis dreht, das Kind mit dem Rollbrett also um sich rotieren lässt. Wir probieren das aus. Das Kind muss sich am Seil festhalten und spürt, je schneller es sich dreht, desto kräftiger muss es zupacken, damit es dran bleiben kann am Seil. Es wird immer schneller, bis die*der Erwachsene loslässt. Das Kind auf dem Rollbrett »fliegt« aus der Kreisbahn und fährt mit vollem Tempo in die vorbereitete Weichbodenmatte, prallt noch ein wenig zurück und bleibt dann aber stehen. Nochmal bitte. Die*Der Erwachsene bemüht sich nochmal, verdoppelt jetzt die Seillänge und dreht sich ebenso schnell wie vorhin. Das Kind spürt, dass es viel schneller ist als beim ersten Mal und der Aufprall in die Weichbodenmatte noch doller ist als beim ersten Mal.

Welches physikalische Wissen kann das Kind bei passenden Fragen aus diesem aufregenden Erlebnis generieren?

Die Kinder machen zunächst eine Zeichnung (▶ Abb. 46).

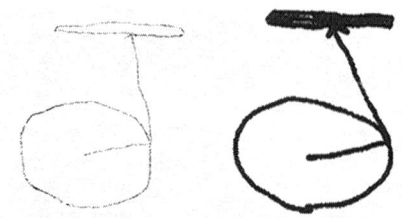

Abb. 46: Kindliche Zeichnungen über die Erfahrung gegen eine Matte zu fahren

Sie erzählen, dass sie viel schneller gefahren sind, als das Seil länger war, obwohl sich die*der Erwachsene nicht schneller gedreht hat, das konnten sie genau sehen. Und sie mussten auch immer stärker zupacken am Seil, als die*der Erwachsene allmählich schneller geworden ist. Am schönsten war es, als die*der Erwachsene losgelassen hat und sie mit vollem Tempo in die Weichbodenmatte gesaust sind und noch ein wenig zurückgestoßen wurden.

Ein deduktiver Weg zum Erfahren mechanischer Gesetzmäßigkeiten lässt sich im Rahmen der Bewegungsbaustelle (vgl. Miedzinski/Fischer 2009) gehen. Den Schüler*innen wird eine physikalische Gesetzmäßigkeit vorgelegt und sie erhalten den Auftrag, eine Bewegungssituation herzustellen, in der diese Gesetzmäßigkeit erfahrbar wird.

Übung 1: Trägheitsgesetz

Im »Dialog über die beiden Weltsysteme« von Galilei zwischen ihm und Salvati ist folgender Text zu finden (Galilei 1891, S. 153 f.):

> *Salviati:* »Ihr habt also bis jetzt, wie mir scheint, das Verhalten eines bewegten Körpers auf zwei verschiedenen Ebenen geschildert. Auf der geneigten Ebene, sagtet Ihr, bewegt sich der schwere Körper freiwillig abwärts in beständig beschleunigter Bewegung, und um ihn dort in Ruhe zu halten, muss man Kraft anwenden; bei der aufsteigenden Ebene aber ist Kraft notwendig, um ihn vorwärts zu treiben und ebenso auch, um ihn darauf festzuhalten. Die ihm mitgeteilte Bewegung, sagtet Ihr ferner, vermindert sich in diesem Falle beständig und hört schließlich ganz auf. Weiter behauptet Ihr noch, dass in dem einen wie in dem anderen Fall es einen Unterschied macht, ob die Abschüssigkeit oder Steilheit größer oder geringer ist, in der Weise, dass größere Abschüssigkeit auch größere Geschwindigkeit bedingt; umgekehrt hingegen bewegt sich der gleiche Körper unter Einwirkung der gleichen Kraft auf der ansteigenden Ebene über eine umso größere Strecke, je geringer die Erhebung ist. Nun sagt mir, was mit dem nämlichen Körper auf einer Fläche geschähe, die weder abschüssig ist, noch ansteigt?«

Die Schüler*innen haben die Aufgabe eine Situation zu gestalten, in der sie die Aussagen in diesem Text überprüfen und die zuletzt gestellte Frage auf der Grundlage von Experimenten beantworten können.

Übung 2: Pendelgesetz

Über das Prinzip der gleichbleibenden Schwingungsdauer unabhängig von der Größe der Schwingungsweite gibt es eine anschauliche Anekdote von Galilei: An einem der üblichen Sonntagvormittage des Jahres 1573 lauscht er mit vielen hundert anderen Gläubigen der scheinbar endlosen Predigt des Geistlichen auf der Kanzel. Da fällt sein Blick auf eine der vielen Lampen, die gemächlich hin- und herschwingt. Angestoßen vom Luftzug schwingt sie mal weiter, mal weniger weit aus. Was Galilei faszinierte, war, dass die Schwingungsdauer immer gleich blieb, unabhängig von der Größe der Schwingungsweite. Zu Hause angekommen, prüfte Galilei diese Beobachtung anhand einer Wasseruhr mit einem einfachen Pendel nach. Es stimmt! Er hatte einen Zeitmesser entdeckt, der viel genauer und zuverlässiger als die üblichen Wasser- und Sonnenuhren es waren (vgl. Maibaum o. J.).

Die Schüler*innen erhalten den Auftrag die Ergebnisse von Galilei nachzuprüfen und festzustellen, wie sich die Schwingungsdauer verändert, wenn unterschiedliche Pendelgewichte und Pendellängen verwendet werden. Sie müssen zu folgendem Ergebnis kommen:

»Die Länge einer Aufhängung bestimmt die Schwingdauer des daran hängenden Gewichts. Längere Pendel schwingen langsamer, kürzere entsprechend schneller. Verlängert man ein Pendel um das Vierfache, so schwingt es nur noch halb so schnell« (ebd., o. S.). Die Schwingungsdauer ist also abhängig von der Pendellänge, nicht aber vom Gewicht, das an der Pendelschnur hängt:

$$\text{Schwingungsdauer } T\ 2\pi\sqrt{\frac{l}{g}}$$

Stehen die Schüler*innen auf einem großen Kasten und schwingen sich an einem Seil festhaltend wie Tarzan nach vorne und wieder zurück, so kann hier gut die Erhaltung der Energie thematisiert werden: Der Schwung ist am größten, wenn »Tarzan« den tiefsten Punkt erreicht hat. Danach nimmt die Geschwindigkeit ab, der Schwung wird immer kleiner, bis am »toten Punkt« das Pendel stillsteht – und dann geht es wieder zurück.

Vernachlässigt man die Energieverluste durch Reibung, so ist zu erkennen, dass die Summe von Lageenergie und Bewegungsenergie des Pendelgewichtes immer gleich bleibt (▶ Abb. 47). Am Umkehrpunkt des Pendels ist die Bewegungsenergie gleich null, die Lageenergie am größten, am tiefsten Punkt des Pendels ist die (relative) Lageenergie gleich null und die Bewegungsenergie am größten.

Übung 3: Fallgesetze

Ein praktisches Beispiel über die Wirkung, wenn unterschiedlich schwere Gegenstände in freier Bahn fallengelassen werden, hat bereits Galilei gezeigt: Kommt das schwere Gewicht zuerst an? Er lässt vom Schiefen Turm in Pisa gleichzeitig zwei verschieden schwere Steine fallen und misst die Zeit bis zum Aufschlag (Galilei 1891, S. 235 ff.).

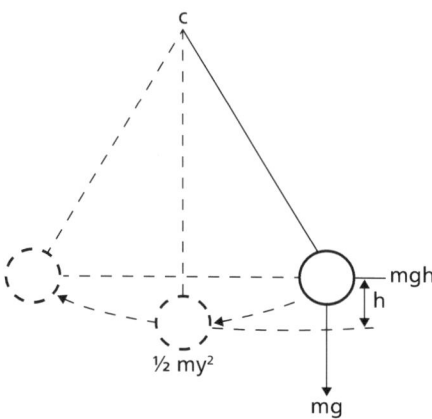

Abb. 47: Pendelberechnungen

Die Schüler*innen gestalten eine Situation, in der sie mit unterschiedlichen Körpern und verschiedenen Fallhöhen die Fallzeit messen können. Was stellen sie fest?

Zur genaueren Messung des Zusammenhangs zwischen Fallhöhe und Fallzeit konstruierte Galilei eine schiefe Ebene, also eine Bahn, auf der er Kugeln herabrollen ließ. In hunderten von Versuchen maß er die Zeiten, welche die Kugel brauchte, um einen winzig kleinen Teilabschnitt auf der Bahn zurückzulegen. Und er stellte fest, dass sich die Geschwindigkeit der Kugeln stets nach dem gleichen Gesetz verhielt.

Die Schüler*innen erhalten den Auftrag den Zusammenhang zwischen Zeit und zurückgelegter Strecke herauszufinden. Dazu bauen sie sich eine schiefe Ebene und fahren abwechselnd (mal leichtere, mal schwerere Schüler*innen) mit dem Rollbrett nach unten. Sie spüren dabei, dass sie immer schneller werden, je weiter es nach unten geht.

Diese leibhaften Erfahrungen führen zu einem Kompetenzerwerb im Sinne der »Scientific Literacy« (vgl. Steffensky 2017) und bahnen den Weg zu einem Verstehen naturwissenschaftlicher Zusammenhänge. Aber nur dann, wenn die Wahrnehmungen, Beschreibungen und Erklärungen systematisiert und objektiviert werden. Wirkliches Verstehen von naturwissenschaftlichen Zusammenhängen braucht dann mehr als Erleben. Über das Reflektieren des Erlebten können die Kinder – mit Hilfe des*der Erwachsenen – Muster und Gesetzmäßigkeiten erkennen, wobei das Kind seine eigene Beziehung zur Welt aufnehmen muss. Die Kinder müssen also angerührt werden von Phänomenen, die Inhalte der Betrachtungen müssen also zu Themen für die Kinder werden (vgl. Klafki 2007). Dies kann gelingen, wenn Lernsituationen anknüpfen an das Vorwissen der Kinder, das als »intuitive Physik« schon in früher Kindheit vorhanden ist. Ein Anhäufen von Wissensbeständen, das nicht auf sinnhaftes Verstehen der Naturwissenschaften ausgerichtet ist, hat einen rapiden Rückgang des naturwissenschaftlichen Interesses zur Folge (vgl. Gebhard/Rehm 2018).

5 Kritischer Rück- und Ausblick: Wirksamkeitsbedingungen für bewegungsorientierte Lern- und Förderprozesse

Die Wirksamkeit körperlich/leiblicher Zugänge auf Lernprozesse wurde in diesem Buch theoretisch wie praktisch dargelegt. Zahlreiche Studien und Metaanalysen weisen nach, dass in Fachunterricht eingebettete enaktive Bewegungsphasen keineswegs verlorene Zeit sind, sondern Schüler*innen zu nachhaltigem Lernen motivieren können und in ikonischen und symbolischen Formen auch Lust und Interesse entstehen lassen, Lerninhalte in bewegter Form auch kognitiv zu erschließen.

Die Herausforderung liegt darin, subjektive Potentiale der Schüler*innen in und durch inhaltserschließende Bewegungsformen ebenso wie Erinnerungen, Empfindungen, Impulse und den metaphorischen Charakter der eigenen Körperlichkeit entdecken und entwickeln zu lassen. Damit einher geht, den Schüler*innen die Freiheit zu gewähren, auch eigene, bisher unbekannte Wege zu Erkenntnissen einschlagen zu können.

Demgegenüber ist es alarmierend zu sehen, welchen Einfluss das gesellschaftliche Mantra der Digitalisierung auf Denken, Lernen und Persönlichkeitsentwicklung von Kindern hat. In einer Längsschnittstudie der DAK-Krankenkasse (2019–2022) zur Nutzung digitaler Medien zeigte sich bei 63 % der befragten Kinder und Jugendlichen in dem oben genannten Zeitraum eine Verdopplung einer problematischen Nutzung mit schweren sozialen Folgen (u. a. auch Gaming- und Onlinesucht). Die Anzahl verhaltensgestörter, nicht gemeinschafts- und lernfähiger Kinder steigt – nicht, weil es ihnen an Intelligenz mangelt, sondern an psychischer Reife. 50 % der Grundschüler*innen haben eine Lernstörung (Winterhoff 2013, S. 137).

Diesen Gefahren vorzubeugen, gelingt Schüler*innen möglicherweise bei einem didaktisch aufbereiteten ggf. fächerübergreifenden Unterricht ebenso wie beim selbstentdeckenden und sinnerschließenden Lernen in Bewegung – angeleitet und begleitet von fachkundigen Lehrkräften. Als gutes Gegengewicht zum vorherrschenden Digitalisierungshype zur Implementierung von Tablets in Kindergarten und Grundschulen könnten flächendeckende bewegungsintensive Angebote von 60 Minuten für Schüler*innen der Grundschule und 90 Minuten für Vorschulkinder nach den Vorgaben der WHO fungieren.

Angesichts der aktuellen Herausforderungen (Klima, Kriege, Umverteilung, Demokratisierung u. v. m.) erfordert eine Bildung des 21. Jahrhunderts anspruchsvolle Aufgabenstellungen, die man nur im Team lösen kann. Orientierung in dieser Frage bietet die »Agenda 21«, ein 1992 in Rio de Janeiro verabschiedetes Aktionsprogramm, in dem sich mehr als 170 Staaten (darunter auch Deutschland) zu einer umweltverträglichen, nachhaltigen Entwicklung für das 21. Jahrhundert verpflichten. Darin fordern sie u. a., dass

»Jugendliche aus allen Teilen der Welt auf allen in Betracht kommenden Ebenen aktiv an der Entscheidungsfindung beteiligt werden, weil diese ihr Leben heute beeinflusst und Auswirkungen für die Zukunft besitzt. Abgesehen von ihrem geistigen Beitrag und ihrer Fähigkeit, Unterstützung zu mobilisieren, bringen junge Menschen auch ihre eigenen Betrachtungsweisen mit ein, die der Berücksichtigung bedürfen« (Agenda 21, Kap. 25.2).

Bildung für nachhaltige Entwicklung (BNE) bedeutet,

»Bildung ganz neu zu denken, groß zu denken. Es bedeutet, mutig an die Wurzel gehende Ansätze zu wagen und Visionen zu verwirklichen! Das Neue zu unternehmen, für die Welt, in der wir leben wollen. Wollen wir 2030 nachhaltige Haltungen und Arbeitskulturen in der Gesellschaft umgesetzt haben, müssen wir HEUTE die Schulen verändern. Und das bedeutet: JETZT in den Schulen Strukturen verändern!« (Rasfeld 2018, S. 25).

Um derartige Anforderungen umzusetzen, eignet sich auch das in diesem Buch dargelegte Konzept, sowohl in Grundschulen als auch in den höheren Schulstufen Lerninhalte durch und mit der eigenen Körperlichkeit und in bewegten Formen zu erschließen. Stichwortartig seien einige Bedingungen genannt, die notwendig verändert werden müssten, um die bisherige Lernkultur zu verändern und nachhaltig zu gestalten.

Zu einer Veränderung entscheidender Schulstrukturelemente gehören u.a. die sukzessive Aufgabe der Stundentaktung, ein anderer Umgang mit Fehlern, das Ende des »Bulimie-Lernens«, projektorientiertes Lernen in und außerhalb der Schule, interessengeleitete altersübergreifende Lerngruppen, fächerübergreifende Zugänge zu Lerngegenständen aus verschiedenen Perspektiven, das Coachen von Lehrer*innen anderer Fächer durch Lehrer*innen aus den ästhetischen Fächern (Sport, Musik, Kunst) als Expert*innen körper- und bewegungsorientierter Lernformen. Eine derartige Umwälzung bisheriger Schulkultur bedarf dann auch einer entsprechenden Lehrer*innen-Ausbildung an den Universitäten.

Wir hoffen, mit diesem Buch Anstöße geben zu können, wie Bewegung als struktureller Bestandteil von Bildungsprozessen bewegte Räume sowohl in Grundschulen als auch tendenziell in allen Bildungsinstitutionen gestalten kann.

Literaturverzeichnis

Abraham, A. (2013): Wieviel Körper braucht Bildung? Zum Schicksal von Leib und Seele in der Wissensgesellschaft. In: Hildebrandt-Stratmann, R./Laging, R./Moegling, K. (Hrsg.): Körper, Bewegung und Schule. Immenhausen: Prolog-Verlag, S. 16–32.
Abraham, A./Müller, B. (2010): Körperhandeln und Körpererleben – Einführung in ein brisantes Feld. Bielefeld: transcript.
Agenda 21 (1992): Aktionsprogramm der Konferenz für Umwelt und Entwicklung der Vereinten Nationen (UNCED). Online abrufbar unter: https://www.bmuv.de/download/agenda-21, Zugriff: 20. 02. 2021.
Alkemeyer, T./Brümmer, K (2019): Die Körperlichkeit des Lernens. Weinheim: Beltz Juventa, EEO Enzyklopädie Erziehungswissenschaften. Online abrufbar unter: https://content-select.com/de/portal/media/view/5df20699-9eec-4997-8720-48c7b0dd2d03, Zugriff: 12. 07. 2023.
Andrä, C./Matthis, B./Schwager, A./Macedonia, M./von Kriegstein, K. (2020): Learning Foreign Language Vocabulary with Gestures and Pictures Enhances Vocabulary Memory for Several Months Post-Learning in Eight-Year-Old School Children. In: Educational Psychology Review, 32, S. 815–850. Online abrufbar unter: https://link.springer.com/article/10.1007/s10648-020-09527-z, Zugriff: 12. 09. 2021.
Arnold, M. (2009): Brain-based Learning and Teaching. In: Hermann, U. (Hrsg.): Neurodidaktik. Weinheim: Beltz, S. 182–195.
Balster, K. (2006): Kinderwelt = Bewegungswelt. In: Fischer, K./Knab, E./Behrens, M. (Hrsg.): Bewegung in Bildung und Gesundheit – 50 Jahre Psychomotorik in Deutschland. Bd. 5. Lemgo: Verlag Aktionskreis Literatur und Medien, S. 337–345.
Barselou, L. W. (1999): Perceptual symbol systems. In: Behavioral & Brain Sciences, 22, S. 577–609.
Barth, K. H. (2012): Lernschwächen früh erkennen. München: Reinhardt.
Beckmann, H./Janßen, S./Probst, A. (2021): Bewegtes Lernen. Deutsch: Inhalte in und durch Bewegung nachhaltig verankern. Augsburg: Auer.
Beigel, D. (2007): Beweg dich, Schule. Eine »Prise Bewegung« im täglichen Unterricht der Klassen 1 bis 10. Dortmund: Borgmann.
Benz, C./Grüßing, M./Lorenz, J. M./Reiss, K./Selter, C./Wollring, B. (2017): Zieldimensionen mathematischer Bildung im Elementar- und Primarbereich. In: Ders.: Frühe mathematische Bildung – Ziele und Gelingensbedingungen für den Elementar- und Primarbereich. Opladen, Berlin, Toronto: Budrich, S. 32–176.
Bergeest, H./Boenisch, J./Daut, V. (2015): Körperbehindertenpädagogik. Grundlagen – Förderung – Inklusion. München: Reinhardt utb.
Berger, P./Luckmann, T. (1980): Die gesellschaftliche Konstruktion der Wirklichkeit. Eine Theorie der Wissenssoziologie. Frankfurt: Fischer Tb.
Bertrand, L. (2002): Die Entwicklung des Raum- und Zeitverständnisses beim Kind. In: Eggert, D./Bertrand, L. (Hrsg.): RZI- Raum-Zeit-Inventar. Dortmund: Borgmann, S. 59–106.
Beudels, W. (2016): Bewegung als Medium des Lernens. In: Fischer, K./Hölter, G./Beudels, W./Jasmund, J./Krus, A./Kuhlenkamp, S. (Hrsg.): Bewegung in der Kindheit. Wiesbaden: Springer, S. 47–60.
BfBF (Bundesministerium für Bildung und Forschung) (2019): PISA 2018: Deutschland stabil über OECD-Durchschnitt. Online abrufbar unter: https://www.bmbf.de/bmbf/shareddocs/pressemitteilungen/de/pisa-2018-deutschland-stabil-ueber-oecd-durchschnitt.html, Zugriff: 04. 01. 2022.

Bielefeld, J. (1991): Zur Begrifflichkeit und Strukturierung der Auseinandersetzung mit dem eigenen Körper. In: Ders. (Hrsg.): Körpererfahrung. Grundlagen des menschlichen Bewegungsverhaltens. Göttingen: Hogrefe, S. 3–35.

Bildungsserver Rheinland Pfalz (2018): Schriftspracherwerb. Online abrufbar unter: https://grundschule.bildung-rp.de/lernbereiche/deutsch/mediathek/materialien-zum-teilrahmenplan/schriftspracherwerb.html, Zugriff: 10.1.2023.

BLK (Bund-Länder-Kommission) (2008): Schulentwicklungsprogramm »Demokratie lernen & leben«. Interdisziplinäres Zentrum für Lehr- und Lernforschung, Deutscher Bildungsserver. BLK: Demokratie lernen und leben. Gutachten zum Programm (Heft 96). Online verfügbar unter: https://www.bildungsserver.de/onlineressource.html?onlineressourcen_id=14907 sowie https://www.pedocs.de/volltexte/2008/239/pdf/heft96.pdf, Zugriff am 12.07.2023

Bockrath, F./Boschert, B./Franke, E. (2008): Körperliche Erkenntnis – Formen reflexiver Erfahrung. Bielefeld: transcript.

Bohler, J. (2016): Seeing as understanding. Importance of visual Mathematics for our Brain and Learning. Online verfügbar unter: https://www.youcubed.org/downloadable/seeing-as-understanding/, S. 1–17, Zugriff: 27.11.2016.

Böttner, J. (2003): Schnittpunkt -Ausgabe für Regelschulen in Thüringen/Arbeitsbuch 9 (Kurs I) Taschenbuch. Stuttgart: Klett.

Bourdieu, P. (1976): Entwurf einer Theorie der Praxis. Frankfurt a. M.: Suhrkamp.

Bourdieu, P. (1987): Sozialer Sinn. Kritik der theoretischen Vernunft. Frankfurt a. M.: Suhrkamp.

Bourdieu, P. (2001): Die feinen Unterschiede – Kritik der gesellschaftlichen Urteilskraft. Frankfurt a. M.: Suhrkamp.

Brandl-Bredenbeck, H. P./Brettschneider, W.-D./Keßler, C./Stefani, M. (2010): Kinder heute – Bewegungsmuffel, Fastfoodjunkies, Medienfreaks – eine Lebensstilanalyse. Aachen: Meyer & Meyer.

Brecht, B. (1983): Me-ti Buch der Wendungen. Frankfurt a. M.: Suhrkamp.

Breithecker, D. (2001): Bewegte Schule. Vom statistischen Sitzen zum lebendigen Lernen. In: Zimmer, R./Hunger, I. (Hrsg.): Kindheit in Bewegung. Schorndorf: Hofmann, S. 208–215.

Bruner, J. S. (1974/2002): Entwurf einer Unterrichtstheorie. Berlin: Berlin Verlag.

Buboltz-Lutz, E./Gösken, E./Kriecheldorff, C. (2010): Geragogik: Bildung und Lernen im Prozess des Alterns. Stuttgart: Kohlhammer.

Bund-Länder-Kommission (2008): Schulentwicklungsprogramm »Demokratie lernen & leben«. Online verfügbar unter: https://demokratieindergrundschule.wordpress.com/, Zugriff: 22.01.2023.

BzGA (Bundeszentrale für gesundheitliche Aufklärung) (2013): Unterricht in Bewegung. Online abrufbar unter: https://shop.bzga.de/pdf/20520000.pdf, Zugriff: 20.10.2018.

Campell, S./Dawidson, A. J. (1996): Learning as Embodied Action. In: Sutherland, R./Mason, J. (Hrsg.): Exploiting mental imagery with computers in mathematics education. Heidelberg: Springer, S. 233–249.

Carney, D. R./Cuddy, A. J. C./Yap, A. J. (2010). Power poses: Brief nonverbal displays cause neuroendocrine change and increase risk tolerance. In: Psychological Science, 21, S. 1363–1368.

Castelli, D. M./Hillmann, C. H./Buck, S. M./Erwin, H. E. (2007): Physical finess and academic achievement in third- and fifth-grade students. In: Journal of Sport and Exercise Psychology, 29, S. 239–252.

Caysa, V. (2008): Körperliche Erkenntnis als empraktische Körpererinnerung. In Bockrath, F./Boschert, B./Franke, E. (Hrsg.): Körperliche Erkenntnis – Formen reflexiver Erfahrung. Bielefeld: transcript.

Coe, D. P./Pilvernik, J. M./Womack, C. J./Reeves, M. J./Malina, R. M. (2006): Effects of physical education and activity levels on academic achievement of children. In: Medicine & Science in Sports & Exercise, 38, S. 1515–1519.

Condrau, G. (1989): Daseinsanalyse. Stuttgart: Huber.

DAK-Studie (2023): Mediensucht bei Kindern und Jugendlichen. Online abrufbar unter: https://www.dak.de/dak/bundesthemen/dak-studie-in-pandemie-hat-sich-mediensucht-verdoppelt-2612364.html#/, Zugriff: 01.04.2023.

Dehaene, S. (2012): Der Zahlensinn oder warum wir rechnen können. Basel: Springer.
Der Spiegel (1977): Das Verbrechen, ein Kind zu sein. In: Ausgabe 24.
Detert, D. (2015): Bildende Prozesse im Sport – am Beispiel des NTB-Verständnisses. Vortrag zur Tagung des LSB »Bewegung bildet! Bildung bewegt!« am 10.10.2015. Online abrufbar unter: https://www.westhagener-pausenliga.de/berichte-%C3%BCber-aktionen-2015/10-10-2015/, Zugriff: 22.02.2022.
Devlin, K. (2001): Das Mathe-Gen oder wie sich das mathematische Denken entwickelt und warum Sie Zahlen ruhig vergessen können. Stuttgart: Klett-Cotta.
Dewey, J. (2002). Erfahrung und Erziehung. In: Horlacher, R./Oelkers, J. (Hrsg.): Pädagogische Aufsätze und Abhandlungen (1900–1944). Zürich: Verlag Pestalozzianum, S. 227–283.
DGUV (2008): Mit Kindern im Wald. Möglichkeiten und Bedingungen in einem natürlichen Spiel- und Lebensraum. Information 202-074. Online abrufbar unter: http://publikationen.dguv.de/dguv/pdf/10002/si-8084.pdf, Zugriff: 22.6.2022.
Dietrich, C. (2011): Bildungstheoretische Notizen zur Beobachtung frühkindlicher Bildungsprozesse. In: Cloos, P./Schulz, M. (Hrsg.): Kindliches Tun beobachten und dokumentieren. Perspektiven auf die Bildungsbegleitung in Kindertageseinrichtungen. Weinheim: Juventa, S. 100–114.
Digitales Wörterbuch der deutschen Sprache (DWDS). Online verfügbar unter: https://www.dwds.de/wb/, Zugriff: 12.01.2023.
Dordel, S./Breithecker, D. (2003): Bewegte Schule als Chance einer Förderung der Lern- und Leistungsfähigkeit. In: Haltung und Bewegung, 25, S. 31–41.
Duncker, L./Lieber, G. (2013): Bildliteralität und ästhetische Alphabetisierung – Konzepte und Beispiele für das Lernen im Vor- und Grundschulalter. München: ko-pae.
Edelstein, W./Fauser, P. (2001): Eine Handreichung des BLK Programms »Demokratie lernen und leben – Selbstwirksamkeit in Schule und Unterricht« (Materialien zur Bildungsplanung und zur Forschungsförderung; 96). München, Basel: Beltz Verlag, S. 7–243.
Eberlein, U. (2016): Zwischenleiblichkeit und bewegtes Verstehen. Bielefeld: transcript.
Eggert, D./Bertrand, L. (2002): RZI – Raum-Zeit-Inventar der Entwicklung der räumlichen und zeitlichen Dimension bei Kindern im Vorschul- und Grundschulalter und deren Bedeutung für den Erwerb der Kulturtechniken Lesen, Schreiben und Rechnen. Dortmund: Borgmann.
Eggert, D./Reichenbach, C./Bude, S. (2003): Das Selbstkonzept Inventar (SKI) für Kinder im Vorschul- und Grundschulalter. Dortmund: Borgmann.
Eichner, R. (1996): Praxisbezogenheit und Handlungsorientierung in der bayerischen Arbeitslehre-Konzeption. Möglichkeiten und Grenzen der Verwirklichung im Rahmen eines kooperativen Ansatzes im Lernfeld Arbeitslehre. Frankfurt a.M.: Peter Lang Verlag.
Einstein, A. (1946): Statement des Emergency Committee of Atomic Scientists.
Ekman, P. (1999). Facial expressions. In: Dalgleish, T./Power, T. (Hrsg.): Handbook of cognition and emotion. Online abrufbar unter: https://doi.org/10.1002/0470013494.ch16, S. 301–320, Zugriff: 20.07.2019.
Elschenbroich, D. (2002): Weltwissen der Siebenjährigen. München: Goldmann.
Erhorn, J./Gasteiger, H. (2020). Bewegung und frühes mathematisches Lernen. In: Erhorn, J./Schwiers, J./Brandes, B. (Hrsg.): Bewegung – Spielraum für Bildung. Chancen für bereichsbezogenes Lernen in der frühen Kindheit. Bielefeld: transcript, S. 73–96.
Euler, P. (2010): Verstehen als Menschenrecht versus Kapitalisierung lebenslangen Lernens oder: Lehre als Initiierung lebendiger Verhältnisse von Sache und Subjekt. In: Pazzinni, K.-J./Schuller, M./Wimmer, M. (Hrsg.): Lehren bildet? Vom Rätsel unserer Lehranstalten. Bielefeld: transcript, S. 125–146.
Fachhochschule Nordwestschweiz (2009). Warum braucht Begreifen Bewegung? In: Pädagogische Hochschule, Institut Weiterbildung und Beratung (Hrsg.): Grundlagen. S. 8–12.
Fallschessel, H. (2016): Von der Körperlichkeit sozialen Handelns. In: Eberlein, U. (Hrsg.): Zwischenleiblichkeit und bewegtes Verstehen – Intercorporeity, Movement and Tacit Knowledge. Bielefeld: transcript.
Faulstich, P. (2013): Menschliches Lernen. Eine kritisch-pragmatistische Lerntheorie. Bielefeld: transcript.

Faulstich, P./Grotlüschen, A. (2006): Erfahrung und Interesse beim Lernen – Konfrontationen der Konzepte von Klaus Holzkamp und John Dewey. In: Forum Kritische Psychologie, 50, S. 56–71.
Fields, R. D. (2021): Wie das Gehirn lernt. In: Spektrum der Wissenschaft, 1, S. 68–77.
Findeklee, A. (2005): Rechnen ohne Zahlen. Online abrufbar unter: https://www.spektrum.de/news/rechnen-ohne-zahlen/788454, Zugriff: 12.07.2023.
Fingerhut, J./Hufendiek, R./Wild, M. (2013): Philosophie der Verkörperung. Berlin: Suhrkamp.
Fischer, K. (2006): Händigkeit als Basiskompetenz für den Schriftspracherwerb. In: motorik, 3, S. 95–101.
Fischer, K. (2009): Einführung in die Psychomotorik. München, Basel: Reinhardt.
Fischer, K. (2016): Lernen als Erkundungsaktivität im Kindesalter. In: Weiß, O./Voglsinger, J./Stuppacher, N. (Hrsg.): Effizientes Lernen durch Bewegung. Münster, New York: Waxmann, S. 65–84.
Fischer, K. (2018): Hand und Kopf: Die Bedeutung von Körperlichkeit und Handeln für Schriftspracherwerb und Lesekompetenz. In: motorik, 4, S. 164–170.
Fogel, A. (2011): Theoretical and applied dynamic systems research in developmental science. In: Child development perspectives, 1, S. 1–6.
Fuchs, T. (2006): Das Gedächtnis unseres Körpers. In: Psychologie heute, 6. Online abrufbar unter: https://zrm.ch/images/stories/download/pdf/publikationen/publikation_storch_2006.pdf, Zugriff: 15.07.2014.
Fuchs, T. (2009): Leibgedächtnis und Lebensgeschichte. In: Existenzanalyse, 26,2, S. 44–52.
Fuchs, T. (2012): Die verkörperte Psyche: ein Paradigma für Psychiatrie und Psychotherapie. In: Sulz, S. K./Bronisch, T. (Hrsg.): Körper und Entwicklung in der Psychotherapie. München: CIP-Medien, S. 15–28.
Fuchs, T. (2014) Verkörperte Emotionen – Wie Gefühl und Leib zusammenhängen. In: Psychologische Medizin, 25, S. 13–20.
Fuchs, T. (2015): Körper haben oder Leib sein. In: Gesprächspsychotherapie und personenzentrierte Beratung, 3, 15, S. 144–150.
Fuchs, T. (2017): Wahrnehmung als Interaktion. In: Schlette, M./Fuchs, T./Kirchner, M. A. (Hrsg.): Anthropologie der Wahrnehmung. Heidelberg: Universitätsverlag Winter, S. 65–95.
Fuchs, C./Andrä, C. (2020): Bewegtes Lernen und Bewegung im Schulalltag im internationalen Vergleich, In: Andrä, C./Macedonia, M. (Hrsg.): Bewegtes Lernen. Leipzig: Lehmanns, S. 125–142.
Funke-Wieneke, J. (2001): Körpererfahrung. In: Haag, H./Hummel, H. (Hrsg.): Handbuch Sportpädagogik. Schorndorf: Hofmann Hohengehren, S. 314–322.
Funke-Wieneke, J. (2004): Bewegungs- und Sportpädagogik. Wissenschaftstheoretische Grundlagen – zentrale Ansätze – entwicklungspädagogische Konzeption. Baltmannsweiler: Schneider Hohengehren.
Füssenich, I. (2012): Gibt es Vorläufertätigkeiten beim Schrifterwerb? Vom Sprechen zur Schrift beim Übergang von der Kita in die Schule. Mitsprache. In: Fachzeitschrift für Sprachheilpädagogik, 3, S. 5–16.
Füssenich, I./Geisel, C. (2008): Literacy im Kindergarten. München, Basel: Reinhardt.
Galilei, G. (1891): Dialog über die beiden hauptsächlichen Weltsysteme. Leipzig: Teubner.
Gallagher, S. (2012): Kognitionswissenschaften – Leiblichkeit und Embodiment. In: Alloa, E. u. a. (Hrsg.): Leiblichkeit. Tübingen: Mohr & Siebeck, S. 320–333.
GDSU (Gesellschaft für Didaktik des Sachunterrichts) (2013): Perspektivrahmen Sachunterricht. Bad Heilbrunn: Klinkhardt.
GDSU (Gesellschaft für Didaktik des Sachunterrichts) (2014): Die Didaktik des Sachkundeunterrichts und ihre Fachgesellschaft. GDSU-Journal. Bad Heilbrunn: Klinkhardt.
Gebhard, U./Rehm, M. (2018): Auf dem Weg zum Verstehen der Welt: Sinn und Bedeutung früher naturwissenschaftlicher Bildung. In: Deutsches Jugendinstitut/Weiterbildungsinitiative Frühpädagogische Fachkräfte (Hrsg.): Frühe naturwissenschaftliche Bildung. Grundlagen für die kompetenzorientierte Weiterbildung. Band 13. München: Verlag dt. Jugendinstitut, S. 13–20.

Gernhard, A. (o. J.): Kinderzeich(n)en. Osnabrück: Nifbe-Eigenverlag.
Gerrig, R. J./Zimbardo, P. G. (2008). Psychologie. München: Pearson.
Giesbert, F./Lücking, C./Reichenbach, C. (2008): Gestaltung, Förderung und Diagnostik von Lernprozessen im Grundschulbereich. Dortmund: verlag modernes lernen.
Giese, M. (2014): Überlegungen einer inklusiven und erfahrungsorientierten Unterrichtslehre. Teile I und II. In: Betrifft: Sport – Praxis für den Schulsport, 36, S. 11–15.
Giesel, K./De Haan, G./Diemer, T. (2007): Demokratie in der Schule. Berliner Beiträge zur Pädagogik, 5. Frankfurt a. M.: Peter Lang: Europäischer Verlag der Wissenschaften, S. 151–171.
Giest, H./Wittkowske S. (2022): Die Sachen mitgestalten. In: Kahlert, J./Fölling-Albers, M./Götz, M./Hartinger, A./Miller, S./Wittkowske, S. (Hrsg.): Handbuch Didaktik des Sachunterrichts. München: Reinhardt utb, S. 481–488.
Giest, H. (2017): Die naturwissenschaftliche Perspektive konkret. GDSU e. V., Begleitband 4 zum Perspektivrahmen Sachunterricht. Bad Heilbrunn: Klinkhardt.
Gill, B. (2007): Dialektik der Wissensgesellschaft – Die widersprüchliche Dynamik von Explizierung und Implizierung des Wissens. Institut für Soziologie der LMU München: Eigenverlag.
Gläser, E. (2022): Entwicklung des ökonomischen Denkens. In: Kahlert, J./Fölling-Albers, M./Götz, M./Hartinger, A./Miller, S./Wittkowske, S. (Hrsg.): Handbuch Didaktik des Sachunterrichts. München: Reinhardt utb, S. 367–371.
Göbel, P. (2018): Deutsche Sprache. Online abrufbar unter: http://lernprofis.de/koennen-sie-lesen/, Zugriff: 24. 11. 2022.
Goldin-Meadow, S. (2003): Hearing gesture: How our hands help us think. Cambridge: The Belknap Press.
Götz, M. (2022): Zur Geschichte des Sachunterrichts. In: Kahlert, J./Fölling-Albers, M./Götz, M./Hartinger, A./Miller, S./Wittkowske, S. (Hrsg.): Handbuch Didaktik des Sachunterrichts. München: Reinhardt utb, S. 231–238.
Graf, C./Dordel, S./Koch, B. (2003): Körperliche Aktivität und Konzentration – gibt es Zusammenhänge? In: Sportunterricht, 52, S. 142–146.
Graumann, C. F. (1960): Grundlagen einer Phänomenologie und Psychologie der Perspektivität. Berlin: de Gruyter.
Graumann, C. F. (1965): Denken. Köln, Berlin: Kiepenheuer & Witsch.
Grevsmühl, U. (2010): Handlungsorientierung und Veranschaulichung. Online verfügbar unter: http://www.grevsmuehl.de/material/forschung/2-1%20Allgemeine%20Studien/DIFF-Heft-%20PDFs/2.%20Handlungsorientirerung%20und%20Veranschaulichung.pdf, S. 17–38, Zugriff: 23. 07. 2022.
Grotz, B. (2018): Grundwissen Physik. Veröffentlicht unter: Creative Commons License (Version 3.0, by-nc-sa). Online abrufbar unter: http://www.grund-wissen.de, Zugriff: 22. 03. 2023.
Grupe, O. (1995): Erfahrungen im Sport: Haben sie eine besondere Bedeutung? In: Schaller, H.-J./Pache, D. (Hrsg.): Sport als Bildungschance und Lebensform. Schorndorf: Hofmann, S. 20–26
Gruschka, A. (2008): Präsentieren als neue Unterrichtsform: Die pädagogische Eigenlogik einer Methode. Opladen: Budrich.
Gudjons, H. (2003) Handbuch Gruppenunterricht. Weinheim, Basel, Berlin: Beltz.
Günther, H. (1994): Zur Relevanz zentraler Funktionen der auditiven Perzeption hinsichtlich der Sprachwahrnehmung. In: Die Sprachheilarbeit, 39, S. 352–362.
Günther, H./Fritsch, S. (2015): Sprache und Schrift in der Kita. Weinheim, Basel: Beltz.
Günther, W. (2018): Lesen und Schreiben lernen bei geistiger Behinderung. Dortmund: verlag modernes lernen.
Haas, R. (2017): Eine andere Praxis mit Embodiment? Bestätigung oder Veränderung der psychomotorischen Praxis. In: motorik, 3, S. 114–117.
Haider, M. (2022): Physikalische Aspekte. In: Kahlert, J./Fölling-Albers, M./Götz, M./Hartinger, A./Miller, S./Wittkowske, S. (Hrsg.): Handbuch Didaktik des Sachunterrichts. München: Reinhardt utb, S. 135–141.

Hansen, K. (2015): Rezension zu: Neuweg G. H. (2015): Das Schweigen der Könner. Gesammelte Schriften zum impliziten Wissen. Waxmann Verlag (Münster, New York). In: socialnet Rezensionen. Online abrufbar unter: https://www.socialnet.de/rezensionen/18794.php, Zugriff: 12.05.2019.

Hartinger, A. (1997): Interessenförderung. Eine Studie zum Sachunterricht. Bad Heilbrunn: Klinkhardt.

Hasemann, K./Gasteiger, H. (2020): Anfangsunterricht Mathematik. Mathematik Primarstufe und Sekundarstufe I + II. Online abrufbar unter: https://doi.org/10.1007/978-3-662-6136, Zugriff: 13.04.2023.

Hasselhorn, M. (2022): Lernstörungen: Ein unvermeidbares Schicksal? In: Zeitschrift für Pädagogische Psychologie, 36, 1–2, S. 1–17.

Hattie, J. (2013): Lernen sichtbar machen. Schneider: Baltmannsweiler.

Hauk, O./Johnsrude, I./Pulvermüller, F. (2004): Somatotopic representation of action words in human motor and premotor cortex. In: Neuron, 41, 301–307.

Hauke, G./Spreemann, J. (2012): Wie der Körper bei der Arbeit mit Emotionen hilft. Embodiment in der strategisch-behavioralen Therapie (SBT). In: Silz, S./Bronisch, T. (Hrsg.): Körper und Entwicklung in der Psychotherapie – Embodiment. München: Cip-Medien, S. 43–62.

Heller, V./Morek, M. (2019): Fachliches und sprachliches Lernen durch diskurs(erwerbs)orientierte Unterrichtsgespräche. Empirische Evidenzen und Desiderata mit Blick auf inklusive Settings. Didaktik Deutsch 24, 46, S. 102–121.

Hildebrandt-Stratmann, R./Laging, R. (2013): Körper, Bewegung und Schule. Band 1 und 2. Immenhausen: Prolog.

Hille, K. (2014): Schüler profitieren vom gemeinsamen Lernen. Online verfügbar unter: https://jugendhilfeportal.de/artikel/interview-schueler-profitieren-vom-gemeinsamen-lernen, Zugriff: 13.9.2022.

Hille, K./Vogt, K./Fritz, M./Sambanis, M. (2010): Szenisches Lernen im Fremdsprachenunterricht – die Evaluation eines Schulversuchs. In: Diskurs Kindheits- und Jugendforschung, 5, 3, S. 337–50. Online verfügbar unter: http://znl-ulm.de/szenisches_lernen.wmv, Zugriff: 15.9.2022.

Hillmann, C. H./Pontifex, M./Raine, E./Kramer, A. (2009): The effect of acute treadmill walking on cognitive control and academic achievement in preadolescent children. In: Neuroscience, 159, S. 1044–1054.

Hjort, M. (2020): Fuß – eine Maßeinheit. Online abrufbar unter: https://www.matkult.eu/matonline/index.php/de/2020/fuss-eine-masseinheit/, Zugriff: 10.03.2023.

HKM (Hessisches Kultusministerium) (1990): Lehrplan Sport – Grundstufe, Mittelstufe. Frankfurt a. M., S. 1–25.

Hollmann, M. (2004): Bewegung und Körperlichkeit als Lebenselexier. Online verfügbar unter: www.clubofrome.de/schulen/schulen/Hollmann_Bewegung_Körperaktivitaet_Lebenselexier.pdf sowie https://www.besser-bilden.de/reformschule-reformpaedagogik/club-of-rome-schule-konzept-paedagogik/, Zugriff: 22.03.2010.

Holzkamp, K. (1995): Lernen. Subjektwissenschaftliche Grundlegung. Frankfurt a. M.: Suhrkamp.

Howe, C./Hennessy, S./Mercer, N./Vrikki, M./Wheatley, L. (2019). Teacher–student dialogue during classroom teaching: Does it really impact on student outcomes? In: Journal of the Learning Sciences, 28, 4/5, S. 462–512.

Hugener, I./Krammer, K./Reusser, K. (2007): Problemlösen im Mathematikunterricht. Begleitschrift zur DVD Nr. 2 aus der Reihe: Unterrichtsvideos für die Aus- und Weiterbildung von Lehrpersonen. Zürich: Pädagogisches Institut Eigenverlag.

Illi, U. (1995): Bewegte Schule. Die Bedeutung und Funktion der Bewegung als Beitrag zu einer ganzheitlichen Gesundheitsbildung im Lebensraum Schule. In: Sportunterricht, 44, 10, S. 404–415.

Ionescu, T./Glava, A. (2015): Embodied Learning: Connecting Psychology, Education, and the World. In: Zft. Studia UBB Psychologia/Paedogogia, 2, S. 5–17.

Jansen, P./Richter, S. (2016): Macht Bewegung wirklich schlau? Bern: Hogrefe.

Jantzen, W. (1988): Zum Verhältnis von Entwicklung, Bewegung und Sprache. In: Irmischer, T./Irmischer, E. (Red.): Bewegung und Sprache. Schorndorf: Hofmann, S. 45–55.
Janzen, M. (2020): Kognitive Aktivierung durch Bewegung. In: Pädagogik, 11, S. 30–31. Online abrufbar unter: https://content-select.com/de/portal/media/view/61780137-f1c4-475d-be6d-0e78b0dd2d03, Zugriff: 13.07.2023.
Jessel, H. (2017): Embodiment – Leiblichkeit – Psychomotorik. Zusammenhänge und Implikationen. In: motorik, 3, S. 108–119.
Johnson, M. (1987). The body in the mind: The bodily basis of meaning, imagination, and reason. University of Chicago Press.
Jung, M. (2005): Qualitatives Erleben und artikulierter Sinn. In: Deutsche. Zeitschrift für Philosophie, 53, S. 239–256.
Jurkowski, S./Hänze, M. (2015): How to increase the benefits of cooperation: Effects of training in transactive communication on cooperative learning. In: British Journal of Educational Psychology, 85, 3, S. 357–371. Online verfügbar unter: https://doi.org/10.1111/bjep.12077, Zugriff: 03.01.2023.
Kahlert, J. (2016): Der Sachunterricht und seine Didaktik. Bad Heilbrunn: Klinkhardt.
Kahlert, J. (2022): Wozu dienen Konzeptionen? In: Kahlert, J./Fölling-Albers, M./Götz, M./Hartinger, A./Miller, S./Wittkowske, S. (Hrsg.): Handbuch Didaktik des Sachunterrichts. München: Reinhardt utb, S. 226–231.
Kammermeyer, G./Roux, S. (2015): Förderung von Schriftspracherwerb und Mathematik in Kindergarten und Grundschule mit dem Pyramideansatz. Online verfügbar unter: https://www.bildungsserver.de/fisonline.html?FIS_Nummer=1097404, Zugriff: 13.07.2023.
Kassung, C. (2007): Das Pendel. Eine Wissensgeschichte. Online abrufbar unter: https://digi20.digitale-sammlungen.de/de/fs1/object/display/bsb00065021_00001.html, Zugriff 22.02.2023.
KfJS BW (Zentrum für Kinderforschung) (2014): Kompetenzen früh-/kindheitspädagogischer Fachkräfte im Spannungsfeld von normativen Vorgaben und Praxis. Online abrufbar unter: https://www.fachportal-paedagogik.de/literatur/vollanzeige.html?FId=1042936, Zugriff: 13.07.2023.
Kiefer, M./Pulvermüller, F. (2012): Conceptual representations in mind and brain: theoretical developments, current evidence and future directions. In: Cortex, 48, 7, S. 805–25.
Kiefer, M./Trumpp, N. M. (2012): Embodiment theory and education: The foundations of cognition in perception and action. In: Trends in Neuroscience and Education, 1, 1, S. 15–20.
Klafki, W. (2007): Neue Studien zur Bildungstheorie und Didaktik. Weinheim: Beltz.
Kleinert-Molitor, B. (1988): Psychomotorisch orientierte Sprachförderung. In: Irmischer, T./Irmischer, E. (Hrsg.): Bewegung und Sprache. Schorndorf: Hofmann, S. 109–126.
Klemm, R. E. (2002): Zur Entstehung innerer Bilder – ein Überblick. Online abrufbar unter: http://www.br-online.de/jugend/izi/text/klemm15_1.htm, Zugriff: 01.08.2017.
Klinge, A. (2017): Vom Wissen des Körpers und seinen Bildungspotenzialen im Sport und im Tanz. In: Oberhaus, L./Stange, C. (Hrsg.): Musik und Körper. Online abrufbar unter: https://doi.org/10.14361/9783839436806-006, Zugriff 20.10.2018.
KM (2006): Kerncurriculum Grundschule Deutsch. Online abrufbar unter: https://grundschule-osterwald.de, Zugriff: 15.09.2022.
Koch, K. (2012): Embodiment und die Prinzipien des Lernens. Die Montessori Methode in einem neuen Gewand? Masterarbeit Universität Wien. Online abrufbar unter: https://utheses.univie.ac.at/detail/18750#, Zugriff 20.04.2017.
Koch, S. C. (2013): Embodiment. Berlin: Logos.
Köckenberger, H. (2010): Die Chefstunde. Lesen, schreiben rechnen lernen mit dem ganzen Körper. Dortmund: Borgmann.
Kohl, C. T. (2022): Albert Einstein, Alfred North Whitehead. Eine kurze Geschichte der Physik. In: Frankfurter Allgemeine Zeitung vom 16. November 2022. Online verfügbar unter: https://philarchive.org/archive/KOHAE-3, Zugriff: 16.11.2022.
Köhnlein, W. (1996): Leitende Prinzipien und Curriculum des Sachunterrichts. In: Glumpler, E./Wittkowske, F. (Hrsg.): Sachunterricht heute. Zwischen interdisziplinärem Anspruch und traditionellem Fachbezug. Bad Heilbrunn: Klinkhardt, S. 46–76.

Köhnlein, W. (2011): Die Bildungsaufgaben des Sachunterrichts und der genetische Zugriff auf die Welt (GDSU e. V.). In: GDSU-Journal, 1, S. 7–20.
Köhnlein, W. (2022): Aufgaben und Ziele des Sachunterrichts. In: Kahlert, J./Fölling-Albers, M./Götz, M./Hartinger, A./Miller, S./Wittkowske, S. (Hrsg.): Handbuch Didaktik des Sachunterrichts. München: Reinhardt utb, S. 100–108.
Köhnlein, W./Lauterbach, R. (Hrsg.) (2004): Verstehen und begründetes Handeln. Studien zur Didaktik des Sachunterrichts. Bad Heilbrunn.
Köhnlein, W./Marquardt-Mau, B./Duncker, L. (2013): Vielperspektivität. In: www.widerstreit-sachunterricht.de, Ausgabe 19, Oktober 2013, S. 1–3.
Kosz, A. (2007): Wissenschafts- und erkenntnistheoretische Grundlagen des Wissensmanagements: Michael Polanyis, Konzept des »Tacit Knowing«. FH Burgenland: veröff. Diplomarbeit.
Krahn, S. (2005): Untersuchungen zum intuitiven naturwissenschaftlichen Wissen von Kindern im Alter zwischen zwei und sieben Jahren. Dissertation, Universität Bielefeld.
Kramer, M. (2016): Unterricht ist Kommunikation. Schneider: Baltmannsweiler.
Krause-Sauerwein, S. (2014): Das lernförderliche Potential von Bewegung in der Grundschule aus der Sicht von Lehrern: eine qualitative Untersuchung. Dissertation, LMU München: Fakultät für Psychologie und Pädagogik. Online abrufbar unter: https://edoc.ub.uni-muenchen.de/16598/, Zugriff: 20.10.2018.
Krippendorf, K. (1994): Der verschwundene Bote. Metaphern und Modelle der Kommunikation. In: Merten, K./Schmidt, S./Weischenberg, S. (Hrsg.): Die Wirklichkeit der Medien. Wiesbaden: Westdeutscher Verlag, S. 79–113.
Krist, H. (2006): Psychomotorische Entwicklung. In: Schneider, W./Sodian, B. (Hrsg.): Kognitive Entwicklung. Göttingen, Bern: Hogrefe, S. 151–238.
Krombholz, H. (1999): Körperliche und motorische Entwicklung im Säuglings- und Kleinkindalter. In: Deutscher Familienverband (Hrsg.): Handbuch Elternbildung. Band 1. Opladen: Leske + Budrich, S. 533–557.
Labudde, P. (1993). Erlebniswelt Physik. Bonn: Dümmler.
Laging, R. (2009a): Die Sache und die Bildung. Bewegungspädagogische Implikationen. In: Laging, R. (Hrsg.): Inhalte und Themen des Bewegungs- und Sportunterrichts: Von Übungskatalogen zum Unterrichten in Bewegungsfeldern. Baltmannsweiler: Schneider-Verlag, S. 3–60.
Laging, R. (2009b): Ganztag – Mehr Zeit für Bewegung. In: Riegel, K./Hildebrandt-Stramann, R. (Hrsg.): Bewegung und Lernen. Tagung im Rahmen der Studie zur Entwicklung von Bewegung, Spiel und Sport in der Ganztagsschule (StuBSS). Braunschweig: Eigenverlag, S. 8–18. Online verfügbar unter: http://www.uni-marburg.de/fb21/ifsm/ganztagsschule/vortraege, Zugriff: 15.09.2022.
Laging, R. (2015): Von der Bewegungspause zum bewegten Unterrichten. Online verfügbar unter: https://docplayer.org/38883472-Studie-zur-entwicklung-von-bewegung-spiel-und-sport-in-der-ganztagsschule-von-der-bewegungspause-zum-bewegten-unterrichten.html, Zugriff: 13.07.2023.
Laging, R. (2017): Bewegung in Schule und Unterricht. Stuttgart: Kohlhammer.
Laging, R. (2020): Bewegung, Bildung und leibliche Erfahrungen – das pädagogische Potential sportlicher Bewegungshandlungen. In: Müller, B./Spahn, L. (Hrsg.): Den LeibKörper erforschen. Phänomenologische, geschlechter- und bildungstheoretische Perspektiven auf die Verletzlichkeit des Seins. Bielefeld: transcript, S. 181–194.
Lakoff, G. (2004): Don't Think of an Elephant: Know Your Values and Frame the Debate. Chelsea: Green Publishing.
Lakoff, G./Johnson, M. (1980): Metaphors we live by. Chicago: The University of Chicago Press.
Lakoff, G./Johnson, M. (1999): Philosophy in The Flesh: the Embodied Mind and its Challenge to Western Thought. New York: Basic Books.
Landgrebe, L. (1977): Lebenswelt und Geschichtlichkeit des menschlichen Daseins. In: Waldenfels (Hrsg.): Phänomenologie und Marxismus 2. Frankfurt a. M.: Suhrkamp, S. 13–58.
Lehrplan NRW (2022). Online abrufbar unter: https://www.schulentwicklung.nrw.de/lehrplaene/lehrplannavigator-primarstufe-neu/primarstufe/primarstufe.html, Zugriff 10.01.2023.

Lehrplan und Richtlinien für Grundschulen (2008/2020): Online abrufbar unter: https://www.schulentwicklung.nrw.de/lehrlaene/lehrplannavigator-grundschule/index.html.

Leithäuser, T. (1983): Gesundheitsrisiko Arbeitswelt. In: Loccumer Protokolle 10. Loccum: Evangelische Akademie, S. 117–137.

Leuders, T./Holzäpfel, L. (2011): Kognitive Aktivierung im Mathematikunterricht. In: Unterrichtswissenschaft, 3, S. 213–230.

Lindmeier, C. (2022): Embodiment und Pädagogik. In: Sonderpädagogische Förderung heute, 67, 3, S. 235–236.

Link, T./Scharz, J./Huber, S./Fischer, U./Nuerk, H.-C./Cress, U./Moeller, K. (2014): Mathe mit der Matte – Verkörperlichtes Training basisnumerischer Kompetenzen. In: Zeitschrift für Erziehungswissenschaft, 2, S. 257–277.

Lipowsky, F./Reusser, K./Pauli, C. (2021): Unterrichtsgespräche kognitiv aktivierend gestalten. In: Pädagogik, 11, S. 17–23.

List, G. (2014): Spracherwerb und die Ausbildung kognitiver und sozialer Kompetenzen. München: WiFF-Eigenverlag.

Louv, R. (2011): Das letzte Kind im Wald? Geben wir unseren Kindern die Natur zurück! Weinheim, Basel: Beltz.

Lück, G. (2000): Naturwissenschaften im frühen Kindesalter. Untersuchungen zur Primärbegegnung von Kindern im Vorschulalter mit Phänomenen der unbelebten Natur. Münster: Lit-Verlag.

Lyre, H. (2010): Erweiterte Kognition und mentaler Externalismus. In: Zeitschrift für philosophische Forschung, 2, S. 190–215.

Macedonia, M. (2013): Mit Händen und Füssen. In: Gehirn und Geist, 1, S. 32–36.

Maibaum, F. (o.J.): Und immer schwingt die Zeit. Online abrufbar unter: https://www.geschichte-der-zeit.de/zeit-schwingt-pendel-unruh.html, Zugriff 10.01.2023.

Martignon, L. (2010) Teaching probability: the situation in Germany. In: Batanero, C./Burrill, G./Reading, C./Rossman, A. (Eds.): Teaching Statistics in School Mathematics-Challenges for Teaching and Teacher Education: A joint ICMI/IASE study. New York: Springer, S. 33–36.

Marx, K. (1973/1867): Das Kapital. Kritik der politischen Ökonomie, Bd. 1: Der Produktionsprozess des Kapitals, Marx-Engels-Werke, Bd. 23. Berlin (DDR): Dietz.

Meinel, K. (2007): Die Bedeutung der Motorik für die Entwicklung der Persönlichkeit. In: Meinel, K./ Schnabel, G.: Bewegungslehre Sportmotorik: Abriss einer Theorie der sportlichen Motorik unter pädagogischem Aspekt. Aachen: Meyer & Meyer, S. 16–27.

Meiners, K. (2018): Spuren von Sprache, Symbol und Schrift entdecken. Anregungen zur Literalität in kindheitspädagogischen Arbeitsfeldern. In: motorik, 4, S. 171–177.

Merdian, G. (2005): Training mathematischer Vorläuferfertigkeiten im Vorschulalter. Online abrufbar unter: https://www.kindergartenpaedagogik.de/fachartikel/bildungsbereiche-erziehungsfelder/mathematische-bildung/489/, S. 1–7. Zugriff: 12.12.2022.

Merleau-Ponty, M. (1966): Phänomenologie der Wahrnehmung (PWA). Berlin: de Gruyter.

Merleau-Ponty, M. (1976): Die Struktur des Verhaltens. Berlin, New York: de Gruyter.

Michalik, K. (2022): Philosophieren im Sachunterricht. In: Kahlert, J./Fölling-Albers, M./Götz, M./Hartinger, A./Miller, S./Wittkowske, S. (Hrsg.): Handbuch Didaktik des Sachunterrichts. München: Reinhardt utb, S. 450–455.

Miedzinski, K./Fischer, K. (2009): Die neue Bewegungsbaustelle: Lernen mit Kopf, Herz, Hand und Fuß. Modell bewegungsorientierter Entwicklungsförderung. Dortmund: Borgmann.

Miericke, J. (2003): Physik zum Anfassen. Nachhaltiges Lernen durch Physik-Experimentiersituationen. Physik und Didaktik an Schulen und Hochschulen. Online abrufbar unter: http://www.phydid.de/index.php/phydid/article/view/12, S. 30–38, Zugriff 12.03.2023.

Ministerium für Schule und Bildung des Landes Nordrhein-Westfalen (2003/2020): Lehrpläne für Grundschulen. Online abrufbar unter: https://www.schulentwicklung.nrw.de/lehrplaene/upload/klp_PS/ps_lp_sammelband_2021_08_02.pdf, Zugriff: 10.10.2022.

Mitscherlich, A. (1965): Über die Unwirtlichkeit unserer Städte. Frankfurt a.M.: Suhrkamp.

Möller, K. (2022): Genetisches Lernen und Conceptual Change. In: Kahlert, J./Fölling-Albers, M./Götz, M./Hartinger, A./Miller, S./Wittkowske, S. (Hrsg.): Handbuch Didaktik des Sachunterrichts. München: Reinhardt utb, S. 262–268.

Moser, T. (2016): Körper und Lernen. In: Weiß, O./Voglsinger, J./Stuppacher, N. (Hrsg.): Effizientes Lernen durch Bewegung. Münster, New York: Waxmann, S. 15–40.

Mühlforte, N. (2009): Die Auswirkungen von kreativem Tanz auf die Graphomotorik von Erstklässlern – eine empirische Studie. Frankfurt a. M., Berlin: Lang.

Müller, M./Schumann, S. (2022): Wagenscheins Pädagogik neu reflektiert. Münster, New York: Waxmann. Online verfügbar unter: https://nbn-resolving.org/urn:nbn:de:0111-pedocs-245785, Zugriff: 20.02.2023.

Suñer Muños, F. (2016): Bildhaftigkeit und Metaphorisierung in der Grammatikvermittlung am Beispiel der Passivkonstruktion. In: Zeitschrift für interkulturellen Fremdsprachenunterricht, 18, S. 4–20. Online verfügbar unter: https://www.fachportal-paedagogik.de/literatur/vollanzeige.html?FId=1000435, Zugriff 13.07.2023.

Neubeck, K. (1992): Atem-Ich. Körperliche Erfahrung, gesellschaftliches Leid und die Heilkraft des inneren Dialogs. Frankfurt a. M.: Stroemfeld/Nexus.

Neubeck, K. (2012): Die Intelligenz der Regeln. Wie die Sprache das Denken verändert. Norderstedt, München: Books on Demand.

Neubeck, K. (2017): Wie Denken funktioniert. Norderstedt, München: Books on Demand.

Oberhaus, L. (2006): Musik als Vollzug von Leiblichkeit. Zur phänomenologischen Analyse von Leiblichkeit in musikpädagogischer Absicht. Online verfügbar unter: https://www.researchgate.net/publication/342365235_Musik_als_Vollzug_von_Leiblichkeit_Zur_phanomenologischen_Analyse_von_Leiblichkeit_in_musikpadagogischer_Absicht/references, Zugriff: 15.01.2023.

ÖGP (Öffentliches Gesundheitsportal Österreichs) (2020): Was ist Bewegung? Online verfügbar unter: https://www.gesundheit.gv.at/leben/bewegung/koerper/was-ist-bewegung.html, Zugriff: 22.10.2022.

Pauen, S. (2019): Entwicklungspsychologie Verstehen, wie Kinder denken, fühlen und handeln. Hamburg: ZEIT-Akademie.

Pauli, C./Reusser, K. (2015): Discursive cultures of learning in (everyday) mathematics teaching: a video-based study on mathematics teaching in German and Swiss classrooms. In: Asterhan, L./Resnick, L. B./Clarke, S. N. (Hrsg.): Socializing intelligence through academic talk and dialogue. Washington, DC: American Educational Research Association, S. 181–193.

Pauli, C./Reusser, K. (2018). Unterrichtsgespräche führen – das Transversale und das Fachliche einer didaktischen Kernkompetenz. In: Beiträge zur Lehrerinnen- und Lehrerbildung, 36, 3, S. 365–377. Online verfügbar unter: DOI: 10.25656/01:18856, Zugriff: 20.02.2023.

Pech, D. (2009): Sachunterricht – Didaktik und Disziplin. In: www.widerstreit-sachunterricht.de, Ausgabe 13, Oktober 2009.

Pfeifer, R./Bongard, J. (2007): How the Body Shapes the Way We Think: A New View of Intelligence. Massachusetts: Bradford Books.

Pikas (Deutsches Institut für Lehrkräfteausbildung Mathematik) (2020): Raumvorstellung und Raumorientierung. Online verfügbar unter: https://pikas.dzlm.de/unterricht/raum-und-form/raumvorstellung-und-raumorientierung, Zugriff: 01.10.2022.

Pohl, D. T. (2006): Naturerfahrungen und Naturzugänge von Kindern. Pädagogische Hochschule Ludwigsburg: Dissertation. Online verfügbar unter: https://phbl-opus.phlb.de/frontdoor/index/index/docId/14, Zugriff: 13.07.2023.

Prohl, R. (2010): Grundriss der Sportpädagogik. Wiebelsheim: Limpert.

Raith, A./Lude, A. (2014): Startkapital Natur. Wie Naturerfahrung die kindliche Entwicklung fördert. München: oekom.

Rasfeld, M. (2018): Das Neue wagen. Für die Welt, in der wir leben wollen. In: Gemeinsam Lernen. Zeitschrift für Schule, Pädagogik und Gesellschaft, Vierteljahreszeitschrift, 3/2018, 4, S.16–25.

Rasfeld, M./Breidenbach, S. (2019): Schulen im Aufbruch – Eine Anstiftung. München: Kösel.

Rauscher, E. (2012): Schule sind WIR. Bessermachen statt Schlechtreden. St. Pölten, Salzburg, Wien: Residenz.

Reheis, F. (2016): Kompetenz zum Widerstand. Eine Aufgabe der politischen Bildung. Schwalbach/Taunus: Wochenschau-Verlag.

Resnick, L. B./Asterhan, C. S./Clarke, S. N (2018). Accountable Talk: Instructional dialogue that builds the mind. Genf: International Bureau of Education (IBE). Online abrufbar unter: https://eric.ed.gov/?id=ED612793, Zugriff: 13.07.2023.
Reusser, K./Lipowsky, F./Pauli, C. (2022): Eine kognitiv aktivierende Lernumgebung gestalten. In: Pädagogik extra, S. 8–13.
Richard-Elsner, C. (2019): Draußen spielen – ein unterschätzter Motor der kindlichen Entwicklung. In: Krus, A./Hammer, R. (Hrsg.): »Wir bewegen was!« Spielräume psychomotorisch gestalten. Lemgo: Verlag Aktionskreis Psychomotorik, S. 115–126.
Richter, H. G. (1997): Die Kinderzeichnung. Göttingen: Cornelsen.
Rieger, M./Wenke, D. (2016): Embodiment und Sense Agency. In: Müsseler, J./Rieger, M. (Hrsg.): Allgemeine Psychologie. Heidelberg: Springer, S. 773–820.
Roda-Schule (2019): »Miteinander Leben lernen« ... im Umgang mit Mengen, Zahlen und Größen – konzeptionelle Überlegungen zum Fach Mathematik an der Roda-Schule, Herzogenrath. Online abrufbar unter: https://www.roda-schule.de/mathematik.html, Zugriff: 11.02.2019.
Roscher, M. (2010): KörperBildung. Baltmannsweiler: Schneider-Verlag Hohengehren.
Roth, H. (1980): Aufrichten oder Abrichten. Erfahrungen eines Hauptschullehrers. Frankfurt a. M.: Verlag Jugend und Politik.
Rückl, S. (2019): Naturwissenschaft im Kindergarten. Ein Forschungsprojekt zur Evaluierung der Spürnasenecke ElFo – Elementarpädagogische Forschungsbeiträge, 1 (1). Online verfügbar unter: DOI: 10.25364/18.1:2019.1.2, S. 15–23 Zugriff: 01.10.2022.
Rumpf, H. (1981): Die übergangene Sinnlichkeit. Drei Kapitel über die Schule. München: Beltz/Juventa.
Rumpf, H. (1996): Über den zivilisierten Körper und sein Schulschicksal oder: Körper1/Körper2. In: Pädagogik, 48, 6, S. 6–9.
Schäfer, G. E. (2001): 10 Thesen frühkindlicher Bildung. In: Klein und Gross, 9, S. 6–11.
Schäfer G. E. (2003): Bildung beginnt mit der Geburt. Förderung von Bildungsprozessen in den ersten sechs Lebensjahren. Weinheim: Beltz.
Schäfer, G. E. (2004/2005): Einführung in pädagogisches Wahrnehmen und Denken. Vorlesung Universität Köln WS 2004/2005.
Schäfer, G. E (2005): Bildungsprozesse im Kindesalter. Selbstbildung, Erfahrung und Lernen in der frühen Kindheit. Weinheim: Juventa.
Schäfer, G. (2007): Bewegung bildet. In: Hunger, I./Zimmer, R. (Hrsg.): Bewegung, Bildung, Gesundheit. Entwicklung fördern von Anfang an. Schorndorf: Hofmann, S. 30–41.
Schäfer, G .E. (2011): Die pädagogische Einwirkung endet am Kopf des Kindes. Warum wir uns mit Kindern verständigen müssen. In: TPS: leben, lernen und arbeiten in der Kita, 3, S. 7–11.
Schäfer, G. (2013): Ästhetische Bildung. In: Fried, L./Roux, R. (Hrsg.): Handbuch Pädagogik der frühen Kindheit. Berlin, S. 187–192.
Schäfer, I. (2006): Grafomotorik und Psychomotorik. In: Motorik, 29, 3, S. 142–150.
Schlichting, H. J. (1992): Kreiselphänomene. In: Praxis der Naturwissenschaft-Physik, 4,1/2, S. 1–14.
Schneider, S./Guardiera, P. (2011): Bildung braucht Bewegung – neurophysiologische Zusammenhänge zwischen körperlicher Aktivität und Lernleistung in der Schule. In: Sportunterricht, 60, S. 317–321.
Schneider, W. (2017): Lesen und Schreiben lernen. Berlin: Springer.
Scholz, G. (2020): Eine kurze Geschichte des Sachunterrichts oder: Zum Verhältnis von Politik und Erziehungswissenschaft. In: www.widerstreit-sachunterricht.de, 25, S. 1–7.
Schomaker, C. (2005): Sinn-volle Bildung im Sachunterricht. Über die didaktische Relevanz ästhetischer Zugangsweisen. In: www.widerstreit-sachunterricht.de, 5, S. 1–5.
Schomaker, C. (2007): Der Faszination begegnen: Ästhetische Zugangsweisen im Sachunterricht. Oldenburg: Eigenverlag Didaktisches Zentrum Uni Oldenburg.
Schröder, J. (2009): Besinnung in flexiblen Zeiten. Leibliche Perspektiven auf postmoderne Arbeit. Wiesbaden: VS Verlag für Sozialwissenschaften.
Schröder, J. (2012): Das Leibliche ist politisch. In: Görtler M./Reheis, F. (Hrsg.): Reifezeiten. Zur Bedeutung der Zeit in Bildung, Politik und politischer Bildung. Schwalbach: Wochenschau-Verlag, S. 239–250.

Schröder, J. (2018): Politische Bildung in Bewegung – über Demokratie im Sportunterricht. In: polis, Didaktische Werkstatt ,1, S. 24–26.

Schründer-Lenzen, A. (2013): Schriftspracherwerb. Wiesbaden: Springer VS.

Schultheiss, K. (2022): Erfahrungsorientierter Sachunterricht. In: Kahlert, J./Fölling-Albers, M./Götz, M./Hartinger, A./Miller, S./Wittkowske, S. (Hrsg.): Handbuch Didaktik des Sachunterrichts. München: Reinhardt utb, S. 413–417.

Schultz, A. (2014): Geometrie und Rechnen lernen gehören zusammen. Online abrufbar unter: https://www.duden-institute.de/mediabase/pdf/1039.pdf, Zugriff: 03.01.2023.

Schwarzer, R. (2015): Applied Embodiment und das Konzept der Leiblichkeit in Beratung, Supervison und Coaching. Resonanzen-Journal 1, S. 52–64. Online verfügbar unter: www.resonanzen-journal.org/index.php/resonanzen/article/view/368. Zugriff: 03.05.2017.

SGW (Stiftung für Gesundheitswissen) (2021): Gesünder leben mit Bewegung. Online abrufbar unter: https://www.stiftung-gesundheitswissen.de/wissen/gesuender-leben-mit-bewegung/warum-ist-bewegung-wichtig, Zugriff: 03.01.2023.

Siegler, R./De Loache, J./Eisenberg, N. (2005): Entwicklungspsychologie im Kindes- und Jugendalter. München: Elsevier.

Siraj-Blatschford, L. (2007): Bildungsprozesse in der frühen Kindheit. In: Becker-Stoll, F./Textor, M. (Hrsg.): Die Erzieherin-Kind-Beziehung. Cornelsen: Göttingen, S. 97–114.

Smith, C./King, B./González, D. (2015): Using multimodal learning analytics to identify patterns of interactions in a body-based mathematics activity. In: Journal of Interactive Learning Research, 27, 4, S. 355–379.

Spelke, E. S./Breinlinger, K./Macomber, J./Jacobson, K. (1992): Origins of Knowledge. In: Psychological Review, 99, 4, S. 605–632.

Spitzer, M. (2006): Wer seinem Kind Gutes tun will, kaufe ihm bitte keinen Computer. In: Psychologie Heute, 1, S. 34–37.

Städtler, H./Brägger, G./Posse, N./Hundeloh, N. (2020): Bewegung und Lernen. Weinheim: Beltz.

Stangl, W. (2010): Arbeitsblätter Lerndefinitionen. Online verfügbar unter: http://arbeitsblaetter.stangl-taller.at/LERNEN/Lerndefinitionen.shtml, Zugriff: 21.07.2016.

Steffensky, M. (2017): Naturwissenschaftliche Bildung in Kindertageseinrichtungen. WIFF Expertisen Band 48. München: Verlag Dt. Jugendinstitut.

Stern, D. N. (2004): Tagebuch eines Babys. Was ein Kind sieht, spürt, fühlt und denkt. München: Piper.

Storch, M. (2018): Wie Embodiment in der Psychologie erforscht wurde. In: Storch, M./Cantieni, B./Hüther, G./Tschacher, T. (Hrsg.): Embodiment. Huber, Bern, S. 35–72.

Storch, M./Cantieni, B./Hüther, G./Tschacher, W. (2010): Embodiment. Die Wechselwirkung von Körper und Psyche verstehen und nutzen. Bern: Huber.

Strehl, R. (1979): Grundprobleme des Sachrechnens. Freiburg im Breisgau: Herder.

StMAS: Bayerisches Staatsministerium für Bildung, Familie und Soziales (2003): Bildungs- und Erziehungsplan für Kindergärten und Tageseinrichtungen. Stuttgart: Cornelsen.

Suchomlinski, W. (1977): Mein Herz gehört den Kindern. Berlin: Kovac.

Summa, M. (2017): Phantasie, Interaktion und Perspektivenübernahme in Als-ob-Situationen. Eine phänomenologische Analyse. In: GESTALT THEORY, 39, No. 2/3, S. 175–196.

Teuchert-Noodt, G. (2000) Informationen aus der Neurobiologie Teil I, Neurodidaktik – eine neue Didaktik? In: Biologie in der Schule, 1, S. 49–51.

Thomas; B. (2018): Der Sachunterricht und seine Konzeptionen. Bad Heilbrunn: Klinkhardt.

Tomasello, M. (2002): Die kulturelle Entwicklung des menschlichen Denkens. Zur Evolution der Kognition. Frankfurt a.M.: Suhrkamp.

Topsch, W. (2007). Grundkompetenz Schriftspracherwerb. Weinheim: Beltz

Tschacher, W. (2018): Wie Embodiment zum Thema wurde. In: Storch, M./Cantieni, B./Hüther, G./Tschacher, W. (Hrsg.): Embodiment. Huber, Bern, S. 11–27.

Tschacher, W./Storch, M. (2012): Embodiment und Körperpsychotherapie. In: Künzler, A./Böttner, C./Hartmann, R./Nussbaum, M. H. (Hrsg.): Körperzentrierte Psychotherapie im Dialog. Heidelberg: Springer, S. 161–176.

Trumpfheller, M. (2004): Das Körpererfahrungskonzept – eine didaktische Analyse. München, Ravensburg: Grin.

Verlagsunion für neue Lehrmedien (1973): Polytechnik/Arbeitslehre. Ein Projekt zur Kritik und Reform von Schule und Berufsausbildung. Hannover, Frankfurt a. M., Paderborn: Schroedel Diesterweg Schöningh.
Vetter, M./Kranz, I./Sammann, K./Amft, S. (2009): G-FIPPS. Zur Wirksamkeit grafomotorischer Förderung in integrativ und präventiv ausgerichteter Psychomotorik. Hochschule Zürich: Eigenverlag.
Voglsinger, J. (2016): Bewegtes Lernen – bewegtes Denken. In: Weiß, O./Voglsinger, J./Stuppacher, N. (Hrsg): Effizientes Lernen durch Bewegung. Münster, New York: Waxmann, S. 41–64.
Vygotskij, L. (2002): Denken und Sprechen. Weinheim, Basel: Beltz.
Wachsmuth, I. (2006): Der Körper spricht mit. In: Gehirn & Geist, 4, S. 40–49.
Wagenschein, M. (1995): Die pädagogische Dimension der Physik. Braunschweig: Westermann Verlag.
Wagenschein, M. (2002): Rettet die Phänomene (1975). In: Wagenschein, M.: Erinnerungen für Morgen. Weinheim, Basel: Beltz, S. 135–153.
Waldenfels, B. (1977): Möglichkeiten einer offenen Dialektik. In: Waldenfels, B. (Hrsg.): Phänomenologie und Marxismus. Frankfurt a. M.: Suhrkamp.
Waldenfels, B. (2000): Das leibliche Selbst. Vorlesungen zur Phänomenologie des Leibes. Frankfurt a. M.: Suhrkamp.
Waldenfels, B. (2004): Phänomenologie der Aufmerksamkeit. Frankfurt a. M.: Suhrkamp.
Wantz, M. (2006): Früherkennung von und Förderung bei Problemen im Umgang mit Zahlen bei Kindern von 5–6 Jahren. In: Fischer, K./Knab, E./Behrens, M. (Hrsg.): Bewegung in Bildung und Gesundheit. Lemgo: akl-Verlag, S. 75–80.
Wendler, M. (2008): Handeln – Sprechen – Schreiben als konzeptionelle Grundlagen für den Schriftspracherwerb von Kindern. Leitlinie einer anregungs- und sprachbezogenen grafomotorischen Förderung. In: motorik, 4, S. 190–199.
Wendler, M. (2009): Zur Bedeutung von Bewegung und Körperlichkeit im Kontext von Bildung und Entwicklung. In: Balz, H. J./Biedermann, K./Huster, E. U. (Hrsg.): Zukunft der Familienhilfe. Neukirchen-Vluyn: Neukirchner Verlag, S. 102–118.
Wendler, M. (2010): Den Körper bilden – der Körper bildet! Frühkindliche Bildungsprozesse und Kulturtechniken. In: Zimmer, R. (Hrsg.): Kongressband Bewegte Kindheit. Schorndorf: Hofmann, S. 260–265.
Wendler, M. (2018): Handeln – Sprechen – Schreiben: Ein Bildungskonzept zur Einführung und Begleitung des Schriftspracherwerbs. In: motorik, 4, S. 201–210.
Wenka, S. (1997): Physikalische Experimente im Sportunterricht zum Themengebiet Mechanik. Online abrufbar unter: https://www.yumpu.com/de/document/read/9466043/physikalische-experimente-im-sportunterricht-zum-universitat-wien, Zugriff: 20. 12. 2000.
WHO (2010): ICD-10-Code F81.2: Rechenstörung. https://www.therapie.de/psyche/info/index/icd-10-diagnose/f8-entwicklungsstoerungen/f81-umschriebene-entwicklungsstoerungen-schulischer-fertigkeiten/, Zugriff: 10. 07. 2023.
Wilutzki, W./Stephan, A./Walter, S. (2013): Situierte Affektivität. In: Stephan, A./Walter, S. (Hrsg.): Die epistemische Relevanz des Fühlens. Online verfügbar unter: https://osnadocs.ub.uni-osnabrueck.de/handle/urn:nbn:de:gbv:700-20180807502, Zugriff: 13. 07. 2023.
Winter, R. (1992): Eine Metapher zur dialektischen Einheit von Körper und Geist »Gingko Biloba«. In: Philosophischer Taschenkalender 1992/93. Lübeck: Luciferverlag.
Winterhoff, M. (2013): Sos-Kinderseele. Was die soziale und emotionale Entwicklung unserer Kinder gefährdet? Gütersloh: Bertelsmann.
Zeiher, H. (1983): Die vielen Räume der Kinder. In: Preuss-Lausitz u. a. (Hrsg.): Kriegskinder, Konsumkinder, Krisenkinder. Weinheim: Beltz, S. 176–195.
Zimmer, R. (2002): Handbuch der Psychomotorik. Freiburg: Herder.
Zimmer, R. (2004): Bildung im Rückwärtsgang – Pädagogik nach Pisa. In: Zimmer, R./Hunger, I. (Hrsg.): Wahrnehmen, Bewegen, Lernen. Schorndorf: Hofmann, S. 11–18.
Zimmer, R. (2010): Handbuch der Bewegungserziehung. Freiburg: Herder.
Zitzlsperger, H. (2008): Vom Gehirn zur Schrift. Hohengehren: Schneider Verlag.